Frédéric Héran

Le retour de la bicyclette

Une histoire des déplacements urbains en Europe, de 1817 à 2050

La Découverte
9 *bis*, rue Abel-Hovelacque
75013 Paris

Cet ouvrage est issu d'une recherche financée par le PREDIT 4 (Programme national de recherche et d'innovation dans les transports terrestres) du ministère de l'Environnement et du Développement durable, convention n° 09/243. Le rapport final intitulé *Vélo et politique globale de déplacements durables* a été beaucoup étoffé et entièrement réécrit.

Pour aller plus loin

Un « site compagnon » a été créé pour accueillir divers prolongements : des données, des graphiques, certains développements, une monographie sur l'histoire de la politique de ville cyclable à Strasbourg... Il peut aussi permettre au lecteur de contacter l'auteur pour compléter une information, contester ou nuancer un raisonnement, etc. Ce site est consultable à l'adresse : http://heran.univ-lille1.fr.

Si vous désirez être tenu régulièrement informé de nos parutions, il vous suffit de vous abonner gratuitement à notre lettre d'information bimensuelle par courriel, à partir de notre site

www.editionsladecouverte.fr

où vous retrouverez l'ensemble de notre catalogue.

ISBN 978-2-7071-8202-9

Remerciements

Cet ouvrage a bénéficié d'une relecture minutieuse d'Yves Geffrin, ainsi que de nombreuses remarques émanant notamment d'Hans Kremers, Isabelle Lesens, Jean-Luc Marchal, Francis Papon, Pierre Solviche, Claude Soulas, Sébastien Torro, Philippe Tostain... Il a aussi profité de toutes sortes d'échanges dans divers cénacles. Que tous ces contributeurs volontaires ou non en soient ici remerciés. Ma gratitude s'adresse également à mon éditeur qui a su d'emblée me faire pleinement confiance. L'auteur reste bien sûr seul responsable de ses propos.

Introduction

Le vélo et le système des déplacements urbains

Aux Pays-Bas, au Danemark et, dans une moindre mesure, en Allemagne ou en Suisse, le vélo est utilisé au quotidien : des hordes de cyclistes se bousculent par tous les temps sur les pistes cyclables et des milliers de bicyclettes s'amoncellent près des gares centrales ou autour des lieux les plus fréquentés. Dans d'autres pays d'Europe comme la France, le Royaume-Uni ou l'Espagne, le vélo utilitaire a quasiment disparu du paysage urbain, relégué au rang de mode de déplacement confidentiel et désuet. Certes, depuis quelques années, des vélos en libre-service lui redonnent un peu d'attrait et les vélos à assistance électrique connaissent un certain succès. Mais ce phénomène s'observe surtout dans le centre des grandes villes. Comment expliquer de tels écarts de pratique ? Est-ce simplement une question culturelle, comme beaucoup l'affirment ? Ou doit-on y voir les péripéties d'une histoire contrastée de la bicyclette dans ces différents pays ? Et quel rôle jouent les politiques de déplacement des États et des villes dans cette affaire ?

Ces questions se compliquent quand on découvre la disparité des situations dans un même pays. En France, pour se limiter à cet exemple, les cyclistes ne sont relativement nombreux qu'à Strasbourg et La Rochelle. Ils le sont deux fois moins à Bordeaux, Rennes et Grenoble et, dans bien des villes, ils restent fort rares (voir encadré ci-contre). Des écarts manifestes existent aussi entre le centre et la périphérie, d'une part, et entre les grandes villes et les villes moyennes, d'autre part. Peut-on alors conclure à un « retour du vélo comme mode de déplacement [1] » et ce retour peut-il être durable et s'étendre ?

Quelle que soit l'opinion que l'on peut porter sur les cyclistes, ce retour – s'il se confirme – serait une bonne nouvelle. En raison de son faible coût, tant pour les individus que pour la collectivité, de ses impacts quasiment nuls sur l'environnement et de son bilan très positif en matière de santé publique, le vélo, utilisé massivement comme mode de déplacement à part entière, représente une contribution potentielle majeure au développement de villes durables. Les exemples étrangers les plus édifiants en sont la preuve tangible. Aucun « véhicule propre », que ce soit un transport public avant-gardiste ou un véhicule individuel motorisé innovant, n'aura jamais de tels avantages, même si ces solutions peuvent être considérées, dans bien des circonstances, comme des compléments utiles.

Notre travail poursuit donc un double objectif : tenter, d'une part, de comprendre ces écarts dans la pratique du vélo utilitaire entre pays européens et entre villes, s'efforcer, d'autre part, de cerner l'évolution des pratiques, en dégageant les mouvements de fond des variations conjoncturelles grâce à un recul historique suffisant. Ces deux aspects sont évidemment liés, les écarts à un moment donné résultant souvent d'évolutions divergentes dont il faut saisir les étapes et les causes. Reste à trouver une méthode d'analyse de l'évolution de la mobilité cycliste en milieu urbain. Pour y parvenir, il convient d'écarter d'emblée les explications un peu trop courtes.

Les parts modales du vélo

Pour mesurer l'importance de la pratique de la bicyclette dans un territoire, l'indicateur le plus simple et le plus utilisé est la « part modale », c'est-à-dire la part des déplacements réalisés à vélo sur l'ensemble des déplacements, y compris à pied. Un déplacement, quant à lui, est un trajet effectué par une personne avec un ou plusieurs modes, pour un motif précis (travail, études, achats...), entre un lieu d'origine et un lieu de destination différents. Un déplacement utilisant plusieurs modes est comptabilisé selon le mode le plus lourd : par exemple, un déplacement à vélo puis en train est compté dans les déplacements en train. La figure 1 montre les considérables écarts dans la pratique de la bicyclette selon les divers pays européens.

Figure 1 *La part modale du vélo dans les pays européens (en %)* [2]

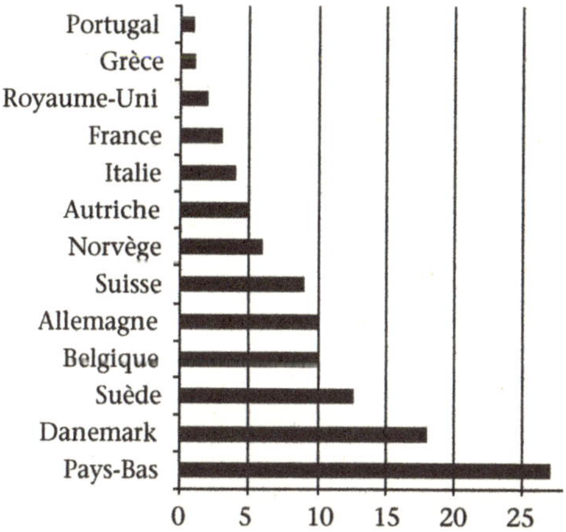

Le tableau 1 présente les écarts de pratique entre les principales villes francophones. Dans la suite de ce livre et sauf précision contraire, les parts modales évoquées concernent toujours l'agglomération de la ville en question et non la seule commune centre. En France, ces statistiques sont issues des « enquêtes ménages déplacements » (EMD) réalisées tous les dix ans environ dans les grandes villes, selon une méthodologie standard. Ailleurs, il existe des enquêtes similaires.

Tableau 1 *La part modale du vélo dans les principales villes francophones* [3]

Agglomération et année de l'enquête	Part modale
Rouen 2007 – Toulon 2008 – Marseille 2009 – Nice 2009 – Saint-Étienne 2010	1 %
Lille 2006 – Lyon 2006 – Lens 2006 – Mulhouse 2009 – Paris 2010 – Amiens 2010 – Valenciennes 2011	2 %
Nantes 2002 – Toulouse 2004 – Douai 2010 – Bruxelles 2010	3 %
Rennes 2007 – Tours 2008 – Bordeaux 2009 – Grenoble 2010	4 %
Colmar 2009 – Genève 2011	7 %
Strasbourg 2009 – La Rochelle 2011	8 %

Dès que l'on explore les époques antérieures aux années 1970, les études sur ces parts modales, quand elles sont disponibles, manquent souvent de fiabilité. Les données ne concernent que les parcs de véhicules, mélangent les vélos aux deux-roues motorisés ou portent sur toute la circulation et non seulement sur les déplacements urbains. À cela, s'ajoutent de redoutables difficultés de comparaison internationale, chaque pays ayant élaboré son propre outil statistique. Ainsi, la comparaison tentée figure 1 n'a pas été renouvelée à ce jour.

C'est pourquoi les parts modales ou les taux de possession utilisés dans ce livre doivent être considérés avec précaution : seuls comptent les écarts majeurs et les grandes évolutions. Le but n'est pas d'être le plus précis possible mais de réaliser des rapprochements qui fassent sens pour ouvrir des pistes de réflexion jusqu'ici négligées.

Cultures nationales, relief, climat ? Sortir des lieux communs

De nombreux auteurs considèrent que la faible pratique du vélo utilitaire en France est liée à notre culture latine. La frontière linguistique expliquerait l'essentiel des écarts existants en Europe. Dans les mondes batave, scandinave et germanique, il serait normal de circuler à bicyclette du berceau à la tombe, alors que, dans les pays latins, ce serait toujours incongru. Voyez, nous dit-on, les différences de pratique selon qu'on vit en Flandre belge ou en Wallonie (13 % de part modale *versus* 1 % [4]) ou bien en Suisse alémanique ou romande (6 % *versus* 2 % [5]). Et, s'il y a tant de cyclistes à Strasbourg (8 %), ce serait tout simplement lié à la proximité de cette ville avec l'Allemagne et, en particulier, de Fribourg (19 %).

Les exceptions à ce « déterminisme culturel [6] » sont pourtant si nombreuses qu'il est difficile de croire à cette explication pour le moins sommaire. Si Strasbourg est peut-être proche de Fribourg (65 km), Mulhouse l'est plus encore (45 km) et encore plus de Bâle (25 km), ville très cycliste (17 % de part modale dans le canton de Bâle ville). Pourtant la pratique du vélo à Mulhouse (2 %) est beaucoup moins développée qu'à Strasbourg. De même, si l'agglomération lilloise est toute proche de la Flandre belge et notamment de Courtrai (plus de 20 %), le vélo y est pourtant peu utilisé (2 %) et encore moins à Tourcoing même (1 %) tout proche de la frontière. Et que dire de La Rochelle (8 % de part modale, autant que Strasbourg), éloignée de toute « influence étrangère » ?

De plus, il existe de grandes différences dans la pratique du vélo selon les villes situées dans un même pays d'Europe, par exemple en Allemagne entre Brême (22 %) et Wiesbaden (3 %), en Angleterre entre Cambridge (10 %) et Nottingham (1 %) ou même aux Pays-Bas entre Leyde (33 %) et Rotterdam (« seulement » 16 %)... Et comment expliquer le cas de ces villes italiennes où la pratique du vélo est tout à fait comparable aux villes les plus cyclables d'Europe du Nord, notamment Bolzano où la part modale est de 29 %, Ferrare 27 %, Padoue 16 % ou Reggio d'Émilie 15 % [7] ?

Enfin, en cent vingt ans, la pratique de la bicyclette a connu d'énormes fluctuations, y compris dans les pays et les villes aujourd'hui les plus cyclistes. Il est erroné de croire que les habitants d'Amsterdam, de Copenhague ou de Berlin ont toujours massivement utilisé la bicyclette. Après la Seconde Guerre mondiale, la pratique du vélo s'y est au contraire effondrée – le mot n'est pas trop fort – avant de remonter progressivement depuis les années 1970.

Bref, ce n'est pas parce qu'on parle néerlandais, danois, suédois ou allemand qu'on aurait une propension naturelle à circuler à vélo en ville. Si la culture joue un rôle, c'est de façon beaucoup plus subtile.

Un autre lieu commun consiste à penser que la géographie physique expliquerait une bonne part des différences de pratique de la bicyclette selon les lieux. Quelques considérations simples ruinent rapidement cette idée.

L'absence de relief favoriserait à l'évidence les Pays-Bas et le Danemark. À ce compte-là, des villes très plates telles que Dunkerque ou Lille devraient être très cyclables, ce qui est loin d'être le cas avec seulement 2 % de part modale vélo. À l'inverse, des villes assez vallonnées comme Berne ou Trondheim (en Norvège) comptent bien plus de cyclistes (respectivement 11 % et 8 % de part modale).

Un climat tempéré et particulièrement clément en hiver est aussi *a priori* un atout. Strasbourg, la ville la plus cycliste de France, a pourtant des hivers rigoureux et des étés étouffants. *Idem* pour des villes très cyclistes telles que Berlin, Munich ou Graz... La pluie, la neige et le verglas devraient être de redoutables obstacles à la pratique régulière du vélo. Comment expliquer alors que le vélo soit si pratiqué en Europe du Nord et beaucoup moins dans le sud ? Des vents fréquents devraient enfin pénaliser les cyclistes. Un fort vent de face est aussi pénible à affronter qu'une côte à gravir et un bon vent dans le dos évite presque au cycliste de pédaler. Hélas, les Pays-Bas et le Danemark sont aussi les plus soumis à cet aléa, tout comme d'ailleurs La Rochelle.

Les contraintes géographiques et physiques jouent évidemment un rôle, mais elles sont loin d'être aussi déterminantes qu'on le pense intuitivement.

Générations, classes sociales et modes de vie

Les pistes culturelles et géographiques, dans leur version simpliste, se révélant peu consistantes, il convient d'explorer le problème plus en profondeur, en abordant l'évolution historique du vélo utilitaire dans chaque pays puis dans chaque ville. Cette approche donne des résultats plus intéressants, en révélant une profonde évolution des usages selon les époques et les classes sociales.

Le vélo était à l'origine, dans les années 1860-1900, un loisir fort cher réservé à la bourgeoisie, puis, son coût d'achat se réduisant, il s'est démocratisé pour devenir dans l'entre-deux-guerres, le véhicule de la classe ouvrière. Au cours des années 1950, dans l'ensemble de l'Europe, y compris en France, les ouvriers se rendaient encore massivement à leur travail à bicyclette. Le vélo a ensuite conquis un public sportif et écologique avec le cyclotourisme dans les années 1960 et 1970, puis le bicross et le VTT (vélo tout terrain) dans les années 1980 et 1990. Depuis quelques années, la bicyclette retrouve un certain attrait dans le centre des grandes villes auprès d'un public éduqué, féru de vélos en libre-service ou à assistance électrique. Le sociologue Philippe Gaboriau distingue ainsi « trois âges du vélo en France » : la « vitesse bourgeoise », la « vitesse populaire » et la « vitesse écologique » [8]. L'historienne Catherine Bertho Lavenir, quant à elle, repère « quatre paradigmes » : l'âge du vélocipède (1814-1880), l'âge de la bicyclette (1880-1914), l'âge du vélo (1914-1970) et, enfin, la bicyclette à l'âge de l'automobile (depuis 1970) [9].

Cette approche historique fait la part belle à la dimension générationnelle du phénomène. Les personnes âgées qui ont vécu la dernière guerre auraient plutôt un souvenir cuisant du vélo, symbole de restrictions et d'appauvrissement : elles n'imaginent guère qu'il puisse redevenir un véhicule utilitaire. Les ouvriers et employés qui ont abandonné le vélo pour accéder progressivement à la motorisation – difficilement et tardivement pour les plus pauvres – l'envisagent encore moins. Et ceux qui ont connu les balades à bicyclette aux beaux jours en ont gardé une certaine nostalgie et n'associent guère le vélo à un usage quotidien.

En caricaturant un peu, l'essor du vélo, sous ses diverses formes, serait finalement un simple phénomène de mode lié à des générations successives de cyclistes qui s'enticheraient des diverses façons de pratiquer la bicyclette. La forte baisse du vélo utilitaire serait liée à la « modernité » et son succès actuel s'expliquerait aujourd'hui par le souci de « préserver l'environnement », les Européens du Nord étant réputés plus sensibles à cette thématique [10].

Cette approche, presque exclusivement centrée sur l'évolution technique de la bicyclette et de ses usages, est quelque peu déconnectée de la réalité car elle sous-estime fortement le contexte, et notamment le rôle des autres modes de déplacement.

Pour une approche historique du vélo dans la politique globale des déplacements urbains

L'évolution de l'usage de la bicyclette, depuis ses origines, mérite d'être replacée dans l'évolution plus générale des divers modes de déplacement urbains, à savoir la marche, les transports publics, les deux-roues motorisés et l'automobile. Et cela pour de multiples raisons.

Il faut, d'abord, garder en tête que tous ces modes sont concurrents sur un marché des déplacements non extensible. Depuis que l'on dispose d'enquêtes mesurant la mobilité quotidienne, il apparaît que les citadins n'effectuent toujours, en moyenne, que trois à quatre déplacements par jour de semaine [11]. Par conséquent, tout essor d'un mode ne peut se faire qu'au détriment d'autres modes. Ainsi, favoriser le trafic automobile réduit presque toujours l'usage de tous les autres modes de déplacement. De même, encourager la pratique de la bicyclette ne se fait pas forcément au détriment de la voiture mais plus souvent de la marche ou des transports publics. À l'inverse, une offre insuffisante en transports publics peut suffire à stimuler l'usage du vélo.

La concurrence entre les modes de déplacement a aussi une dimension économique. Quand les moyens financiers diminuent, le vélo tend à redevenir une solution crédible, dans l'esprit des décideurs comme des usagers, tant ses coûts restent modestes en termes d'aménagements et d'utilisation. Les crises ont toujours favorisé la pratique du vélo. Celle d'aujourd'hui, qui pourrait bien déboucher sur une stagnation durable, devrait tarir les investissements destinés aux modes motorisés au profit des « modes actifs » : marche et vélo.

Concurrents, ces différents modes ne concourent pas, pour autant, dans la même catégorie. Les plus rapides et massifs ont un avantage considérable sur les plus lents et légers, car les premiers menacent la sécurité des seconds et dégradent leur environnement par les nuisances qu'ils engendrent. N'ayant pas de carrosserie, les cyclistes se sentent vulnérables dans la circulation et, moins ils sont nombreux, plus ils sont en insécurité. Sans habitacle, les cyclistes sont aussi directement soumis au bruit et à la pollution générés par les véhicules motorisés.

En outre, les modes motorisés ont besoin d'un réseau fortement hiérarchisé, arborescent, constitué de voies de desserte, de voiries intermédiaires et de grandes voiries, pour profiter de leur vitesse, alors que les modes non motorisés réclament un réseau peu hiérarchisé mais bien maillé pour pouvoir aller au plus court sans trop se fatiguer. En conséquence, les réseaux ferroviaire et routier entraînent d'importants obstacles à l'usage du vélo et de la marche, à cause de l'effet de coupure provoqué par les grandes infrastructures. Les cyclistes se retrouvent confinés dans leur quartier, à ne plus pouvoir aller sans danger d'un quartier à l'autre, ce qui réduit fortement l'intérêt du vélo [12].

Plus largement, ce n'est pas seulement l'articulation entre les modes de déplacement qu'il faut prendre en compte, mais aussi leur insertion dans des systèmes de transport urbain : le système de transport collectif, le système automobile et le système vélo. Chaque mode a en effet besoin de véhicules fiables et abordables (bus, tramways, métros, trains de banlieue, automobiles et vélos), mais aussi d'aménagements de qualité (couloirs, voies ferrées, routes, pistes et bandes cyclables) constitués en réseau (d'où les modèles de gestion du trafic), de services variés et étoffés (stationnement, réparation, assurance, location, cartes du réseau...) et de règles communes (permis de conduire, code de la route, signalisation...). Si une ou plusieurs de ses composantes se révèlent défaillantes, l'usage du mode est compromis. En outre, il faut comprendre comment s'articulent ces divers systèmes de transport.

Bref, impossible d'expliquer l'évolution de la pratique de la bicyclette sans la replacer dans l'univers très concurrentiel et complexe des déplacements urbains. En d'autres termes, l'histoire du vélo utilitaire est principalement une histoire de son rapport aux autres modes de déplacement (d'où le sous-titre de cet ouvrage). Cette approche systémique est typiquement celle des économistes qui travaillent sur les déplacements urbains [13]. Les historiens de la mobilité ne sont pas bien armés pour appréhender ces questions. Ils s'orientent plus naturellement vers les dimensions culturelles et sociales qui, aussi intéressantes et pertinentes soient-elles, passent souvent à côté d'une part essentielle du sujet. Quant aux historiens des techniques, ils s'intéressent surtout à la compétition entre les technologies, en sous-estimant cette fois la dimension systémique du sujet [14]. En tant qu'économiste, notre incursion dans le domaine des historiens nous paraît ainsi pleinement justifiée.

Concrètement, pour appréhender les évolutions entre deux époques successives, il faut s'efforcer de rendre compte, non pas d'un simple changement de mode de déplacement vers un autre, mais d'un *report modal général*, décrivant les reports de chaque mode vers tous les autres [15]. Et cela, sans oublier les mutations démographiques : certains habitants s'en vont, qu'ils déménagent, deviennent grabataires ou meurent, pendant que d'autres arrivent avec de nouvelles habitudes de déplacement, qu'ils emménagent ou parviennent à

Figure 2 *Le principe de report modal général entre deux époques successives, dans une agglomération*

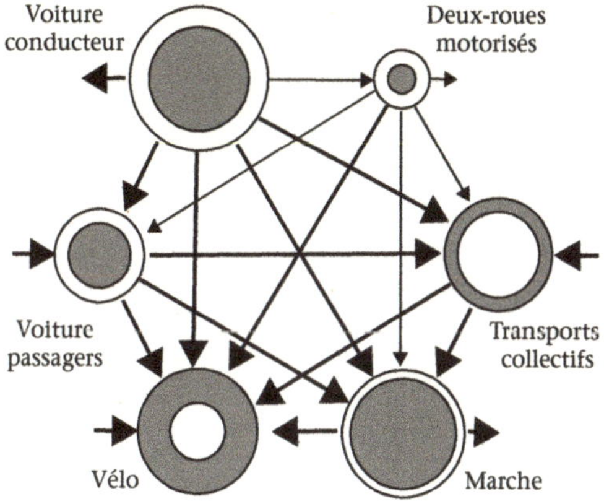

Les ronds blancs représentent la part modale à l'époque 1, les ronds gris à l'époque 2, soit par exemple vingt ans plus tard. Les flèches entre deux ronds représentent les reports modaux nets. Les flèches entre un rond et l'extérieur évaluent les déplacements qui entrent et sortent du système. La taille des ronds est proportionnelle au volume des stocks et la taille des flèches au volume des flux. Dans le cas présenté ici, la part modale vélo s'envole et celle des transports collectifs se renforce au détriment un peu de la marche et surtout de la voiture et des deux-roues motorisés.

l'âge de se déplacer. L'exercice, on le voit, tient du casse-tête, type Rubik's cube : en distinguant six modes, c'est quarante-deux flux qu'il faut envisager (voir la figure 2) ! Pour compliquer le tout, des usagers de plus en plus nombreux prennent l'habitude d'utiliser plusieurs modes au gré des circonstances.

La constitution des villes et des nations autour de certains modes de déplacement privilégiés

Dans l'histoire d'une ville ou d'une nation, des choix particuliers, qui tiennent parfois à peu de chose, conduisent les autorités à se lancer dans des politiques de déplacement privilégiant certains modes plutôt que d'autres, jusqu'à les conforter en de puissants systèmes de transport qui deviennent très attractifs. Ces choix finissent par être intégrés par la population qui a dès lors tendance à considérer ces modes comme vecteurs d'identification à une ville ou même à une nation, renforçant par là même ces politiques. Cette approche permet d'aborder la question culturelle de façon renouvelée et beaucoup plus riche [16].

Le cas de Strasbourg est intéressant de ce point de vue. Après avoir découvert, à la fin des années 1980, l'importance de sa part modale vélo, la ville a fini par lancer, en 1995, une campagne de communication reposant sur le slogan « Strasbourg, un vélo d'avance », ce qui correspond en effet à une réalité française. Beaucoup de Strasbourgeois ont aujourd'hui intégré ce particularisme et trouvent normal de circuler à bicyclette. De même, Ferrare, en Italie du Nord, se revendique, depuis la même année, comme « *città della biciclette* », confortant les habitants dans cette façon de se déplacer.

Dans le cas des Pays-Bas, c'est même tout un peuple qui, à la fin du XIXe siècle, s'est construit une identité autour du vélo, utilisé pour redécouvrir la nation à une époque où le pays craignait la puissante Allemagne voisine récemment unifiée [17]. Dans les années 1970, le pays renoue avec la pratique de la bicyclette, alors en déclin, et réussit à la relancer, cultivant dès lors son image de « pays du vélo [18] ». Il a même regroupé ses experts (consultants, ingénieurs, chercheurs, industriels, décideurs et associations) dans un réseau – la *Dutch Cycling Embassy* – qui vend son savoir-faire à l'étranger, comme une marque à l'export. Le Danemark développe une démarche similaire, dans une saine concurrence. À l'inverse, un pays comme le Royaume-Uni a aujourd'hui si peu de cyclistes qu'ils tendent à être stigmatisés, considérés comme des étrangers ou même comme des boucs émissaires [19], même si une remontée de la pratique est aujourd'hui en cours dans quelques villes.

Cette identification majoritaire des populations à l'usage de certains modes de déplacement peut apparaître en définitive comme un trait culturel spécifique à chaque ville ou à chaque nation. Elle cache néanmoins toute une histoire – avec souvent des évolutions profondes dans la pratique effective de la bicyclette – qu'il faut tenter de restituer et qu'une approche culturelle ne saurait expliquer à elle seule.

Des comparaisons internationales éclairantes

Pour révéler plus facilement les spécificités françaises, comprendre pourquoi se déplacer en ville à bicyclette est devenu incongru dans l'Hexagone, et comment s'inspirer au besoin des politiques mises en œuvre ailleurs, l'étude d'autres pays apparaît indispensable.

Mais, comme le note le politiste Pierre Hassenteufel, s'aventurer dans des comparaisons internationales « suppose, en préalable, de se démarquer de deux positionnements : le premier est celui de l'incomparabilité, le second est celui de la comparabilité spontanée [20] ». L'approche culturelle fondée sur l'« irréductibilité des cultures [21] » tombe dans le premier travers : il serait *a priori* impossible pour les Français de rouler massivement à bicyclette, comme le font les Hollandais ou les Danois, ou même plus modérément, comme les Allemands. Il ne faut cependant pas verser dans le second travers. Dans ces pays emblématiques, le cyclisme prend bel et bien des formes spécifiques qu'il convient de comprendre : l'importation de leur « recette » – souvent résumée abusivement par la construction d'un réseau de pistes cyclables bien maillé – n'est certainement pas la solution miracle.

Deux phénomènes transnationaux tendent toutefois à homogénéiser les systèmes de déplacements urbains. D'une part, la production industrielle des bicyclettes, des tramways comme des voitures est vite devenue mondiale, avec des normes techniques voisines qui contraignent le gabarit et la structure des voies de circulation. D'autre part, la signalisation et la réglementation routières ont été peu à peu harmonisées, sous l'impulsion, dès le début du XXe siècle, de l'Association internationale permanente des congrès de la route (AIPCR). Si bien que des modes de transport semblables circulent sur des réseaux construits, organisés et gérés de façon assez similaire. Des différences substantielles subsistent principalement dans le degré de ségrégation ou d'intégration des divers modes, dans le partage de l'espace selon les modes et dans la forme et la hiérarchisation des réseaux. Mais nous verrons que, même dans ce domaine, les politiques de déplacement convergent depuis quelques années.

Trois pays seront plus particulièrement étudiés : la France bien sûr, les Pays-Bas, pour le caractère assez exemplaire de leur politique en faveur des cyclistes, et l'Allemagne parce que sa politique en la matière est longtemps restée assez proche de celle de la France avant de diverger. Mais on s'autorisera des incursions dans d'autres pays : le Danemark, assez semblable aux Pays-Bas, le Royaume-Uni, bien proche du cas français, ou l'Italie, pays latin surprenant. On évoquera plus ponctuellement les pays scandinaves, la Belgique, la Suisse, l'Autriche et l'Espagne, et parfois même quelques pays hors de l'Europe.

Comprendre le passé pour regarder l'avenir

Le livre se présente donc comme une histoire du vélo utilitaire en Europe dans l'évolution d'ensemble de la mobilité urbaine. Le projet peut paraître, à juste titre, trop ambitieux. Mais il s'agit surtout de rassembler quelques éléments d'une histoire européenne des déplacements urbains trop souvent segmentée par pays, par période ou par mode. Notre travail s'appuie essentiellement sur la littérature académique existante, certes peu étoffée et trop cloisonnée, mais déjà non négligeable (plus de 400 références mobilisées [a]). Certaines revues françaises ont aussi été systématiquement consultées et quelques entretiens réalisés. Sur beaucoup

a Toutes les notes de référence sont classées par chapitre, en fin d'ouvrage, p. 223.

d'aspects abordés, des investigations bien plus approfondies seraient nécessaires. Il conviendrait, par exemple, de consulter plus systématiquement les revues anciennes spécialisées, d'écumer les bibliothèques historiques des pays étudiés, de travailler sur la comparabilité des statistiques d'un pays à l'autre, de mieux cerner les contextes socio-historiques de chaque pays : un travail énorme, hors de nos capacités, que des historiens qualifiés auront peut-être à cœur de reprendre avec plus de méthode.

Nous avons choisi un plan par grandes périodes historiques, plutôt que par pays ou par thème, de façon à concilier au mieux les approches nationales et analytiques. Le premier chapitre revient brièvement sur les origines de la bicyclette quand elle était considérée, à la fin du XIXe siècle, comme un symbole de modernité. Le chapitre 2 raconte la démocratisation du vélo, du début du XXe siècle aux années 1930, et les premières menaces sur son développement liées aux prémisses de l'adaptation des villes à l'automobile. Le chapitre 3 rappelle comment, dans la période d'après guerre, la pratique du vélo a rapidement décliné partout en Europe, y compris aux Pays-Bas et au Danemark, sous la pression de la motorisation croissante de la population. Le chapitre 4 relate les réactions très vives de la société civile au « tout automobile » et les tentatives des pouvoirs publics pour relancer l'utilisation de la bicyclette au cours des années 1970. Le chapitre 5 explique pourquoi, au cours des années 1980-1990, l'usage du vélo utilitaire reprend dans certains pays, comme les Pays-Bas, le Danemark ou l'Allemagne, et poursuit au contraire son déclin dans d'autres, comme la France et le Royaume-Uni. Le chapitre 6 tente de comprendre pourquoi dans ces deux pays, au cours des années 2000, la pratique de la bicyclette redémarre dans les centres-villes mais continue de décliner en périphérie, et souligne, parmi les facteurs explicatifs, l'insuffisance de l'argument écologique et la pertinence, au contraire, des arguments économique et de santé publique.

Enfin, deux chapitres s'émancipent du récit chronologique pour ouvrir quelques perspectives d'avenir. En s'appuyant sur les expériences accumulées par les pays les plus en pointe, le chapitre 7 développe d'abord quelques aspects clés d'une politique de ville cyclable, tels que l'importance d'apaiser la ville pour relancer la pratique du vélo, l'articulation nécessaire avec les transports publics, le rôle crucial de la promotion du vélo et de la reconquête des divers publics. Le chapitre 8 tente ensuite un exercice de prospective du vélo utilitaire à l'horizon 2050 : dans un contexte de raréfaction des ressources, la bicyclette devrait contribuer à sauvegarder notre mobilité.

1

XIXe siècle
Un symbole de modernité

> Les esprits grognons ont beau marmotter que c'est une mode, qui passera comme le café, suivant l'expression classique, l'apparition de la reine Bicyclette constitue vraiment un bienfait social. [...] [La bicyclette] devient le *cheval du pauvre*, en attendant qu'avec le torrent toujours grandissant des conversions, elle devienne le cheval de tout le monde, la monture égalitaire.
>
> Pierre GIFFARD, *La Fin du cheval*, 1899.

Le vélo est un objet plus complexe qu'il n'en a l'air. Cette mécanique de précision, qui doit résister aux plus mauvaises chaussées, a exigé des trésors d'ingéniosité et la mobilisation des techniques et des matériaux les plus modernes pour être mise au point, sous la pression non moins importante d'utilisateurs toujours plus exigeants et dans un contexte social, économique et institutionnel qui n'a pas toujours été porteur. Comme toute innovation, le vélo est, en effet, une construction sociale et non la simple accumulation linéaire d'améliorations techniques [1].

Après en avoir fait l'illustration, on insistera surtout sur la façon dont le vélo, malgré son coût élevé qui le réservait au départ à la bourgeoisie, s'est peu à peu taillé une place de choix à côté du cheval, du piéton puis du tramway. En trois vagues successives, la draisienne en 1818-1820, puis le vélocipède et le grand bi vers 1865-1880 et enfin la bicyclette de sécurité à partir de 1885 ont connu un succès grandissant, d'abord éphémère puis de plus en plus durable et profond, au fur et à mesure que le véhicule devenait plus pratique et plus accessible. Par sa facilité d'usage, la bicyclette permet, en effet, d'accéder à la vitesse, à la découverte et à une liberté de mouvement sans pareille. Pour favoriser son essor, les cyclistes s'organisent et réclament vite des aménagements de la voirie.

Un concentré d'innovations

Avril 1815, le volcan Tambora, en Indonésie, entre en éruption. Des colonnes de cendres de plus de 40 km de haut s'élèvent dans le ciel, réduisant l'ensoleillement sur toute la planète pendant des mois. 1816 est « une année sans été ». Les récoltes de céréales et d'avoine sont si médiocres que la famine s'installe. Il faut abattre des milliers de chevaux et chercher des alternatives. Le baron Karl Drais von Sauerbronn est un jeune inventeur de trente-deux ans, plein d'idées, vivant à Mannheim, dans la vallée du Rhin durement touchée. En cette ère industrielle naissante, alors que la révolution industrielle bat son plein en Grande-Bretagne, les inventeurs cherchent déjà depuis quelque temps à se passer du cheval, cher et contraignant, ou à alléger les modes de transport pour aller plus vite. Certaines tentatives ont jusqu'ici échoué. Les « carrosses sans chevaux » et autres « voitures mécaniques », élaborés en Allemagne et en France au cours du XVIIIe siècle sont des voitures à pédales mues par un serviteur, mais bien peu efficaces. Le vélocifère et le célérifère, mis au point respectivement en 1803 en France et en 1810 en Grande-Bretagne, ne sont pas des vélos, comme tant d'auteurs l'affirment, mais des voitures à chevaux légères censées concurrencer les diligences [2].

C'est dans ce contexte que Karl Drais – qui avait déjà tenté vers 1813 d'améliorer une voiture sans chevaux – invente, début 1817, sa *Laufmaschine* (« machine à courir ») permettant à un individu de se déplacer rapidement, assis sur un siège fixé entre deux roues, grâce à la poussée alternative des pieds sur le sol, la roue avant mobile étant dirigée par un timon. Le 12 juin, Drais parcourt les 14,4 km entre Mannheim et le relais de poste de Schwetzingen en à peine plus d'une heure, bien plus vite que la diligence. L'idée de Drais est proprement révolutionnaire : « L'utilisateur devait non seulement accepter le déséquilibre à l'arrêt, mais admettre par surcroît que l'équilibre viendrait du mouvement. Il lui fallait donc renverser une logique familière, celle qui semblait régir l'ensemble des corps célestes, suivant Newton, et même le "corps" social, suivant la théorie économique. Autrement dit, l'amateur devait agir contre son intuition. Il lui fallait lutter contre l'évidence. La lenteur devenait l'ennemie de l'équilibre. La stabilité sur le sol, d'ordinaire assurée au repos, provenait du déplacement rapide [3]. »

Convaincu de l'importance de sa découverte, Drais s'efforce de la faire breveter, non sans mal, puis décide de la commercialiser l'année suivante, en France. L'engin, rebaptisé pour l'occasion vélocipède, est présenté le 7 avril 1818, à Paris, dans les jardins du Luxembourg, devant 3 000 personnes. Mais, trop éprouvante, la draisienne ne connaît qu'un succès passager auprès de quelques dandys et autres excentriques, en France jusqu'en 1820, en Allemagne, en Angleterre et aux États-Unis un peu plus longtemps.

Quarante ans plus tard, en 1861, le carrossier parisien Pierre Michaux et son fils Ernest récupèrent une draisienne amenée en réparation. Ils ont l'idée d'ajouter des pédales sur l'axe de la roue avant pour avancer ainsi sans mettre pied à terre, en équilibre sur deux roues. Cette innovation suscitant un grand intérêt, ils créent, en 1865, avec le soutien financier des frères Olivier, une entreprise de fabrication de « michaudines » [4]. Dès 1867, grâce notamment à l'Exposition universelle de Paris, qui attire 10 millions de personnes, le succès du vélocipède est assuré [5]. Peu après, il sera plus simplement appelé véloce, puis finalement vélo.

Ce premier vélo reste cependant rudimentaire : ses roues en bois cerclées de fer sont très inconfortables, les pédales fixées directement sur la roue avant ne permettent qu'un faible développement, la machine reste lourde, les freins et l'éclairage sont peu efficaces... De nombreuses innovations se révèlent nécessaires pour rendre cette machine plus pratique. Dans une intense émulation, où l'ingéniosité des inventeurs cherche à répondre aux exigences des utilisateurs autant qu'à séduire de nouveaux clients, elles vont peu à peu émerger en une vingtaine d'années, à coups de centaines de brevets déposés. Avec la croissance de la demande, la production s'industrialise : il faut réussir à fabriquer en grande série, puis ajuster avec précision les 1 500 pièces d'une bicyclette [6].

Tous ces efforts débutent en France et se poursuivent en Allemagne au cours des années 1860, mais sont interrompus par la guerre de 1870. Le Royaume-Uni prend alors le relais et l'industrie du cycle se concentre à Coventry qui possède déjà un grand savoir-faire dans la fabrication de machines à coudre, l'autre bien durable de grande consommation de l'époque. La France et l'Allemagne reviennent dans la course au cours des années 1880. L'industrie française du cycle se développe alors surtout à Saint-Étienne, où sont déjà réunies des compétences dans la fabrication d'armes de chasse, avec notamment la Manufacture française d'armes et cycles, *alias* Manufrance à partir de 1911, et son modèle de vélo urbain devenu mythique : l'hirondelle [7].

Un cheval mécanique ?

Domestiqué dès la préhistoire, le cheval s'est peu à peu répandu comme mode de déplacement individuel prestigieux, symbole de noblesse, de liberté et de supériorité. Il connaît son apogée au XIXe siècle. Son entretien exige cependant une écurie, du fourrage, de la paille et des soins constants par un personnel compétent, que seules l'aristocratie et la grande bourgeoisie peuvent s'offrir. Les fiacres puis les premiers tramways hippomobiles démocratisent un peu son usage, mais la course ou le voyage restent chers. Le cheval peut réaliser quelques pointes de vitesse, mais il se fatigue vite : de

Les principales innovations qui ont abouti au vélo moderne

1817 En Allemagne, le baron Drais réalise qu'un équilibre sur deux roues est possible. Son invention est appelée en France « vélocipède » ou « draisienne ».

1861 Pierre Michaux fixe des pédales sur la roue avant d'une draisienne.

1866 Pierre Lallement améliore le vélocipède et crée le « bicycle » qu'il cherche à commercialiser aux États-Unis.

1869 Clément Ader ajoute des bandages en caoutchouc plein sur les roues.

1870 James Starley fabrique des roues avec rayons en acier tendu, bien plus légères. Les cadres en tubes contribuent aussi à alléger la structure.

1871 Grâce à une roue avant agrandie, le « grand bi » permet d'augmenter la distance parcourue à chaque coup de pédale, mais il se révèle dangereux.

1880 L'Anglais Henri Lawson réalise une transmission par chaîne qui aboutit à la première « bicyclette », petit bicycle plus sûr que le grand bi.

1884 John K. Starley (neveu de James) met au point, à Coventry, le *safety bicycle*, ou « bicyclette de sécurité », de marque Rover, avec des roues de taille semblable.

1888 L'Écossais John Boyd Dunlop invente le pneu à chambre à air qui améliore grandement le confort de roulement.

1890 Le cadre « en diamant », à structure triangulaire, se révèle bien plus rigide.

1891 Édouard et André Michelin rendent le pneu aisément démontable.

1895 Jean Loubeyre invente le principe du dérailleur.

1897 L'Allemand Ernst Sachs met au point un moyeu avec roue libre évitant au cycliste de pédaler quand il ralentit ou dans les descentes.

1902 Les Anglais Henry Sturmey et James Archer proposent un système de changement de vitesses dans le moyeu plus facile d'entretien...

On peut considérer que, dès 1891, le vélo moderne est né.

fait, il est à peine plus rapide que le piéton. Et surtout, en milieu urbain, il provoque de fortes nuisances : déjections et salissures omniprésentes (même si le fumier peut être valorisé), odeurs nauséabondes, accidents récurrents, bruit du martèlement des sabots, encombrement et embouteillages.

L'apparition de ce « cheval mécanique » qu'est le vélocipède fait naître le formidable espoir de se débarrasser de toutes ces contraintes. C'est toujours au cheval qu'il est, en effet, comparé. Les Anglais appellent la draisienne *hobby horse* (du nom d'un jouet pour enfant). Les Allemands surnomment familièrement le vélo *Drahtesel* (âne en fil de fer). Et de nombreux peuples le nomment littéralement « cheval de fer ». Le vélo comporte d'ailleurs une selle et non un siège. Et même les écoles d'apprentissage du vélocipède s'appellent manèges [8].

Dès le début, Karl Drais prouve que sa *Laufmaschine* est plus rapide que le cheval et la démonstration ne cessera d'être refaite au fur et à mesure que la technique évolue. Toutes les premières courses – comme Bordeaux-Paris et Paris-Brest-Paris, en 1891 – sont commentées en ce sens. Ainsi, en Europe centrale, une course cycliste est organisée entre Vienne et Berlin, en 1893, sur le même parcours qu'une course de chevaux ayant eu lieu deux ans plus tôt. Résultat, les cyclistes vont 2,3 fois plus vite que les cavaliers : 31 heures au lieu de 72 pour parcourir les 582,5 km, soit à 19 km/h de moyenne contre 8 km/h. De plus, dans la semaine qui a suivi la course de 1891, trente chevaux épuisés sont abattus, alors qu'en 1893 tous les cyclistes se portent bien [9] !

Un autre argument, toujours avancé, est le coût bien moindre de la bicyclette, sa docilité et sa disponibilité. « Avec elle, note Pierre Giffard en 1899, plus besoin d'avoine, de foin, de paille, ni d'écurie, ni de cette terrible confrérie des palefreniers et grainetiers que le plus débonnaire des hommes de cheval soupçonne toujours de s'entendre comme larrons en foire pour extraire de sa bourse le plus d'argent possible. Avec elle, on ne craint plus de fatiguer sa monture. Elle est toujours prête [10]. » Dès le départ, la draisienne s'avère quatre fois moins chère qu'un cheval [11]. Les inventeurs tentent, dès lors, avec plus ou moins de bonheur, de remplacer par le vélo tous les usages du cheval : la promenade, la course, le déplacement utilitaire, la tournée du médecin et du curé de campagne, le transport de personnes, la messagerie, les numéros de cirque et même les régiments de cavalerie.

Ultime argument et non des moindres : la bicyclette ne provoque presque aucune nuisance. Dans une ville comme Paris, où l'on comptait encore, en 1902, 110 000 chevaux [12], leur disparition progressive est une perspective réjouissante dans l'hygiénisme ambiant de l'époque. Mais c'est surtout l'automobile qui précipitera le déclin du cheval, non sans créer d'autres pollutions [13].

Sport ou tourisme, vitesse ou découverte

À partir de 1870, le vélo devient le symbole du progrès et de la modernité. Il permet à chacun d'aller librement, de porte à porte, en s'affranchissant de sa condition de piéton ou de cavalier, sans les contraintes horaires et les aléas du chemin de fer et sans les soins à apporter au cheval. Son prix encore très élevé le réserve, de fait, à la bourgeoisie qui s'en sert principalement pour ses loisirs : sport et tourisme. « On espère que l'homme et la machine vont devenir un couple au destin fabuleux, raconte Philippe Gaboriau. Avec l'espoir d'être ensemble “maîtres du monde”. Science et sport associés dans la même aventure [14]. » La bicyclette devient un moyen de distinction sociale.

En France et en Allemagne, le « véloce » représente avant tout la vitesse. Les courses se multiplient jusqu'au premier Tour de France en 1903 qui consacre, dans ce pays, le vélo comme un mode de déplacement à la fois rapide et capable de parcourir tout le territoire [15]. En 1881, l'Union vélocipédique de France (UVF) est créée pour regrouper les nombreux clubs existant un peu partout. Mais elle s'occupe surtout d'organiser les courses. Les cyclistes qui préfèrent les voyages décident de lancer, en 1890, le Touring club de France (TCF), sur le modèle anglais du Bicycle Touring Club fondé dès 1878 et devenu en 1883 le

Cyclists' Touring Club (pour tenir compte des tricycles). Le but du TCF est de diffuser la culture du vélo et de faciliter les voyages à bicyclette [16]. Il connaît un très rapide succès.

Aux Pays-Bas, le vélo-découverte est d'emblée plébiscité [17]. Face à une Allemagne unifiée par Bismarck depuis 1870, puis au pangermanisme, les Néerlandais inquiets cherchent à promouvoir leur nation et trouvent dans le vélo à la fois un moyen de découverte du pays accessible à tous et un retour aux valeurs de l'Âge d'or, quand les Provinces-Unies dominaient le monde économique, culturel et artistique au XVIIe siècle : force, équilibre, maîtrise de soi, liberté et indépendance. Le vélo est assimilé au patinage, une pratique ancestrale dans ce pays. L'Association générale néerlandaise des cyclistes (ANWB), créée en 1883, est aux mains des libéraux progressistes et préfère promouvoir le tourisme à bicyclette plutôt que les courses cyclistes.

Mais, comme le souligne Catherine Bertho Lavenir, « c'est en Italie, peut-être, que la patrie et la bicyclette ont partie liée le plus solidement. Les premières excursions cyclistes ont, dans ce pays encore si peu uni, si peu moderne, si peu sûr de son destin, valeur démonstrative et patriotique. *Ingegnere* et *commendatore* du Nord industriel s'engagent sur deux roues en groupes serrés sur les routes qui vont de Milan à Rome et de Turin à Florence. On entre dans les villes drapeaux en tête et l'excursion finit par un banquet où l'on porte des toasts à l'Italie nouvelle. Découvrir de nouveaux paysages, c'est célébrer l'amour du sol natal [18] ».

Une activité ludique et libératrice

Le 27 septembre 1894, le maire du Vésinet, Charles Drevet, signe un arrêté municipal : « Article 10 : il est expressément interdit aux vélocipédistes de lutter de vitesse sur les voies publiques et d'y former des groupes pouvant entraver la circulation. Il leur est aussi défendu de se livrer, sur les voies fréquentées, à des exercices d'adresse en décrivant des courbes ou en opérant, sans utilité, des changements de direction de nature à gêner la circulation ou à incommoder les piétons [19]. » Ce n'est là qu'un des nombreux arrêtés pris dans les villes du monde entier visant à encadrer l'extraordinaire engouement pour la bicyclette.

Dès son apparition, le vélo devient un jeu d'adresse très prisé par les adultes, ce qu'il est toujours aujourd'hui pour les enfants. Réussir à tout instant un équilibre dynamique sur deux roues, en se jouant des obstacles, garde toujours un côté magique et fascinant : les cyclistes ne sont peut-être que de grands enfants... Durant tout le XIXe siècle, les acrobates explorent les limites de l'exercice, avec des numéros époustouflants exécutés dans les cirques, dans les foires ou dans la rue [20].

Plus prosaïquement, pour tous ceux condamnés à marcher faute de posséder un cheval ou faute de transports en commun adaptés – soit la grande majorité –, le vélo permet soudain de se rendre trois à quatre fois plus loin qu'à pied pour la même énergie dépensée, c'est-à-dire d'accéder à un territoire dix à quinze fois plus grand. C'est là un gain prodigieux qui va contribuer à transformer les relations sociales, en particulier entre les sexes. Les femmes étaient jusqu'alors largement confinées dans la sphère privée, à l'écart d'activités telles que l'éducation, le travail ou la politique, et leurs déplacements à pied étaient limités par des vêtements pesants : chapeau, corset, jupons et lourdes jupes ne laissant entrevoir que le visage. La bicyclette va soudain leur permettre d'accélérer leur émancipation en révolutionnant le code vestimentaire et en décuplant leur mobilité.

Pour pédaler à l'aise, les femmes réclament l'abandon du corset, une coiffure plus libre, des chaussures plus commodes et le port du pantalon, qui était à l'époque un apanage strictement masculin. Après d'innombrables péripéties, elles obtiennent de pouvoir porter notamment des jupes-culottes (ou « culottes de zouave »), compromis entre la jupe et le pantalon. Toute une mode cycliste féminine se constitue alors, qui va se diffuser ensuite à d'autres activités. Le vélo est aussi l'occasion pour les femmes de sortir de leur isolement, d'élargir leurs horizons géographiques et sociaux. Certaines s'enhardissent à rouler seules dans la rue, non sans essuyer quelques quolibets [21]. Dans une période où les nationalismes sont de plus en plus exacerbés, les hommes trouvent dans le vélo et le sport en général le moyen de fortifier leur corps et d'exprimer leur virilité [22]. Pas question que les femmes se permettent, comme eux, des efforts violents. Elles se doivent de rouler lentement, de ne pas respirer par la bouche et d'être autant que possible accompagnées. Pire encore, indique Anne-Marie Clais dans son « Portrait de femmes en cyclistes » : « Les milieux conservateurs et puritains s'acharnèrent à écarter les femmes de la machine symbole de force et de virilité, tentant de prévenir ce qu'ils nommaient très sérieusement "dérives masturbatoires" et perversités d'un nouveau genre [23]. »

Malgré tout, le cyclisme féminin progresse. En 1895, par exemple, le tiers des 60 000 adhérents du Cyclists' Touring Club britannique sont des femmes [24]. Dans le *New York World* du 2 février 1896, l'avocate du droit des femmes, Susan B. Anthony, affirme : « Le vélo a fait plus pour l'émancipation des femmes que toute autre chose dans le monde. Je me réjouis chaque fois que je vois une femme à vélo. Cela lui donne un sentiment de liberté et d'autonomie [25]. »

Premiers aménagements cyclables

La bicyclette étant plus rapide que le cheval, le tramway et les toutes premières automobiles, elle est interdite en France sur les espaces piétonniers par un règlement de 1896 : sa place naturelle, estime-t-on, est sur la chaussée [26]. Malgré l'origine de son nom, le vélocipède est logiquement considéré comme un véhicule. Tant que les vitesses pratiquées par les autres véhicules restent modestes, les cyclistes cohabitent avec eux sans difficultés et n'ont pas besoin d'espaces particuliers.

Ils sont cependant très sensibles aux mauvais revêtements. Les premiers vélocipèdes n'ont que des roues cerclées de fer, puis d'un bandage de caoutchouc. Les Anglais les surnomment des *boneshakers* (littéralement, des secoueurs d'os). L'invention du pneumatique par Dunlop, perfectionnée ensuite par Michelin, améliore considérablement le confort, mais les cyclistes restent néanmoins confrontés aux « pavés épouvantables [...] dont chacun était un petit bloc de torture [27] » et au macadam dégradé « car les chaussées pavées, seules, sont toujours mauvaises, tandis que les chaussées empierrées sont généralement très praticables, en dehors des moments où on les répare [28] ». Ils se retrouvent contraints de rouler sur les trottoirs – quand ils existent –, non sans provoquer des conflits avec les piétons.

En conséquence, comme ailleurs en Europe, les responsables du TCF réclament des bandes de roulement au revêtement lisse sur le bord des principales radiales [a] ou, mieux encore, des « trottoirs cyclables [29] », sortes de pistes cyclables à un niveau intermédiaire entre la chaussée et le trottoir, comme il en existe encore beaucoup au Danemark aujourd'hui. Il contribue même à les subventionner. À Paris, un premier trottoir cyclable est aménagé très tôt, avenue de la Grande Armée, où de nombreux magasins de cycles se concentrent, à cause de la proximité avec le Bois de Boulogne, de ses contre-allées en asphalte et de son Chalet du cycle très appréciés par la bourgeoisie.

Les revendications s'intensifient après l'instauration, en 1893, d'une taxe de dix francs « sur les vélocipèdes et autres appareils analogues » que l'on pouvait considérer à cette époque comme des biens de luxe. Malgré la démocratisation progressive du vélo, cet impôt ne sera supprimé qu'en 1958 et ne servira jamais directement à réaliser des aménagements cyclables. Trois autres pays taxent également les cyclistes : la Belgique progressivement à partir de 1893, l'Italie en 1898 et les Pays-Bas en 1899.

Au départ, les premiers aménagements sont partout destinés au vélo de loisir. Ils servent à quitter les villes de façon confortable pour découvrir la campagne. Dès 1897, le TCF recense les « routes vélocipédiques » et les côtes sur des cartes

---

a Il s'agit des routes qui relient le centre à la périphérie.

régulièrement mises à jour [30]. La carte des environs de Paris de 1899 distingue, par exemple, les « routes pavées impraticables » (telles que les actuelles N1, N2, N3, N7 et N20), les « routes pavées avec bas-côtés praticables » (comme l'actuelle D906) et les « routes nationales ou départementales recommandées » (comme l'actuelle N13). Les principales artères se révèlent donc peu praticables, mais des aménagements sont déjà réalisés dans la banlieue bourgeoise de l'ouest.

Vélo et transports en commun

À la fin du XIXe siècle et jusque dans les années 1920, les réseaux de tramways sont partout en plein essor. Ils irriguent toutes les villes et leurs faubourgs. Ils se modernisent et deviennent progressivement électriques à partir de 1890 [31]. Les voies intégrées aux chaussées représentent un danger pour les cyclistes dont les roues de bicyclette se coincent dans la gorge des rails.

En centre-ville, le tram n'est pas un concurrent sérieux pour le vélo. Les cyclistes circulent bien plus vite et de porte à porte [a]. La vitesse commerciale des tramways à traction mécanique parisiens n'est que de 10,2 km/h [32]. Mais, dans les faubourgs et au-delà, le tram est plus rapide et moins fatiguant. Il concurrence alors directement le vélo en limitant son essor. La particulière densité des réseaux de tramways en Wallonie expliquerait ainsi, dès cette époque, le moindre développement du vélo dans cette région qu'en Flandre ou aux Pays-Bas [33].

Le vélo devient rapidement d'un coût similaire à celui du tramway. « En 1894, la revue *Le Cycle* compare la bicyclette au coût des transports en commun à Paris, qu'elle estime à 45 centimes par jour, soit 135 francs par an. Elle donne les éléments

---

a Voir *Barcelone en tramway*, un court métrage fascinant, datant de 1908, sur les déplacements dans les rues de Barcelone. La caméra a été placée au-dessus du poste de conduite d'un tramway et de nombreux cyclistes accompagnent cette attraction et virevoltent devant le véhicule (disponible sur <https://mubi.com>).

suivants : "400 francs [pour une] très bonne bicyclette de travail munie de caoutchoucs pneumatiques. [...] Mais tout cycliste sait que celui qui n'est pas exigeant, et surtout qui ne vise pas à l'élégance, peut aisément se procurer une machine 'de travail' très satisfaisante à 250 ou 300 francs, de telle sorte que, dès la seconde année d'usage, l'instrument est payé" [34]. » En ajoutant les coûts d'entretien à ce coût d'achat, les deux modes ont effectivement des coûts assez proches. Dès la fin du XIXe siècle, la bicyclette concurrence les transports publics : « La baisse apparaît dans les recettes des omnibus et des voitures [à cheval] [35]. »

Comme le tramway et le train de banlieue, le vélo favorise l'étalement urbain. Certains habitants profitent de ces nouvelles facilités de transport pour habiter plus loin de leur lieu de travail, en bénéficiant de logements moins coûteux ou plus grands. Dans les grandes villes, il devient un complément naturel des trains de banlieue, en permettant de vivre un peu plus loin des gares, à proximité desquelles les prix immobiliers flambent. Dans les régions rurales mal desservies par le train, il est l'unique alternative efficace et s'y développe rapidement, en fonction toutefois du niveau de vie des populations.

Un essor rapide

Avec la baisse des prix et l'amélioration de ses performances et de son confort, le vélo commence à se répandre dans la société, se banalise et devient progressivement un moyen de transport. Dès 1895, quelques cyclistes sortent déjà de l'usine filmée par les Frères Lumière. En France, grâce à la taxe sur les vélocipèdes, le parc de bicyclettes est assez bien connu jusqu'à la Seconde Guerre mondiale : en vingt ans, il croît régulièrement pour atteindre 3,5 millions de véhicules en 1914. Aux États-Unis, le pays connaît un véritable *bicycle boom*, notamment à Boston et sur toute la côte nord-est. Dès 1900, le parc atteint 10 millions de bicyclettes pour 76 millions d'habitants [36]. Mais cet engouement retombera rapidement au profit de l'automobile.

Figure 3 *Origine et diversité des principaux types de vélos actuels*

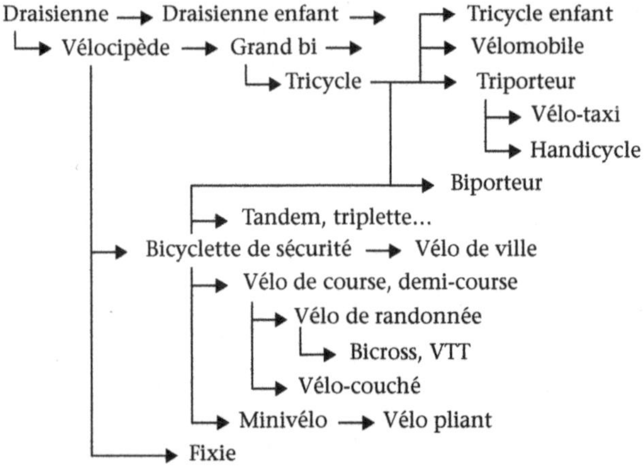

Presque tous les vélos actuels peuvent, en outre, bénéficier d'une assistance électrique au pédalage.

Seuls trois facteurs freinent, à ses débuts, l'essor du vélo : l'apprentissage qu'il nécessite, l'état des chaussées et le pouvoir d'achat des ménages. En France comme en Allemagne ou en Grande-Bretagne, les candidats les plus fortunés prennent quelques « leçons d'équilibre » dans des « manèges d'étude » ou des allées tranquilles avant de se lancer dans la circulation [37]. Pas facile, en effet, pour des adultes de se mettre au vélo. Le revêtement des chaussées est ensuite une question sensible. En France, il est souvent constitué de gros pavés disjoints, arrondis ou brisés, très inconfortables, alors qu'aux Pays-Bas, il est fait surtout de gravier ou de briques nettement plus agréables pour les cyclistes, même s'ils réclament tous du macadam beaucoup plus roulant [38]. Le vélo s'impose enfin dans les pays, les villes et les quartiers les plus riches, où les ménages ont les moyens de s'acheter au moins une bicyclette.

Quant au foisonnement d'innovations du XIXe siècle, il est à l'origine de tous les vélos actuels. La figure 3 tente d'en donner un aperçu.

L'origine des termes utilisés pour nommer les deux-roues avant 1900

Grâce au minutieux travail de Francis Robin, cette origine est aujourd'hui mieux connue [39]. En voici l'essentiel.

Le **célérifère**, soi-disant inventé en 1790 sous la Révolution par le baron de Sivrac, est, en fait, une voiture à chevaux légère et non un vélo. C'est une mystification du journaliste Louis Baudry de Saunier dans son *Histoire de la vélocipédie*, parue en 1891 [40].

Le **vélocipède** est la traduction probablement proposée par Karl Drais lui-même pour sa *Laufmaschine* (machine à courir), quand il est venu la présenter à Paris en avril 1818. Il s'est sans doute inspiré du **vélocifère** qui était à l'époque une voiture hippomobile rapide et légère assez répandue. À partir des années 1860, vélocipède ne désigne plus que la **draisienne** dotée de pédales inventée par Michaux.

Le **vélo** est la contraction populaire de vélocipède attestée pour la première fois dans un article de la publication éphémère *Le Vélocipède*, à Grenoble, en 1869.

Le **tricycle** est la contraction de vélocipède tricycle, c'est-à-dire à trois roues, dans un brevet déposé en 1867.

Le **bicycle**, terme proposé l'année suivante, est, de la même manière, la contraction de vélocipède bicycle.

Le **grand bicycle** concerne, à partir de 1870, les bicycles ayant une roue avant de diamètre supérieur à un mètre, termes abrégés dix ans plus tard en **grand bi**.

Le **cycle** est, à partir de 1870, un terme générique pour les tricycles, bicycles et autres grand bi.

La **bicyclette** désigne un petit bicycle beaucoup plus sûr et maniable que le bicycle et le grand bi. Le terme est inventé en 1880 par le constructeur anglais Henri Lawson pour dénommer son *safety* ou « bicycle de sécurité ». Jugé sympathique, ce terme est adopté par les Français à partir de 1886, mais pas par les Anglais qui préfèrent garder *bicycle*, pour eux plus facile à prononcer.

La **petite reine** est une expression popularisée par le livre du journaliste Pierre Giffard *La Reine bicyclette*, paru en 1891 et dont la couverture emblématique représente une jeune femme portant à bout de bras une bicyclette légère au-dessus de sa tête [41].

Puis l'expression est utilisée comme surnom de la jeune future reine des Pays-Bas, Wilhelmine, dix-huit ans, amatrice de vélo, en visite à Paris, en avril 1898.

Enfin, deux **questions de vocabulaire**. La bicyclette étant à la fois une monture et un véhicule, un cycliste peut se déplacer *à* bicyclette, *à* vélo, comme le cavalier à cheval, ou bien *en* bicyclette, *en* vélo, comme on dit en train ou en voiture [42]. En ce qui nous concerne, on préférera utiliser « à vélo » ou « à bicyclette » qui nous paraît plus poétique. Quant à l'usage préférentiel des mots vélo ou bicyclette, certains y voient avec délice des connotations particulières [43]. La bicyclette serait plus utilitaire, plus poétique, plus féminine que le vélo plus sportif, plus populaire et plus masculin. Nous les emploierons plus simplement comme synonymes pour éviter la répétition.

2

Première moitié du XXe siècle La diffusion massive de la bicyclette

– Malgré la propagande sportive, la bicyclette utilitaire s'est fort répandue.

– C'est précisément la preuve qu'elle correspond à un besoin réel, et qu'elle donne grande satisfaction à tous ceux qui l'emploient. Il n'est pas exagéré de dire que les neuf dixièmes des bicyclettes sont utilisés comme engin de petit transport par les ouvriers, les paysans et employés. Pourtant cette clientèle considérable n'a jamais été sollicitée par une publicité directe, par une propagande bien menée en faveur du cyclisme utilitaire.

James Ruffier, *Vive la bicyclette ! Entretiens sur le cyclisme*, 1929.

Dans la première moitié du XXe siècle, l'usage de la bicyclette se répand dans toutes les couches de la société et presque partout en Europe. Toutes les familles, hormis les plus pauvres, acquièrent au moins un vélo qui sert tout autant à aller au travail, à rendre visite, qu'à transporter les enfants ou les courses. Mais la voiture entame déjà son essor, menace rapidement le tramway, puis les cyclistes, car elle impose sa puissance et nécessite des adaptations de la voirie défavorables aux autres modes.

À la veille de la Seconde Guerre mondiale, le parc automobile français est pourtant encore modeste : 2,4 millions de véhicules, utilitaires compris, pour 9 millions de bicyclettes. Un écart conséquent que l'on retrouve partout en Europe.

L'importance numérique des cyclistes les met encore dans un rapport de forces favorable dans la plupart des quartiers. Plus pour longtemps.

Le vélo pour tous

À partir des années 1890, la production de cycles se transforme en une industrie de masse. Avec l'allongement des séries, la fabrication est rationalisée et les prix baissent continuellement. Parallèlement, les salaires ne sont plus seulement « de subsistance » et progressent enfin. En France, par exemple, pour un ouvrier professionnel, le prix d'un vélo mesuré en heures de travail est divisé par dix en quarante ans, entre 1891-1895 et 1930-1935 [1]. Dès lors, le vélo devient accessible au plus grand nombre et se répand dans les classes populaires. Les ouvriers, les employés et les paysans se rendent en masse au travail à bicyclette. Des embouteillages de cyclistes se forment aux heures d'entrée et de sortie des usines et des bureaux.

Le docteur James Ruffier, cycliste quotidien et randonneur acharné, témoigne : « En franchissant le pont de Bezons, un jour de semaine, à 7 heures du matin, [m]'éloignant de Paris, c'est à peine si je pouvais passer dans le flot de cyclistes qui venaient à ma rencontre se dirigeant vers la capitale ou sa proche banlieue. Tous ces gens se rendaient à leur travail. Des milliers d'ouvriers allaient aux usines ; des employés gagnaient leurs bureaux et magasins ; des jeunes filles, des femmes, dactylos et vendeuses, pédalaient vers leur besogne quotidienne. Et le plus amusant, au moins pour moi, c'est que cette foule de cyclistes entravait toute autre circulation. Les rares autos se frayaient passage difficilement, et, modestes devant la force du nombre, ne klaxonnaient qu'à petits coups discrets. Le tramway lui-même, chargé pourtant de prolétaires, ne glissait qu'au ralenti et par légers bonds successifs sur ses rails odieux. [...] Au même moment, par toute la banlieue, le même spectacle pouvait être contemplé. Billancourt, Boulogne, Puteaux, Saint-Denis, Pantin, Vincennes et Malakoff sont traversés, matin et soir, par quatre ou cinq cent mille bicyclettes. Même chose dans les grandes villes de province. Au Creusot, à Saint-Étienne, à Saint-Nazaire, dans toutes les cités industrielles, le tiers peut-être des ouvriers se rendent à bicyclette à leur travail. De même, beaucoup de paysans vont ainsi à leur champ. [...] Le travailleur a trouvé dans la bicyclette le plus commode et le plus économique des engins de transport pour se rendre au lieu de sa besogne et en revenir [2]. »

Les voitures, que seuls les riches peuvent s'offrir, dominent dans les artères des quartiers bourgeois des capitales, comme Paris, Londres ou Berlin. Mais, partout ailleurs, elles restent bloquées par des centaines de cyclistes qui imposent leur vitesse lente et qui les débordent à leur premier arrêt à un carrefour. En contraignant les automobilistes à ralentir et à faire attention à leur présence, les cyclistes jouent, à cette époque, un puissant rôle modérateur des accidents de la route [3].

Qu'en est-il cependant du niveau réel de cette pratique dans les villes des différents pays européens ? On ne dispose malheureusement pas de données précises sur la répartition modale, mais on connaît toutefois le taux de possession des vélos dans quelques pays. Or il est très probable qu'à cette époque, la plupart des vélos possédés sont effectivement utilisés et, dans la plupart des cas, pour des déplacements quotidiens. Selon ces statistiques, il se confirme que, dans l'entre-deux-guerres, la pratique de la bicyclette est presque partout fortement développée. Sans surprise, on trouve en tête les Pays-Bas (avec 308 vélos pour 1 000 habitants) puis la Suède (256), suivis du Danemark (211) et de la Belgique (196), puis, plus loin, de l'Allemagne (172), de la France (167) et de l'Angleterre (141). Ces trois pays étant plus vallonnés que les premiers, les écarts sont finalement assez minimes. Autrement dit, avant guerre, les Français utilisent tout autant la bicyclette que les Allemands (quatre fois moins aujourd'hui) et presque autant que les Danois ou les Belges. Nous avons effacé cette réalité de notre mémoire collective. Quant à l'Italie, son faible taux de possession (75) s'explique surtout par sa relative pauvreté. Et les États-Unis (14) sont déjà passés à l'automobile.

Un mode de déplacement égalitaire

Au cours des années 1930, le vélo devient le symbole de la mobilité individuelle, libre et accessible à tous, qui échappe facilement à tout contrôle. C'est d'abord un véhicule à tout faire qui se décline en une grande diversité de matériel : vélo utilitaire, tricycle, vélo de randonnée, tandem, vélo porteur, triporteur, remorque... Il permet des déplacements quotidiens ou de loisir, de portée non négligeable, rendant plus faciles tout à la fois les échanges, le ravitaillement du ménage, le transport d'enfants, les livraisons, les vacances itinérantes... « La bicyclette, rappelle Philippe Gaboriau, devient le premier moyen de locomotion utile, qui éloigne de l'usine, rapproche l'employé et l'ouvrier urbains de la campagne, le paysan et le travailleur rural de la ville [4]. » C'est aussi un outil peu coûteux, à l'achat comme à l'usage, qui ne nécessite que l'énergie musculaire de son utilisateur et qui est suffisamment simple pour être le plus souvent réparé par lui-même. On l'achète avec ses premiers salaires et on le bichonne pour qu'il dure longtemps. C'est enfin un outil d'affirmation de soi et de socialisation permettant d'éprouver ses forces et son sens de l'équilibre, d'accéder à l'autonomie pour les adolescents, de s'émanciper pour les femmes, de multiplier les rencontres, de trouver et garder un emploi... Pour un ouvrier, s'il est volé, c'est la catastrophe (voir *Le Voleur de bicyclette,* de Vittorio De Sica, 1948) [5].

La grande majorité de ces nouveaux cyclistes sont évidemment d'anciens piétons. On peut le regretter, dans la mesure où le piéton est au fondement de l'urbanité et de la vie en société. Mais, de ce point de vue, le cycliste n'est qu'un piéton véloce – littéralement un vélocipédiste –, non motorisé, qui se déplace sans provoquer de nuisances, à vitesse modérée et en utilisant peu d'espace. De ce point de vue, la bicyclette est un mode éminemment urbain qui s'adapte bien à la ville et respecte les autres, provoquant peu d'accidents. Toutes ses caractéristiques et d'autres encore (voir encadré ci-contre) font du vélo un mode de déplacement qui favorise des relations plus égalitaires et une société démocratique.

Le vélo, un rapport particulier au temps et à l'espace

De nombreux auteurs considèrent que le cycliste développe des rapports intimes à l'espace et au temps, un peu comme le piéton et au contraire de l'automobiliste [6].

Le cycliste peut être considéré comme un piéton sur roues capable de découvrir rapidement un territoire bien plus large, tout en pouvant s'arrêter presque instantanément et redevenir piéton dès qu'une occasion se présente. Il peut aussi se tromper et décider aussitôt de rebrousser chemin. L'automobiliste bénéficie certes d'un rayon d'action beaucoup plus grand, mais il ne peut aisément s'arrêter partout ou faire demi-tour.

Comme le piéton, le cycliste est en contact direct avec son environnement : il mobilise pleinement et en permanence tous ses sens. Sa vision est panoramique, sans aucun angle mort, il profite de la ville en trois dimensions : son décor, ses monuments, ses commerces, son ciel, ses passants... Son ouïe, débarrassée du bruit continuel d'un moteur tout proche, est capable de repérer dans le brouhaha général des conversations, des chants d'oiseaux ou des bruits suspects. Son odorat s'aiguise avec les senteurs printanières ou s'atrophie avec les émissions polluantes. Son sens du toucher s'exerce au contact des intempéries : froid, douceur, chaleur, brise, vent, pluie, neige... Même son sens du goût s'avive avec l'effort qui lui ouvre l'appétit. Au contraire, l'automobiliste n'a, avec ce qui l'entoure, qu'un contact visuel limité par l'habitacle et une perception sonore étouffée par l'insonorisation du véhicule.

Le cycliste fait corps avec sa machine, prolongement de son ossature, en mobilisant ses muscles les plus puissants pour avancer, tout en restant assis. Il éprouve constamment ses possibilités et ses limites physiologiques en fonction de la distance et du relief à affronter. Il dose sans cesse son effort pour maintenir une allure régulière et arriver dans les temps à destination. Si son temps de déplacement est parfois plus long que celui de l'automobiliste, il est en général moins aléatoire, car le cycliste échappe aux embouteillages et n'est perturbé que par les aléas météorologiques importants (vent fort, averse, verglas) heureusement rares. Aujourd'hui, à l'heure du triomphe des mondes virtuels, le cycliste est, au contraire, pleinement dans la réalité.

Dans l'entre-deux-guerres, le vélo devient cependant un bien exclusivement « populaire », la bourgeoisie passant progressivement à l'automobile. Un pays se distingue néanmoins sur ce plan : les Pays-Bas. La famille royale trouve très tôt dans ce mode de déplacement, le moyen de s'afficher, en l'utilisant, comme étant « proche du peuple » et elle entretient, depuis lors, cette image. Comme une bonne partie de l'aristocratie de l'époque, la reine Wilhelmine s'entiche du vélo dès son adolescence (elle est née en 1880 et régna de 1898 à 1848). Sa fille Juliana, lors de son mariage en 1936, effectue, à l'issue de la cérémonie, un tour à vélo avec son mari dans La Haye (elle régna de 1948 à 1980). On parle même alors de « monarchie à vélo ». Sa fille Béatrix n'hésite pas non plus à enfourcher une bicyclette (elle régna de 1980 à 2013). Cet affichage contribue à donner au vélo une image « civilisée et respectable » conforme à « la tendance à l'égalitarisme dans la vie politique et la société néerlandaises [7] ». Une autre circonstance va renforcer ce particularisme. Avant la Première Guerre mondiale, les Pays-Bas importent la plupart de leurs bicyclettes. Puis, étant resté neutre pendant le conflit, le pays est contraint de développer sa propre industrie du cycle. Celle-ci s'organise en cartel et met au point un type de vélo à usage utilitaire : le fameux modèle hollandais noir, à col de cygne, doté d'accessoires solides et fonctionnels, fabriqué notamment par la marque Batavus, du nom de la tribu qui serait à l'origine de la nation néerlandaise [8].

L'essor de l'automobile

Dès le début du XXe siècle, l'automobile prend brillamment le relais comme symbole de progrès, de liberté et de modernité, grâce à des performances qui deviennent vite très supérieures à celles de la bicyclette, avec des distances parcourables fortement accrues, beaucoup moins d'efforts à fournir et un confort incomparable. Toutes ces qualités conquièrent aussitôt les élites qui réclament en conséquence un réseau routier et des services à la hauteur.

Il faut dire que la bicyclette lui a parfaitement préparé le terrain et cela dans tous les domaines, en Europe et plus encore aux États-Unis [9]. Elle a d'abord donné à tous le goût d'une mobilité et d'une autonomie nouvelles fondées sur un mode de déplacement individuel beaucoup moins contraignant que le cheval, le tramway ou le chemin de fer. Elle a ensuite nécessité le développement d'une industrie de fabrication de cycles et d'accessoires et d'un réseau de distribution et de réparation désormais tout prêts à s'orienter vers le marché automobile naissant. C'est par exemple le cas de Peugeot en France, à l'origine fabricant de bicyclettes, tricycles et quadricycles, de Rover en Grande-Bretagne ou d'Opel en Allemagne. En outre, les puissantes associations de cyclistes – et notamment le TCF – ont déjà amélioré les cartes routières et la signalisation, redynamisé l'hôtellerie et la restauration, et réclamé de meilleurs revêtements routiers. Enfin, une presse très dynamique est prête à s'enthousiasmer pour l'automobile.

Cette mécanique est une invention essentiellement franco-allemande. Après l'impasse britannique de l'automobile à vapeur, ce sont en effet les ingénieurs français et allemands qui parviennent, après de nombreux tâtonnements, à mettre au point un moteur à explosion à quatre temps fonctionnant au pétrole, grâce aux efforts de Karl Benz, en 1886, à Mannheim, dans la ville même où a été inventée la draisienne, soixante-dix ans plus tôt. Les années 1890 voient l'apparition des premiers constructeurs automobiles (Panhard et Levassor, Peugeot, Berliet, Renault, Benz, Daimler...). Le premier salon automobile ouvre en 1902, à Paris. En 1903, la France produit à elle seule la moitié des 62 000 automobiles fabriquées dans le monde. La France est bien le principal berceau de l'automobile.

D'autres grands pays (par la population) développent peu à peu leur propre industrie automobile : l'Allemagne, les États-Unis, le Royaume-Uni, l'Italie, l'Espagne, le Japon... Mais aucun petit pays ne parvient à créer une industrie automobile forte et durable : la Belgique fabrique quelques voitures avant guerre grâce à la société Dasse et à la Fabrique nationale de Herstal, l'Autriche produit jusqu'en 1976 des Fiat sous licence, avec la société Steyr-Puch, et les Pays-Bas construisent des Daf de 1958 à 1976. Le Danemark, la Norvège et la Suisse n'ont aucune production automobile. Seule exception, la Suède possède deux constructeurs importants avec Volvo (à partir des années 1930) et Saab (à partir des années 1950). De ce fait, ces petits pays vont connaître une motorisation un peu plus tardive, à l'exception de la Suède, plus tôt motorisée. Ces différences seront cruciales quand les autorités chercheront à relancer l'usage du vélo dans les années 1970.

Alors qu'aux États-Unis, à partir de 1913, la rustique Ford T, destinée à l'origine au monde rural, est fabriquée en masse à bas coût, grâce à l'utilisation de la production en chaîne, en Europe, la voiture reste considérée, jusqu'à la Seconde Guerre mondiale, comme un bien de luxe réservé aux riches, mais qui exerce déjà une grande fascination sur toute la société [10]. Les premiers projets de production en masse de petits modèles émergent à la fin des années 1930 (Coccinelle, 2CV, 4CV, Fiat 500) et vont être interrompus par la guerre.

Les premiers efforts d'adaptation de la ville à l'automobile

Avec l'avènement du transport hippomobile puis automobile très consommateur d'espace, les encombrements s'accroissent partout dans les grandes villes. L'urgence est de faire place à ce trafic. La pression de l'opinion est très forte. Les journaux sont pleins des récriminations des usagers qui se plaignent des embouteillages. Certains titres – comme *L'Intransigeant* ou *Paris-Soir* – mènent de virulentes campagnes en faveur de l'automobile. De multiples solutions sont expérimentées dès le XIXe siècle et surtout dans l'entre-deux-guerres.

Les plus grandes villes vont bien sûr jouer un rôle pionnier, ce qui ne sera pas sans conséquences pour les cyclistes.

Les percées – qui visent à créer de nouvelles rues en n'hésitant pas à détruire des immeubles – débutent véritablement à Paris au début du XIXe siècle, à l'exception de la rue Royale créée dès 1775 [11]. Elles s'accélèrent sous la Restauration et surtout sous le Second Empire qui se dote des instruments juridiques et financiers nécessaires pour réaliser les expropriations et les travaux. Les percées d'Haussmann ont certes comme objectif de faciliter la circulation des attelages, mais aussi d'éradiquer l'habitat insalubre, de construire des immeubles de qualité et d'améliorer les réseaux souterrains (eau, égouts...), bref de redynamiser le centre. Ces travaux sont fort admirés pour leur audace et bien d'autres villes françaises et européennes imitent dès lors la capitale [12]. Les percées facilitent dans un premier temps les déplacements des cyclistes. Mais, en accueillant bientôt un trafic automobile de plus en plus dense et rapide, elles deviennent au contraire des artères dangereuses : les cyclistes sont contraints de se réfugier dans les ruelles adjacentes.

La création d'importants réseaux de métro dans les grandes capitales – Londres dès 1863, Paris en 1900, Berlin en 1902, Madrid en 1919... – permet certes d'améliorer les transports collectifs, mais le but est aussi de supprimer les omnibus et tramways en surface pour libérer la place nécessaire au trafic croissant. À peu près aussi rapide, plus sûr et plus confortable, le métro est un concurrent direct du vélo [a].

La mise en sens unique de grandes artères parallèles a été expérimentée pour la première fois dans les années 1920, à Paris, avec le groupe formé par la rue de la Chaussée d'Antin et la rue de Mogador, suivi progressivement par quelques autres rues [13]. Ces sens uniques accélèrent et intensifient la circulation, compliquent et allongent le trajet des cyclistes et menacent finalement leur sécurité [14].

---

a À Paris, dès qu'une correspondance est nécessaire, le métro est moins rapide et moins fiable que le vélo.

À la suite des expérimentations américaines des années 1910, le premier feu de signalisation apparaît à Paris en 1923, au carrefour entre les boulevards Sébastopol et Saint-Denis, puis peu à peu dans les autres grandes villes d'Europe. Des ondes vertes – c'est-à-dire des carrefours à feux synchronisés visant à faciliter l'écoulement du trafic – sont créées à partir des années 1930. Adaptées à la vitesse automobile, elles obligent en revanche les cyclistes, qui roulent plus lentement, à de fréquents arrêts nécessitant de pénibles redémarrages, coûteux en énergie musculaire (voir encadré ci-contre).

Les premiers carrefours dénivelés, à niveaux séparés, également inventés aux États-Unis, apparaissent eux aussi en Europe, d'abord à Paris semble-t-il, dans les années 1930, sur les boulevards des Maréchaux. Les tunnels constituent un tel danger pour les cyclistes qu'ils leur sont rapidement interdits.

En France, le stationnement sur voirie est, à l'origine, formellement interdit. Mais, sous la pression des automobilistes qui laissent leur véhicule dans la rue par commodité ou faute de parvenir à acquérir un garage, il est peu à peu implicitement toléré [15]. La loi du 30 mai 1851 sur la police du roulage et le décret du 19 août 1852 interdisent d'abord de « laisser stationner sans nécessité sur la voie publique aucune voiture attelée ». Le décret du 31 décembre 1922 instituant le code de la route rappelle encore, dans son article 11, l'interdiction de « laisser un véhicule stationné sans nécessité sur la voie publique ». Mais, en 1928, cet article 11 est modifié et l'expression « sans nécessité » est remplacée par « sans motif légitime ». La comparaison avec les autres pays reste à faire, mais il est probable que les évolutions soient similaires. Quoi qu'il en soit, les cyclistes en pâtissent de multiples façons. Les véhicules en stationnement envahissent peu à peu l'espace – les bas-côtés des chaussées et des contre-allées, les terre-pleins centraux et latéraux, les places et autres espaces vacants – rendant les usagers non motorisés moins visibles. Une certaine tolérance s'installe qui encourage de fait le stationnement illicite, notamment sur les aménagements cyclables, dégradant leur revêtement et provoquant gênes et embouteillages. La

La grande efficacité énergétique du vélo

Divers travaux entamés dès la fin du XIXᵉ siècle permettent d'appréhender les dépenses énergétiques des cyclistes, mesurables en joules (J) [16]. On sait ainsi qu'un cycliste de 70 kg + 15 kg pour sa bicyclette se déplaçant à la vitesse de 20 km/h sur une chaussée plate, au revêtement correct et en l'absence de vent dépense une énergie d'environ 16 J/m. La vitesse dépendant fortement de la résistance de l'air, le vent est un obstacle bien plus redoutable que la pluie. Sur terrain plat, le cycliste dépense environ 3,5 fois moins d'énergie que le piéton par kilomètre parcouru, du moins en l'absence d'arrêts. Il peut donc couvrir un territoire environ 12 fois plus grand.

Pour un cycliste roulant à 20 km/h, un redémarrage après arrêt représente un allongement de parcours d'environ 80 m. On en déduit que s'il existe un feu tous les 400 m (situation courante dans les grandes villes françaises) obligeant le cycliste à s'arrêter une fois sur deux, c'est-à-dire tous les 800 m, ces arrêts liés aux feux sont équivalents à un allongement de parcours de 10 %. À Paris, où les carrefours à feux sont situés en moyenne tous les 150 m, c'est au moins 20 %. On comprend mieux pourquoi les cyclistes considèrent si souvent les stops et les feux rouges comme des cédez-le-passage.

Pour déplacer sa masse verticalement, un cycliste avec sa bicyclette dépense une énergie supplémentaire environ 50 fois supérieure à celle qui est nécessaire pour déplacer sa masse horizontalement. L'effet de la gravité lié à la pente est très pénalisant pour le cycliste. En pratique, grâce au dérailleur, il peut gravir sans difficulté une pente de 5 %, mais au détriment de la vitesse. S'élever d'un mètre correspond donc pour lui à un détour d'environ 50 m. Mais, contrairement au piéton, grâce à l'invention de la roue, de la roue libre et du macadam, le cycliste peut utiliser son énergie potentielle gravitationnelle dans les descentes et franchir de grandes distances sans effort autre que l'éventuelle pression des mains sur les freins.

Dans un article très documenté comparant l'efficacité énergétique des animaux et des modes de transport pour déplacer leur propre poids, le biologiste américain Vance A. Tucker démontre que le cycliste est le plus efficace de tous, devant, par exemple, le saumon, l'avion ou le patineur sur glace [17].

recherche d'une place sur voirie, les manœuvres de garage et de dégarage, et l'ouverture intempestive des portières sont aussi sources de dangers accrus pour les cyclistes.

La disparition du tramway

La question du sort du tramway, *a priori* hors sujet, est en réalité centrale. Les tramways disparus laissent le champ libre à l'automobile et les cyclistes se retrouvent directement menacés. Or le tramway a connu des fortunes très différentes selon les pays européens.

En France, tous les réseaux sont démantelés en une soixantaine d'années. En 1906, à Paris, la Compagnie générale des omnibus (CGO) introduit les premiers autobus pour remplacer les derniers tramways à chevaux. Dès 1921, la préfecture de la Seine envisage la suppression de certaines lignes dans les rues étroites des quartiers centraux pour faciliter les déplacements en voiture et les livraisons. De 1925 à 1937, en douze ans seulement, l'ensemble du réseau parisien est alors démantelé et celui de banlieue finit de disparaître en 1938 (à l'exception de Versailles) [18]. En province, la fermeture complète des réseaux commence avec celui de La Rochelle, en 1931, et s'achève avec les grands réseaux de province, entre 1950 et 1964. Seules trois lignes en réchappent : à Marseille, à Saint-Étienne et sur le Grand Boulevard qui relie Lille à Roubaix et Tourcoing. Au Royaume-Uni, la disparition des tramways est tout aussi rapide et massive. En Allemagne, en revanche, les grandes villes réduisent l'extension de leurs lignes mais la plupart d'entre elles conservent l'essentiel de leur réseau [19]. Comment expliquer ces différences ? « Le raz-de-marée du "tout automobile", naturellement, constitue la composante principale du processus qui conduit au déclin du tramway, explique Dominique Larroque. Néanmoins, tous les pays occidentaux sont confrontés à la nouvelle donne technologique mais aucun d'eux n'a réagi avec une intensité égale à l'exemple français. L'explication n'est donc pas suffisante [20]... »

En France et au Royaume-Uni, les villes comme l'État ont une approche très libérale du transport urbain. Les sociétés de transport public sont tenues d'être gérées aux risques et périls du concessionnaire. Il n'est pas question de les subventionner ou de les aider en cas de difficultés conjoncturelles, comme lors de la crise économique des années 1930. Les villes ne se donnent aucun moyen d'intervenir dans leurs activités et sont incapables d'exiger une qualité de service. Elles ne peuvent qu'encourager la concurrence des autres compagnies, des trolleybus et des bus. En Allemagne, au contraire, les transporteurs sont adossés à des compagnies d'électricité très rentables qui ont à l'origine élargi leurs activités aux transports publics pour accroître leurs débouchés [21].

De même, les autorités françaises comme britanniques considèrent, dès le départ, que l'usager doit payer le service de transport de façon à couvrir les coûts d'exploitation, selon un principe de « vérité des prix ». Pas question que le contribuable comble le déficit d'exploitation des transporteurs. Cette doctrine va, par exemple, conduire l'État français à augmenter fortement le prix du ticket de métro à Paris à la fin des années 1960, jusqu'à entraîner une virulente contestation des usagers [22].

En conséquence, les sociétés françaises de transport public adoptent elles aussi une approche très malthusienne de leur activité. Il s'agit de préserver les profits à court terme, en réduisant au maximum les investissements et en limitant la modernisation des réseaux au strict nécessaire. Chaque ligne doit être bénéficiaire : pas question de péréquation entre lignes. Pas question non plus d'entraide entre compagnies, chacun défend son monopole sur son territoire [23].

Résultat, les compagnies françaises n'ont pas su moderniser leurs réseaux. Concurrencées par l'automobile et les autobus, elles sont d'abord structurellement déficitaires. Ensuite, en cas d'investissements lourds à réaliser, la solution de l'autobus apparaît toujours plus séduisante à court terme, moins gênante pour la circulation et beaucoup moins coûteuse, l'autobus ne payant pas la chaussée au contraire du tramway qui paye ses rails. Enfin, des sociétés de transport privé développent des services d'autobus concurrents et très attractifs sur les lignes de tramway et de chemin de fer les plus rentables.

Un facteur explicatif manque cependant à toutes ces considérations : la concurrence du vélo lui-même. Dès la fin du XIXe siècle, il est moins coûteux et nettement plus rapide de se déplacer à bicyclette qu'en tramway, comme on l'a relevé au chapitre précédent. À Stockholm, par exemple, le tram trop cher, souvent bondé et peu fréquent est délaissé par les classes populaires qui lui préfèrent de loin le vélo [24].

Le lobby automobile en action

L'automobile a un défaut : de par sa masse et sa vitesse, elle peut devenir très dangereuse. Avec la croissance d'un trafic de plus en plus rapide et la transformation des rues en véritables routes, les accidents se multiplient rapidement : « 50 000 à Paris en 1919 dont 34 000 dus à l'automobile, 60 000 en 1920, 80 000 en 1926 [25]. » Mais ce n'est pas la vitesse qui est incriminée – il n'est pas question de brider ce symbole de la modernité –, ce sont les autres usagers qui gênent les automobilistes. « Lorsqu'il est impliqué, le responsable [présumé] est toujours le piéton insouciant, imprudent, folâtre [26]. »

Cependant, tant que l'automobile reste considérée comme un bien de luxe réservé aux plus riches, et ce sera le cas en Europe jusqu'à la Seconde Guerre mondiale, ses promoteurs sont dans l'obligation d'exercer des pressions sur les autorités et l'opinion pour imposer leurs vues. Dès 1895, ils s'organisent et créent l'Automobile Club de France (ACF), un club privé prestigieux, situé bientôt hôtel Plessis-Bellière, place de la Concorde. L'équivalent allemand naît en 1903 et devient, en 1911, l'ADAC (Allgemeiner Deutscher Automobil-Club e.V.). L'objectif de ces clubs est de promouvoir l'automobilisme : favoriser l'industrie automobile, encourager la construction de routes et lutter, plus prosaïquement, contre toutes les entraves à son essor.

En France, le premier code de la route apparaît en 1922. Il est élaboré pour les seuls automobilistes. Son nom est déjà tout un programme : la rue est assimilée à une route (comme le suppose aussi le *Highway Code* britannique instauré en 1931). Le code vise clairement à discipliner les piétons, en précisant dans son article 55 : « Les conducteurs de véhicules quelconques sont tenus d'avertir les piétons de leur approche. Les piétons, dûment avertis, doivent se ranger pour laisser passer les véhicules... » Piétons et cyclistes sont considérés comme des obstacles, des entraves à la circulation (sous-entendue automobile) qui, elle, est vue comme source de progrès et de richesse [27].

En Allemagne, le code de la route ne sera créé qu'en 1934, par le régime nazi. Le terme qui le désigne, *Straßenverkehrsordnung* (règlement de la circulation routière) est plus neutre puisqu'il n'existe qu'un seul mot dans la langue de Goethe pour dire route et rue : *Straße*. Aux Pays-Bas, l'expression utilisée – *Reglement verkeersregels en verkeerstekens* (RVV, règlement de la circulation et de la signalisation) – est encore plus neutre, puisqu'elle insiste sur les règles de comportement lors des déplacements, sans référence au lieu. Comme on le voit, le lobby automobile français apparaît à la pointe du combat en Europe. De véritables campagnes de presse relaient efficacement ses exigences.

Partout en Europe, l'automobile reste pourtant très minoritaire en nombre parmi les usagers de la rue, mais elle a pour elle son volume, sa masse, sa vitesse et sa modernité qui s'imposent à tous. Par exemple, à Amsterdam, pour faciliter la circulation automobile, une onde verte est créée en 1930 dans Leidsestraat, une rue commerçante d'accès au centre de 9 mètres d'emprise. Il y circule pourtant chaque jour 33 000 piétons, 30 000 cyclistes, 25 000 passagers de tramway et seulement 5 000 voitures (soit 7 000 à 8 000 personnes, 8 % des usagers de la rue). La vitesse de l'onde verte est néanmoins peu à peu relevée de 20 km/h à 30 km/h en 1934 et à 40 km/h en 1939, pénalisant la grande majorité des usagers [28].

L'extension des aménagements cyclables

On se souvient qu'au départ, les cyclistes réclamaient des aménagements cyclables pour éviter les mauvais revêtements et disposer de surfaces bien plus roulantes. Dès l'essor de l'automobile, ses promoteurs, eux aussi, vont en exiger, mais pour une tout autre raison : dégager la chaussée des cyclistes qui l'encombrent. L'idée est avancée dès le premier Congrès international de la route qui se tient à Paris en 1908. En 1920, l'équivalent néerlandais de ce congrès constate que « la construction de pistes cyclables le long des grandes voiries soulage la circulation d'un élément extrêmement ennuyeux : le cycliste [29] ». Le docteur Ruffier est encore plus catégorique : « Les pistes cyclables ne sont pas établies pour nous rendre service mais pour débarrasser les automobilistes de notre présence... » D'ailleurs, quand elles existent, les pistes cyclables deviennent obligatoires. Avec le goudronnage progressif des rues et des routes, les cyclistes auraient dû se désintéresser du sujet, mais ils vont cependant continuer à réclamer des aménagements cyclables pour une nouvelle raison : échapper au danger croissant que représente la montée du trafic motorisé, trouvant un allié objectif chez les automobilistes dans cette revendication. L'essor de la motorisation favorise paradoxalement la construction de pistes cyclables.

Trois types d'aménagements coexistent à cette époque : les « surlargeurs cyclables », la file de droite étant élargie à 4 mètres pour faciliter le doublement des cyclistes par les voitures (une sorte d'ancêtre de la bande cyclable, mais sans marquage) ; les « trottoirs cyclables » placés en fait à un niveau intermédiaire entre la chaussée et le trottoir, ce qui les rend très sûrs et laisse les cyclistes bien visibles des automobilistes ; les pistes cyclables proprement dites, nettement séparées de la chaussée par une bordure, un terre-plein ou des voitures en stationnement. Les deux premiers types d'aménagements sont surtout recommandés en milieu urbain et le troisième type à la campagne, le long des routes ou hors des routes.

En France, l'histoire des aménagements cyclables reste largement à faire. Selon divers témoignages, les surlargeurs auraient surtout concerné les artères d'entrée dans certaines villes, comme Strasbourg, et les trottoirs cyclables se rencontraient plutôt dans les villes usinières, comme celles du bassin minier du Nord-Pas de Calais. Quelques rares pistes sont construites le long des routes, comme celle qui desservait le bassin industriel de Montbéliard entre Sochaux et Audincourt. Au total, selon l'historien André Guillerme, le linéaire réalisé avant la Seconde Guerre mondiale n'est que de 1 200 km et il a ensuite en bonne partie disparu [30]. Ce médiocre résultat est à comparer aux 700 000 km que compte alors le réseau routier, un immense réseau, d'une grande densité et comprenant nombre de petites routes tranquilles, réalisé principalement au XIXᵉ siècle et vieillissant, incapable de supporter le trafic grandissant des voitures et surtout des camions. Les autorités ont bien du mal à le maintenir en état et jugent la création d'aménagements cyclables secondaire [31].

Le premier des obstacles à l'extension du cyclisme utilitaire « vient de la voirie, estime en 1929 le docteur Ruffier. Les routes des environs de Paris et de la plupart des grandes villes sont abominablement pavées ; on ne pourrait faire mieux pour rendre la circulation cycliste impossible [32] ». Henry de La Tombelle, figure du cyclotourisme, ajoute : « Les trottoirs cyclables sont tout ce qu'il y a de plus défendables et nous en demandons. Mais nous voudrions que ces trottoirs fussent précisément cyclables au lieu d'être tantôt inexistants ou encombrés de piétons et de toutes les horreurs ordurières, tantôt de véritables pièges à cassis, tantôt étriqués entre une bordure faisant bourrelet et une rangée d'arbres-enfants ou de poteaux de tous genres [33]. » L'instauration de trottoirs cyclables sur les routes départementales situées en milieu urbain supposait, en outre, que le conseil général et la municipalité s'entendent sur les responsabilités et les financements qui incombent à chacun [34].

Aux Pays-Bas, deux circonstances fortuites vont contribuer à développer les aménagements cyclables [35]. Comme partout en Europe, les premiers aménagements cyclables sont construits, à la demande des associations de cyclistes, pour favoriser le tourisme. Mais, pendant la Première Guerre mondiale, le pays reste neutre et se retrouve isolé au milieu des belligérants, soumis au blocus de l'Allemagne par les Anglais. Privées d'essence, les automobiles restent au garage et les élites redécouvrent l'intérêt du vélo. L'influente ANWB – l'association des cyclistes néerlandais –, encore dirigée par des « membres supérieurs de la classe moyenne », obtient la réalisation accélérée de pistes cyclables touristiques, en utilisant « le symbole du vélo pour réaffirmer l'identité néerlandaise neutre, équilibrée et pondérée [36] ».

En 1924, une autre circonstance contribue à renforcer les aménagements cyclables. Pour combler un fort déficit public et financer le réseau routier, la taxe sur les vélos, qui avait été supprimée en 1919, est réintroduite au taux de 3 guilders par bicyclette (sachant qu'un vélo ordinaire coûte environ 60 guilders). Face aux protestations de l'ANWB, qui considère que cette taxe frappe surtout les plus pauvres, le gouvernement fait quelques concessions et finit par admettre que les routes nouvelles ou refaites doivent être flanquées de pistes cyclables, dans l'intérêt bien compris des cyclistes comme des automobilistes. Au total, en 1938, le pays compte 2 675 km de pistes cyclables, dont 37 % hors des principales routes et 63 % le long des principales routes (le réseau routier comptant 6 120 km) [37].

En Allemagne, les premières réalisations sont stoppées par la Première Guerre mondiale. Après guerre, plusieurs tentatives pour instaurer une taxe sur les bicyclettes échouent face aux diverses protestations. Les cyclistes sont, de plus, divisés, représentés par trois associations différentes – travailleurs, bourgeois et chrétiens – et ont du mal à se faire entendre. Néanmoins, 2 500 km de pistes cyclables sont construits avant

1933. Leur réalisation s'accélère ensuite avec l'arrivée au pouvoir des nazis qui prônent l'accès à la motorisation pour tous sur des routes et des autoroutes dégagées interdites aux cycles... et donc flanquées de pistes cyclables. Quelque 8 500 km de pistes cyclables sont alors ajoutés au réseau, le portant, en 1939, à 11 000 km [38]. Le but est aussi et surtout de réduire le chômage en occupant la main-d'œuvre [39].

L'invention des bicyclettes à moteur auxiliaire

Un détour final s'impose du côté des deux-roues motorisés, dont on découvrira le rôle clé au prochain chapitre. Dès la fin du XIXe siècle, des inventeurs cherchent à motoriser la bicyclette. Compte tenu du poids des premiers moteurs et des suspensions encore rudimentaires, le résultat débouche, au départ, sur un véhicule lourd, fragile et dangereux. Cependant, les progrès sont rapides et, au début du XXe siècle, plusieurs fabricants proposent des « bicyclettes automobiles » qui ne pèsent que 25 à 28 kg mais qui restent chères [40].

Le 12 septembre 1925, pour clarifier le marché, un décret du gouvernement français introduit une nouvelle catégorie de deux-roues : les bicyclettes à moteur auxiliaire (BMA) avec trois conditions : peser au maximum 30 kg, ne pas dépasser 30 km/h et pouvoir être actionnées par des pédales. En dépit de ces restrictions, l'utilisation de ces nouveaux engins, considérés par le législateur comme de simples bicyclettes améliorées, est faiblement encadrée : l'immatriculation n'est pas nécessaire, le permis de conduire est inutile, la cylindrée n'est pas limitée et aucune limite d'âge n'est fixée. Un gamin de dix ans peut rouler sur une BMA.

La crise de 1929 ralentit fortement l'essor des motos et donne leur chance aux petites cylindrées, bien moins chères. Les fabricants de deux-roues motorisés accélèrent alors le développement des BMA. Très vite, leur obsession va consister à contourner la loi pour élargir le marché : « Pour répondre à un cahier des charges aussi draconien, les constructeurs présentaient aux mines une version basique, dépouillée à l'extrême, et proposaient ensuite au client de nombreuses options, qui transformaient la "libellule" du départ en véritable petite moto, parfaitement équipée mais dont le poids des divers rajouts ne figurait pas sur la feuille des mines [41]. » Avec « embrayage et boîte de vitesses à deux ou trois rapports », ces BMA « sont devenues de véritables motos en réduction » et « la notion des 30 km/h a quelque peu été oubliée » [42]. Le 20 août 1939, un décret relève la limite de poids à 35 kg et fixe la cylindrée à 100 cm^3, ce qui réduit un peu ces débordements.

3

« Trente Glorieuses » L'effondrement général de la pratique du vélo utilitaire

> D'ailleurs, je ne demande pas des trottoirs [cyclables], je ne demande rien, conscient que nous sommes déjà balayés, bientôt honnis, race agaçante et zigzagante d'improductives fourmis à roulettes, auxquelles je me demande si, dans quelques années, les grandes artères ne seront pas tout simplement interdites comme aux voitures d'enfants et aux fauteuils de malades. Eux, au moins, ont droit aux trottoirs… […] À quand la grande révolte des gueux de la pédale ?
>
> Henry de La Tombelle,
> « La grande pitié des cyclistes citadins »,
> *Le Chasseur français*, août 1947 [1].

Après la Seconde Guerre mondiale, tous les pays européens sans exception connaissent à la fois une montée rapide du trafic motorisé et une chute de la pratique du vélo utilitaire, y compris les pays les plus cyclistes aujourd'hui comme les Pays-Bas ou le Danemark. Il est donc faux de croire que la pratique de la bicyclette a toujours existé dans ces deux pays et qu'elle serait une composante éternelle de leur culture nationale. Mais cette chute n'a pas commencé partout au même moment et n'a pas évolué au même rythme, pour de multiples raisons qu'il s'agit de comprendre.

Bien d'autres facteurs que la motorisation ont en effet joué un rôle non négligeable et ont contribué à différencier les situations dans cette pratique, selon les pays et les villes, au cours de la période de croissance d'après guerre. Ainsi, l'usage des deux-roues motorisés, concurrents directs de la bicyclette, a été parfois encouragé ou, au contraire, encadré. La persistance de certaines populations à se déplacer à vélo a été ignorée ou respectée. Quant aux transports publics, ils ont été plus ou moins maintenus.

Le cas français, qu'il a été à peu près possible de reconstituer, servira de trame à ce chapitre. Quelques éclairages sur d'autres pays, hélas beaucoup plus lacunaires, serviront de contrepoint. Les données manquent, en effet, sur cette période, tant le désintérêt pour le vélo est alors général. Il semble qu'à ce jour, le seul travail de fond sur les raisons du déclin du vélo pendant les Trente Glorieuses concerne le cas de Stockholm, une ville marquée très tôt par l'envahissement automobile [2].

L'extraordinaire essor des cyclomoteurs : une particularité française

Dans les années d'après guerre, la France est le seul pays d'Europe, avec dans une moindre mesure l'Italie et le Royaume-Uni, à connaître un développement considérable des déplacements en cyclomoteur. Ce phénomène étonnant s'explique essentiellement par l'ingéniosité et le dynamisme de quelques fabricants qui vont réussir à imposer leurs vues, face à des autorités françaises pour le moins indulgentes.

Le 5 juin 1943, en pleine guerre et vraisemblablement sous la pression des représentants de la profession [a], le régime de Vichy crée par décret deux nouvelles catégories de

a Maurice Goudard, le cofondateur (avec Marcel Mennesson) de la société Solex en 1906, a été pendant vingt ans « à la tête de la Chambre syndicale des équipements (1923-1942) et de la Société des ingénieurs de l'automobile (1932-1936) » (selon sa biographie disponible sur le site de Centrale-Histoire, l'association des centraliens dont il faisait partie). C'était un « lobbyiste », dirait-on aujourd'hui.

deux-roues : la « bicyclette à moteur de secours » de cylindrée inférieure à 50 cm^3 et le « vélomoteur » de 50 à moins de 125 cm^3. Les contraintes de poids et de vitesse sont supprimées. Seules sont précisées les limites de cylindrée. Aucune limite d'âge n'est fixée et les deux-roues de 49 cm^3 sont toujours assimilés à de simples bicyclettes sans moteur.

Il faut attendre la révision du code de la route en 1954, pour voir apparaître la limite d'âge de seize ans pour les vélomotoristes, sans qu'aucun permis et immatriculation ne soient encore nécessaires (articles 186 et 187). La bicyclette à moteur de secours est rebaptisée à l'occasion « cyclomoteur » (article 188). Ce n'est que le 10 août 1957 qu'un décret fixe enfin une limite d'âge de quatorze ans pour la conduite d'un cyclomoteur et que les conducteurs de vélomoteurs sont tenus de posséder le permis A1. Les décrets de 1925 (voir chapitre 2) et de 1943 apparaissent, avec le recul, extrêmement permissifs. Ils vont avoir d'importantes conséquences sur l'industrie des deux-roues motorisés et, par contrecoup, sur la pratique de la bicyclette.

En 1940, la société Solex, le leader mondial des carburateurs pour automobiles, met au point le prototype du Vélosolex, un engin au départ de seulement 38 cm^3. Commercialisé en 1946, ce petit cyclomoteur va rapidement connaître un immense succès : 25 000 unités produites en 1948, 50 000 en 1950, 100 000 en 1953, 400 000 en 1964 au plus fort de la production qui diminue ensuite régulièrement jusqu'à l'arrêt de la production en 1988. Les ventes totales atteindront 8 millions d'exemplaires. En 1949, Motobécane décide de relever le défi et lance la Mobylette AV3, de 49 cm^3 de cylindrée. C'est un modèle plus puissant que le Solex et au départ à peine plus cher. Dans ces différentes versions, la « Mob » sera écoulée au total à 14 millions d'exemplaires jusqu'aux années 1990. Enfin, en 1950, Peugeot sort la BMA 25, une bicyclette à moteur auxiliaire, puis surtout, en 1956, le Peugeot BB et à partir de 1968 la série des 101 à 104, afin de concurrencer la Mobylette. En Italie, la firme Piaggio invente, en 1946, le Vespa (la guêpe), un scooter de 98 cm^3, qui connaît un vif succès dans ce pays au cours des années 1950 et 1960 et un succès passager en France.

Dès le départ, la volonté est clairement de motoriser les cyclistes. Le nom même de Vélosolex en témoigne, et son slogan commercial est explicite : « une bicyclette qui roule toute seule ». Charles Benoît, l'inventeur de la Mobylette, n'est pas en reste : « une bicyclette munie d'un bon petit vent arrière permanent ». Et il est logique que Peugeot – à l'origine un fabricant de cycles qui a élargi son activité à la construction d'automobiles à la fin du XIXe siècle – complète sa gamme par des cyclomoteurs en espérant que ses clients achèteront un jour une voiture de sa marque.

Le succès est si rapide que, dès 1954, l'industrie française conquiert la première place du marché mondial du deux-roues motorisé et la gardera jusqu'à l'arrivée de la concurrence japonaise au début des années 1960. Sur le seul marché français, de 1955 à 1975, les trois principaux fabricants vendent chaque année environ un million de cyclomoteurs [3]. Dans les années 1970, les observateurs finissent par parler du « phénomène deux-roues [4] » et d'une « erreur de prévision » concernant la baisse enrayée, contre toute attente, de la pratique des « deux-roues légers » – c'est-à-dire des vélos et cyclomoteurs [5].

À force d'innovations et de publicités, les industriels parviennent, en effet, à segmenter la clientèle en convainquant les Français que le vélo doit être réservé aux loisirs sportifs ou au sport professionnel, et le cyclomoteur aux déplacements utilitaires ou de loisir sans fatigue [6]. Dès lors se développent, d'une part, le cyclotourisme pour les adeptes des randonnées à la campagne et le vélo sportif pour les émules du Tour de France et, d'autre part, le cyclomoteur pour échapper aux contraintes du pédalage, aux embouteillages croissants en milieu urbain et aux distances accrues liées à l'essor nouveau du périurbain. Qu'à partir des années 1960, le vélo n'ait plus été vraiment considéré comme un mode de transport résulterait de la réussite de cette stratégie marketing et non pas du succès croissant d'un Tour de France de plus en plus médiatisé.

Les publicités des fabricants de cyclomoteurs ciblent particulièrement les adolescents. Elles inondent la presse jeune qui tire à l'époque à des millions d'exemplaires (*Salut les copains, Podium, OK*...). Elles exaltent l'autonomie et l'évasion qui permettent de rompre avec la vie quotidienne et le carcan familial [7]. Johnny Hallyday, « l'idole des jeunes », roule dès ses premiers succès sur une Paloma Super-Strada généreusement prêtée par son constructeur.

Les conséquences du laxisme des autorités françaises à l'égard des deux-roues motorisés

Ce succès commercial est aussi dû aux faibles contraintes qui portent sur ces petits deux-roues, qu'il s'agisse de la vitesse peu contrôlée, de l'âge limite du conducteur très basse ou du port obligatoire du casque longtemps différé, comme en témoignent quelques comparaisons avec d'autres pays européens.

On se souvient qu'en France, la vitesse limite des BMA avait été fixée en 1925 à 30 km/h, mais qu'elle avait rapidement été dépassée par le progrès des techniques. Le décret de 1943 ne fixe alors plus aucune limite de vitesse. Si bien que, vers 1960, la situation avait fortement évolué, comme le souligne Jean Orselli : « Le progrès technique des moteurs se poursuivant, les cyclomoteurs dépassaient quasiment tous 50 km/h, une majorité dépassant les 60 km/h, et certains atteignaient même 87 km/h. Et, par la force des choses, pratiquement tous les vélomoteurs se situaient pile en dessous de la limite des 125 cm^3 et atteignaient allègrement les 120 km/h [8]. »

Aussi, au 1er janvier 1964, leur vitesse est enfin limitée par construction à 50 km/h, puis en 1969 à 45 km/h, harmonisation européenne oblige, cette vitesse étant un compromis entre les limites allemande et française de respectivement 40 et 50 km/h. Les moteurs sont alors couramment débridés et parfois gonflés. Les constructeurs rendent eux-mêmes le débridage possible et les concessionnaires le proposent et l'effectuent à titre de geste commercial ! Des arrêtés et circulaires tentent périodiquement d'endiguer ce phénomène, sans grand succès.

En 1996, la Ligue contre la violence routière estime toujours que les moins de 50 cm^3 roulent en réalité à plus de 60 km/h et certains même à plus de 100 km/h, sans avoir une tenue de route et un système de freinage à la hauteur. De ce fait, leurs conducteurs sont en pleine illégalité : ils ne sont plus vraiment assurés (l'assurance refusant de payer en cas de deux-roues accidenté débridé), ne respectent pas la limitation à 60 km/h en ville, puis à 50 km/h à partir de 1990, et n'ont pas de permis de conduire, bien qu'un permis soit obligatoire depuis 1958 quand on roule sur un deux-roues motorisé à plus de 50 puis 45 km/h [9].

Ces comportements délictueux perdurent car les contrôles sont rarissimes et le sont toujours aujourd'hui. Selon un récent rapport [10], il existe certes une brigade de contrôle technique (BCT) qui vérifie si les deux-roues ne sont pas débridés et opère des mesures de bruit, mais elle n'est composée que d'une vingtaine d'agents, alors que, selon les estimations du BCT, « plus de 90 % des deux-roues sont débridés [11] ». La situation devrait enfin évoluer avec l'instauration du contrôle technique obligatoire pour les deux-roues qui, après un premier report, devait entrer en vigueur en janvier 2012, mais on attend toujours le décret d'application…

L'obligation du port du casque va être lentement introduite en pas moins de six étapes, rendant le message peu clair : d'abord pour les conducteurs de vélomoteurs en 1961 hors agglomération puis, en 1973, en agglomération, et pour leurs passagers en 1974, ensuite pour les conducteurs de cyclomoteurs en 1976 hors agglomération, puis en 1979 en agglomération et enfin pour leurs passagers en 1984… Au cours des années 1960 et 1970, des jeunes de quatorze ans seulement peuvent rouler sans casque à des vitesses de plus de 60 km/h, sans émouvoir grand monde. Cet âge limite n'est pas anodin : quatorze ans, c'est la pleine adolescence, avec tout ce que cela comporte de désirs d'évasion et de transgression. Certains entrent déjà en apprentissage, d'autres bientôt au lycée professionnel ou classique (la scolarité est devenue obligatoire jusqu'à seize ans en 1958). À cette occasion, les adolescents réclament un cyclomoteur à leurs parents. L'accès à cet engin devient une sorte de rite de passage à l'âge adulte. Peu à peu, il n'est plus question d'arriver au centre d'apprentissage ou au lycée à vélo.

En Allemagne, la production de deux-roues motorisés est d'abord limitée, après guerre, par le Conseil des Alliés [a] aux moins de 40 cm^3. Puis, en janvier 1953, cette interdiction est levée et la catégorie cyclomoteur – appelée *Moped* – est instaurée, avec moins de 50 cm^3 de cylindrée, un poids maximum de 33 kg et surtout un âge de seize ans minimum. Trois ans plus tard, la limite de poids est supprimée, mais une vitesse maximale de 40 km/h par construction est introduite. En avril 1965, une nouvelle catégorie est créée, celle des *Mofa* – *Motorfahrrad* – limitée à 25 km/h par construction et autorisée à partir de quinze ans. Aux Pays-Bas, la limite d'âge est de seize ans pour tous les petits deux-roues. Dans ces deux pays, le bridage des moteurs est beaucoup mieux respecté et contrôlé. Quant au port du casque, il devient obligatoire en Allemagne en 1976 pour les *Mokicks* (c'est-à-dire les vélomoteurs), 1978 pour les *Mopeds* et 1984 pour les *Mofas*, sans distinction entre conducteurs et passagers, en agglomération et hors agglomération. Avec toutes ces contraintes, le cyclomoteur est beaucoup moins attractif pour les adolescents allemands ou néerlandais que français.

Le laxisme des autorités françaises entraîne deux conséquences majeures : une baisse plus rapide qu'ailleurs de la pratique de la bicyclette et une terrible hausse des accidents en deux-roues motorisés. En 1978, la France et l'Allemagne ont une proportion d'usagers de deux-roues – motorisés ou non – identique (11 %). Mais, alors qu'en Allemagne ces usagers sont

a L'Allemagne, occupée par les Alliés, se trouve alors sous la cotutelle des États-Unis, du Royaume-Uni, de l'Union soviétique et de la France.

presque tous cyclistes, en France, ce sont majoritairement, à 55 %, des deux-roues motorisés – un cas unique en Europe [12]. Une autre source, portant sur les ventes de deux-roues, confirme qu'en 1972, les ventes de bicyclettes sont presque deux fois plus importantes en Allemagne fédérale qu'en France, alors que les ventes de deux-roues motorisés y sont trois fois moindres [13].

Seconde conséquence : les usagers des deux-roues motorisés payent un lourd tribut aux accidents de la route. En 1960, leur mortalité routière est même supérieure à celle des automobilistes encore peu nombreux (2 629 contre 2 540). À la fin des années 1960, ils représentent, à eux seuls, 20 % de la mortalité routière dans l'Hexagone, dont 90 % de cyclomotoristes. Parmi les adolescents tués à cette époque sur la route tous modes confondus, 60 % le sont suite à un accident en cyclomoteur [14]. Et, faute de carrosserie, les usagers de deux-roues motorisés sont plus fréquemment gravement blessés et gardent plus souvent des séquelles.

Les autorités réagissent en prenant une première série de mesures. En janvier 1958, l'assurance devient obligatoire pour tous les deux-roues motorisés et le permis A1 est désormais nécessaire pour conduire un vélomoteur. Ces mesures provoquent un effondrement des ventes de motos et de vélomoteurs. Mais les cyclomoteurs de plus en plus rapides, très souvent débridés et peu contrôlés prennent le relais. Il faut attendre le début des années 1970 et l'augmentation alarmante des accidents – plus de 2 500 cyclomotoristes tués par an entre 1968 et 1973 [15] – pour que d'autres mesures soient prises, notamment sur le port du casque. En 1973, l'âge minimum pour conduire une moto est relevé de seize à dix-huit ans, mais la limite pour conduire un cyclomoteur reste fixée à seulement quatorze ans, ce qu'elle est toujours aujourd'hui.

Ces mesures, et une meilleure information des familles sur le risque d'accident en deux-roues motorisé, vont enfin diviser par quatre les ventes de cyclomoteurs entre 1974 et la fin des années 1980 [16].

Comment expliquer qu'en France, contrairement à ce qui s'est passé en Europe du Nord, les fabricants et les usagers de deux-roues motorisés aient bénéficié pendant si longtemps d'une si grande tolérance de la part des autorités, au prix de quelques dizaines de milliers de victimes, dont beaucoup d'adolescents ? Le lobby des industriels a d'abord joué un rôle crucial. Christian Gerondeau, le premier délégué interministériel à la sécurité routière de 1972 à 1982, signale, par exemple, que le projet « de rendre le port du casque obligatoire pour les cyclomotoristes […] conduisit certains à assurer que cette mesure mettrait fin à l'industrie française du cyclomoteur [17] ». On ne fait pas plier facilement une industrie nationale exportatrice, devenue premier producteur mondial. Mais d'autres raisons ont certainement joué. Sans doute faut-il y voir aussi un certain fatalisme typique de cette époque avant que l'insécurité routière accède enfin au rang de cause nationale en 1973, année où plus de 17 000 Français sont morts sur la route.

Quoi qu'il en soit, l'essor très rapide des deux-roues motorisés au cours des années 1955-1975 a accéléré le déclin du vélo. Quand les ventes de cyclomoteurs ont enfin chuté, la baisse a surtout profité au transport public ou à la voiture, la bicyclette étant déjà devenue un mode quasi confidentiel dans la marée automobile montante.

Un mot pour finir sur deux pays qui ont aussi connu un essor important des deux-roues motorisés dans les années d'après guerre : l'Italie et l'Espagne. Cet essor est moins lié à la volonté de motoriser à tout prix les cyclistes qu'au souci, pour des populations assez pauvres n'ayant pas les moyens d'acheter une automobile, d'accéder malgré tout à la motorisation, un phénomène classique observable actuellement en Asie.

L'automobile enfin populaire

Dès ses débuts, la voiture est perçue comme un incomparable instrument de liberté. Elle permet de se mouvoir sur de longues distances, en tout lieu et à toute heure : c'est-à-dire tout à la fois de ne plus dépendre de l'énergie musculaire, humaine ou animale, d'échapper à l'insalubrité et aux nuisances des villes denses, de s'abstraire des horaires et des arrêts des transports en commun, et d'éviter les intempéries. Mais, très coûteuse, elle est d'abord considérée comme réservée à l'élite.

Après la Seconde Guerre mondiale, sous l'influence américaine à son sommet, l'heure est, au contraire, à la démocratisation de l'automobile. Chacun veut désormais pouvoir accéder à la motorisation. Avec la hausse du niveau de vie, la voiture entre progressivement dans la norme de consommation. Son habitacle sans cesse plus confortable est considéré comme le prolongement naturel du logement. La vitesse devient un symbole de modernité et d'efficacité, un formidable moyen de gagner du temps et de l'argent ou, au moins, d'aller toujours plus loin pour accéder à une plus grande diversité de biens, de services ou d'emplois.

En Europe, la France saura se lancer très tôt et rapidement dans ce mouvement. Dès la fin des années 1930 et pendant la guerre, Citroën puis Renault mettent au point les modèles de voitures populaires que seront la 2CV et la 4CV, puis la R4. Elles se vendront toutes à plusieurs millions d'exemplaires. Le parc automobile français augmente au rythme moyen de 10 % par an, passant de 2,3 millions de véhicules particuliers et utilitaires en 1950 à 6,2 millions en 1960 et à 13,7 en 1970, soit une multiplication par six en vingt ans [18].

L'Allemagne n'est pas en reste. La Coccinelle est prête dès 1938, mais sa production ne commencera vraiment à grande échelle qu'après guerre. Les difficultés de la reconstruction ont, pour un temps, retardé la diffusion de l'automobile. Mais le plan Marshall relance la production et, dès le milieu des années 1950, la motorisation de la population y devient encore plus rapide qu'en France [19].

En revanche, les Pays-Bas et le Danemark, qui n'ont pas d'industrie automobile, connaissent une motorisation nettement plus tardive. Jusqu'au début des années 1960, les

Néerlandais possèdent environ 2,5 fois moins de voitures par habitant que les Français, avant de rattraper largement leur retard. Quant au Danemark, il introduit, dès 1924, une taxe d'immatriculation très élevée, qui multiplie par deux à presque trois le coût hors taxe selon les modèles [20]. Ces particularités du marché automobile vont suffire à retarder l'effondrement de la pratique du vélo dans ces deux pays, sans pour autant l'empêcher.

L'Amérique, source d'inspiration

Dans les années de croissance d'après guerre, la motorisation progressive de la société fait basculer massivement l'opinion en faveur de l'automobile. Il n'est plus nécessaire pour ses promoteurs d'exercer un important lobbying. C'est en plein accord avec la grande majorité de la population que les élus de tout bord, relayés par les techniciens, réclament sans états d'âme l'adaptation de la ville à l'automobile.

Dès lors, pour faire face à la montée du trafic et aux embouteillages croissants, l'heure n'est plus aux expérimentations, mais à l'application systématique des solutions les plus éprouvées. Et, comme en bien d'autres domaines, l'Amérique montre la voie. Depuis le milieu des années 1910 et l'essor de la voiture à bas coût qu'était la Ford T, les États-Unis sont devenus l'eldorado de l'automobile. Avant et surtout après la Seconde Guerre mondiale, tous les ingénieurs européens de haut niveau travaillant dans le domaine de l'automobile, des routes ou de la circulation vont se rendre dans ce pays visiter les usines Ford et General Motors, admirer le réseau autoroutier en plein développement ou s'initier aux premiers modèles de gestion du trafic [21].

En 1956, le Congrès américain s'engage dans un vaste programme autoroutier en votant d'un coup la construction de pas moins de 68 000 km d'*Interstate Freeway*, y compris dans les centres-villes qu'il fallait « irriguer » et « revitaliser ». Ce qui implique en clair, de détruire des blocs entiers de maisons et d'immeubles. Dans l'Amérique raciste de l'époque, les quartiers noirs et notamment les ghettos sont les premiers visés, non sans résistance. Au cours des années 1960, les démolitions concernent environ 100 000 habitants par an, soit plus d'un million de personnes déplacées au total [22].

Les autoroutes urbaines sont réalisées selon une doctrine mise au point juste après guerre par le ministère des Transports du Royaume-Uni [23]. Le principe est de combiner rocades et radiales, en créant un réseau en forme de toile d'araignée, de façon à bien desservir le centre tout en éloignant le trafic de transit. Apparaissent ensuite aux États-Unis, au cours des années 1950, les premiers modèles de gestion du trafic qui permettent d'adapter plus efficacement l'offre d'infrastructures à la demande, sans s'interroger pour autant sur le trafic induit en retour par ces infrastructures [24]. Dans les années 1960, partout en Europe, le mot d'ordre est désormais de rattraper l'Amérique tant en matière d'aménagement routier que de gestion du trafic et d'organisation du stationnement.

Mais, dès les années 1950 et 1960, aux États-Unis puis en Europe et notamment au Royaume-Uni et en France, des voix s'élèvent pour dénoncer les impasses du « tout automobile ». Elles émanent, non pas d'abord de la société civile, mais des milieux les plus autorisés, c'est-à-dire des spécialistes de l'automobile eux-mêmes. Ils s'inquiètent de la pollution qui, les jours d'anticyclone, quand le vent fait défaut, forme un nuage sombre au-dessus des grandes villes. Ils craignent aussi la montée rapide des accidents, y compris en milieu urbain, qui menace la vie locale. En 1963, la commission britannique, présidée par Colin Buchanan, chargée de faire le point sur l'avenir de l'automobile dans la ville constate sans concessions que la voiture « menace l'environnement de plusieurs façons : danger, peur, bruit, fumée, vibrations, démembrement, préjudice esthétique [25] ». Plus grave et moins connu : ces spécialistes s'inquiètent de l'énorme consommation d'espace qu'exige l'automobile en routes et parkings, et de l'inévitable montée de la congestion qui en découle. Il apparaît tout simplement impossible d'adapter complètement la ville à l'automobile, faute de place disponible.

Dès 1956, Michel Frybourg, directeur du tout jeune Service des études et recherches sur la circulation routière (SERC), chargé de mettre en place l'expertise française en matière de modélisation des déplacements urbains, s'inquiète : « Vouloir que l'automobile assure tous les déplacements conduirait à concevoir pour les grandes agglomérations françaises un maillage autoroutier de 1 200 m de côté, ce qui est bien sûr impensable. À ce stade-là, il n'existe plus que des autoroutes et des échangeurs, il n'y a plus de ville, alors ce n'est plus la peine de rien faire [26]. » Au même moment, aux États-Unis, deux architectes-urbanistes américains réputés rappellent que « si tous ceux qui viennent à New York en transports en commun s'y rendaient en voiture, toute la partie de Manhattan située au sud de la 50e rue devrait être transformée en parcs à étages [27] ». En 1961, Reuben Smeed, un spécialiste anglais renommé, confirme : « Si les déplacements dans le centre des grandes villes s'effectuent en voiture particulière, une proportion considérable de la surface de la ville doit être vouée à la circulation et au stationnement [28]. »

Quant aux cyclistes, rares sont les travaux de ces spécialistes qui les envisagent encore. Lorsque c'est le cas, il n'est question que de les écarter du trafic automobile. C'est ce qu'explique Colin Buchanan : « Les conditions qui prévaudront probablement dans l'avenir, au fur et à mesure de l'accroissement du nombre de véhicules automobiles, nous inclinent à penser qu'il sera nécessaire de détourner la circulation cycliste vers les voies les moins encombrées. Dans certains cas, il sera même désirable d'affecter aux cyclistes et aux piétons les mêmes pistes, bien subdivisées, surtout aux points critiques, là où elles passent au-dessus ou au-dessous des distributeurs principaux [29]. »

La doctrine d'adaptation de la ville à l'automobile

L'expression « tout automobile » est un raccourci français sans équivalent en anglais. Certes simplificateur, il exprime somme toute assez bien l'idée sommaire selon laquelle tous les problèmes de déplacement pourraient être résolus, à terme, par l'usage quasi exclusif de l'automobile. Les Belges, Suisses et Québécois préfèrent utiliser l'expression « tout à l'automobile » qui sous-entend plus subtilement que les financements vont presque entièrement au développement de l'usage de l'automobile [30]. Quoi qu'il en soit, cette idée n'a semble-t-il jamais été vraiment théorisée. Si elle a effectivement été appliquée en Amérique, les villes européennes s'y prêtent en revanche beaucoup moins.

En France, le prestigieux corps des Ponts et Chaussées est naturellement chargé d'élaborer la doctrine visant à adapter la ville à l'automobile. Depuis 1966, il a investi le domaine de l'urbanisme grâce au regroupement des anciens ministères des Travaux publics et de la Construction dans le nouveau ministère de l'Équipement [31]. L'administration se dote alors d'outils pour aborder cette nouvelle tâche en s'inspirant des travaux américains. Formellement, au sein de la Direction des routes, c'est la Division urbaine du Service d'études techniques des routes et autoroutes (SETRA) qui en est chargée. Elle deviendra le Centre d'études des transports urbains (CETUR) en 1976.

Les villes françaises sont cependant assez différentes des villes américaines. Impossible, faute d'espace disponible, de les irriguer uniquement par la voiture : leur cœur historique est un patrimoine intouchable, le centre qui concentre emplois, commerces et services publics est souvent très dense et les faubourgs sont traversés par des radiales étroites et saturées. Pour adapter ce tissu urbain à la voiture, il faudrait détruire des rangées d'immeubles pour élargir les artères, réaliser de nouvelles percées dans les centres et raser des îlots entiers pour faire place aux autoroutes et à leurs échangeurs.

C'est pourquoi, en 1971, la doctrine débouche sur un compromis, que Jean Poulit, chef de la division de la circulation et de l'exploitation du SETRA, résume en un discours normatif destiné aux grandes villes de province et fondé sur quatre « solutions recommandées » étroitement complémentaires : la réalisation de parkings souterrains ou en élévation en centre-ville, suffisamment nombreux pour satisfaire la demande ; la construction d'un réseau autoroutier « largement dimensionné » comprenant des « pénétrantes[a] » et des « voies de protection » du centre, situées « à la limite même du centre » pour détourner le trafic de transit ; l'implantation de transports collectifs en site propre sur les axes d'urbanisation les plus denses, « en surface dans les zones périphériques » et « en sous-sol au centre » pour éviter de prendre trop de place à la voiture tout en facilitant l'accès de tous au centre-ville ; et l'aménagement d'un secteur piétonnier dans les voies commerciales et historiques les plus fréquentées de l'hypercentre (c'est-à-dire le centre du centre), pour renforcer son activité commerciale et touristique. À cela s'ajoutent des « mesures d'exploitation des réseaux urbains » reposant sur un plan de circulation et une organisation du stationnement, indispensables pour « tirer le meilleur parti des réseaux de voirie existants »[32]. Pour diffuser sa doctrine, le SETRA choisit plusieurs villes pilotes et multiplie les documents pédagogiques[33].

Avec le recul que nous avons aujourd'hui, ce compromis paraît encore assez « routier ». Il fait néanmoins une vraie place aux transports publics et a été globalement accepté et appliqué, dans les années 1970 et 1980, par toutes les grandes villes françaises. C'est dans ce contexte qu'il faut comprendre le fameux discours du président Georges Pompidou prononcé le 18 novembre 1971, devant le District de la Région parisienne : « Il y a un certain esthétisme auquel il faut renoncer et […] ce n'est pas parce qu'on empêcherait les voitures de

a Dans le jargon des ingénieurs trafic, il s'agit de voiries qui vont directement de la périphérie jusqu'au cœur des villes.

circuler qu'on rendrait Paris plus beau. La voiture existe il faut s'en accommoder et il s'agit d'adapter Paris à la fois à la vie des Parisiens et aux nécessités de l'automobile à condition que les automobilistes veuillent bien se discipliner [34]. » Il ne faisait là que traduire l'opinion dominante de son époque et, dans ce même discours, il évoquait aussi les investissements très importants prévus dans les transports publics (RER et métro) [35].

Piétons et cyclistes écartés

Dans le compromis français, les piétons et plus encore les cyclistes sont largement oubliés. Pour faire place à l'automobile, tous les autres usagers doivent être écartés ou confinés dans des espaces réduits au strict nécessaire, de façon à gêner le moins possible le trafic.

Dès les années 1950, les piétons commencent à voir la largeur des trottoirs se réduire et des rangées d'arbres disparaître [a]. Les passages piétons sont ensuite limités en nombre et des chicanes instaurées pour éviter au maximum qu'ils gênent les mouvements tournants des véhicules. Dans les années 1970, on leur concède cependant des « zones piétonnes », sorte de réserves d'Indiens limitées à quelques rues peu circulées de l'hypercentre. Aux Pays-Bas et en Allemagne, pays où elles furent inventées, ces zones sont comparativement bien plus vastes. Dans les villes détruites par les bombardements de 1943-1945, les urbanistes cherchent à reconstituer les ruelles du centre-ville et leur urbanité. Les premières rues piétonnes sont apparues à Rotterdam, Kassel, Kiel et Stuttgart dès fin 1953. À la fin des années 1960, les Pays-Bas en comptent déjà une quinzaine et l'Allemagne trente-cinq, alors que la France

a À Paris, la largeur de chaussée passe de 13,5 à 21 mètres boulevard Montparnasse, de 16,5 à 22 mètres avenue des Ternes, de 14 à 22 mètres boulevard Malesherbes et en partie boulevard Haussmann, de 15 à 20 mètres boulevard Magenta et avenue de l'Opéra...

ne se lance dans ce type d'aménagement qu'en 1971, avec la rue du Gros Horloge à Rouen [36].

La situation est pire encore pour les cyclistes : ils ont été purement et simplement oubliés. Bien que Poulit élabore ses calculs avec « un déplacement moyen de 4 km [37] », parfaitement faisable à bicyclette, le vélo n'est jamais évoqué, même sous l'appellation deux-roues. Pourtant, au début des années 1970, il représente encore couramment 10 % à 20 % de l'ensemble des déplacements. En conséquence, dès les années 1960, la plupart des aménagements cyclables ne sont plus entretenus et sont supprimés à la première occasion. Dans le nord de la France, les trottoirs cyclables des corons disparaissent avec l'élargissement des chaussées. Ailleurs, les surlargeurs cyclables, qui existaient sur certaines artères, sont supprimées pour ajouter une file de circulation. Des sens uniques commencent à être instaurés dans les rues résidentielles pour créer une file de stationnement supplémentaire.

Voici le bilan global – concernant la France entière et non seulement les agglomérations – dressé en 1975 par l'ingénieur chargé d'études sur le vélo au SETRA : « Le programme des pistes cyclables n'a guère dépassé 80 km d'aménagements annuels pendant la période s'écoulant de 1959 à 1968. Ces pistes, sous-dimensionnées, souvent mal entretenues, n'ont pas apporté les services qu'on attendait d'elles, en particulier du point de vue de la sécurité. Aussi, depuis 1969, la construction de ces pistes a-t-elle été en général abandonnée. On compte actuellement 950 km de pistes ou bandes cyclables, ce qui représente 0,35 % de la longueur du réseau routier français (cette proportion est de l'ordre de 10 % en République fédérale d'Allemagne) [38]. » À noter que les réseaux routiers allemands et français ne sont pas comparables. Il existe beaucoup plus de petites routes tranquilles en France.

Cercles vicieux

Tous ces efforts d'adaptation de la ville à l'automobile se révèlent catastrophiques pour les cyclistes. Le vélo est le mode de déplacement dont la part modale a le plus régressé.

Les autoroutes, les voies rapides et leurs échangeurs, construits jusqu'à proximité même du centre-ville, engendrent d'importants effets de coupure provoquant des détours et isolant les quartiers. À Lille, par exemple, les boulevards qui ceinturent la ville sur 12 km deviennent quasi infranchissables par les cyclistes [a] et très peu agréables à traverser par les piétons. Lille redevient une île – c'est l'origine du nom de la ville – presque inaccessible aux cyclistes.

Les sens uniques généralisés et les carrefours à feux coordonnés augmentent le trafic et accélèrent la vitesse des véhicules. En l'absence d'aménagements cyclables, le différentiel de vitesse entre les automobilistes et les cyclistes s'accroît et rend l'usage du vélo inconfortable et dangereux. De plus, tous ces sens uniques augmentent sensiblement les distances parcourues. Dans une ville comme Paris, où les trois quarts des rues sont concernées, on peut considérer que les parcours des cyclistes sont allongés d'environ 20 %. Enfin, la fréquence des carrefours à feux impose aux cyclistes d'incessants redémarrages. Dans ces conditions, les cyclistes ont bien du mal à respecter un code de la route et des plans de circulation qui ne sont manifestement pas faits pour eux.

Les cyclistes – et les piétons presque autant – se retrouvent enfermés dans de multiples cercles vicieux. Ils sont d'abord pris dans ce que l'on peut appeler la double spirale de l'insécurité routière [39]. La croissance du trafic automobile rend objectivement les déplacements à pied et à vélo plus dangereux. Les usagers tendent alors à surestimer ce risque et renoncent

---

a En 1997, Arantxa Julien démontre, à l'aide d'une analyse multicritères, que 50 % des franchissements peuvent être considérés comme dangereux et 30 % comme inconfortables. Seuls 20 % sont corrects.

Le phénomène de sécurité par le nombre

On sait, depuis 1949 et les travaux du statisticien anglais Reuben J. Smeed, que plus les automobilistes sont nombreux, moins ils sont victimes d'accidents. Depuis lors, ce résultat ne s'est jamais démenti et la « loi de Smeed » s'est même révélée valable pour chacun des modes de déplacement.

Pour les cyclistes et les piétons, les premiers travaux débutent au cours des années 1990 [40], puis le chercheur Peter L. Jacobsen systématise l'analyse dans un article paru en 2003 [41]. En travaillant notamment sur les données de 68 villes californiennes, 47 villes danoises et 14 pays européens, il constate à chaque fois que plus les cyclistes ou les piétons sont nombreux, moins ils sont victimes d'accidents. Il est ainsi trois fois plus dangereux de circuler à vélo en France qu'aux Pays-Bas.

Jacobsen estime ensuite que si le nombre de cyclistes double, le risque par kilomètre parcouru baisse de 34 % et si, au contraire, il est réduit de moitié, le risque s'accroît de 52 %. De fait, lorsque les déplacements à vélo diminuent, les accidents de cyclistes baissent à rythme moins rapide et peuvent même augmenter. Inversement, lorsque les déplacements à vélo s'accroissent, les accidents de cyclistes n'augmentent pas du tout aussi vite et peuvent même baisser. En conséquence, pour réduire le risque d'accident à vélo, décourager sa pratique est la pire des solutions ; l'encourager est au contraire souhaitable.

Le phénomène s'explique de multiples façons. D'abord, quand ils sont nombreux, les cyclistes deviennent plus visibles dans le trafic : les automobilistes intègrent mieux leur présence éventuelle et deviennent plus prudents. Ensuite, par leur faible vitesse, les cyclistes tendent à ralentir la circulation. Par exemple, les automobilistes ne peuvent plus démarrer en trombe à un carrefour à feux quand, auparavant, plusieurs cyclistes se sont faufilés devant eux à l'arrêt. Enfin, à plus long terme, quand le nombre des cyclistes s'accroît, des mesures de ralentissement du trafic sont prises et des aménagements cyclables réalisés, contribuant à sécuriser les cyclistes [42].

progressivement à la marche et au vélo. Ce qui amène les uns à se déplacer en voiture en augmentant la circulation et les autres à se retrouver isolés dans ce trafic, encore moins visibles et plus vulnérables. Le phénomène des « parents-taxis » en est une illustration frappante : les parents n'osent plus envoyer leurs enfants à l'école à pied ou à vélo, à cause de la montée du trafic automobile, et se résignent à les y conduire… en voiture, augmentant du même coup l'insécurité routière.

Une autre spirale négative concerne l'augmentation des distances : l'essor du trafic automobile favorise l'étalement urbain, ce qui accroît les distances à parcourir, dissuade les usagers d'utiliser un vélo et les amène à se reporter sur la voiture. De même, l'accroissement du trafic engendre diverses nuisances (pollution, bruit, envahissement de l'espace) qui rendent l'usage du vélo désagréable et incite les cyclistes à se replier vers les modes motorisés pourtant à l'origine de ces nuisances… Tous ces cercles vicieux s'imbriquent et se renforcent mutuellement [43] et les habitants finissent par adopter de nouveaux modes de vie fondés sur l'usage de la voiture et peu compatibles avec l'utilisation de la bicyclette.

Un effondrement de la pratique du vélo utilitaire

Jusqu'au début des années 1950, partout en Europe, le vélo est encore massivement pratiqué. Le cas de la France en est la parfaite illustration. Des comptages réalisés aux sorties de Lille en 1951 montrent par exemple que c'est encore, à l'époque, le mode de déplacement majoritaire : sur les 31 409 véhicules recensés en vingt-quatre heures, 52 % sont des bicyclettes, 44 % des voitures, 4 % des motos et 1 % des voitures à traction animale [44].

Dans les années 1950 et même 1960, les ouvriers et les employés continuent de se rendre en masse à l'usine ou au bureau à bicyclette. Un témoin se souvient qu'au début des années 1950, le pont de Bezons sur la Seine, à l'ouest de Paris, était chaque matin embouteillé par les cyclistes qui se rendaient des communes de l'ouest vers les nombreuses usines de Nanterre et Colombes (comme le constatait déjà le docteur Ruffier en 1929). Une génération plus tard, plus aucun cycliste ou presque n'emprunte ce pont désormais saturé de voitures. Un autre témoin nous raconte qu'au début des années 1960, devant les usines Merlin Gérin, rue des Martyrs, à Grenoble, « des grappes de cyclistes sortaient encore chaque soir de l'usine et raillaient les rares automobilistes qui bouchaient le passage ». La toute première tentative d'enquête ménages déplacements (EMD), réalisée à Rennes en 1960, révélait que 60 % des déplacements domicile-travail étaient assurés en deux-roues dans cette ville, dont une part inconnue à vélo [45].

Les villes où la pratique du vélo va résister le plus longtemps sont clairement les villes ouvrières : Valenciennes, Roubaix, Dunkerque, Grenoble, Strasbourg, Valence ou Saint-Nazaire... Les résultats des EMD les plus anciennes réalisées selon une méthodologie standard, en sont le reflet : encore 6 % de part modale vélo à Lille en 1976, à Grenoble en 1978 et à Nantes en 1980, 5,5 % à Valence en 1981 et même 6,5 % à Valenciennes en 1985, 8 % à Strasbourg en 1988 et 4 % à Dunkerque en 1991. Selon une « étude faite à Caen » (sans plus de précisions) : « À l'heure de sortie des usines, le flot des cyclistes est tel que plus une voiture ne peut passer et que les cyclistes empruntent la totalité de la largeur de la voie [46]. »

Les statistiques de longue période sont rares et disparates, mais elles montrent toutes un effondrement de la pratique de la bicyclette au cours des années 1950 et 1960 et jusqu'au milieu des années 1970 [47]. En France, le déclin de la pratique est sans doute assez précoce et rapide. Bien qu'on manque de données pour le vérifier, on dispose d'une reconstitution des parts modales à partir des souvenirs des Français récemment interrogés par l'enquête nationale transports et déplacements (ENTD) de 2007-2008. Ainsi, dans les années 1940, 21 % des déplacements urbains (marche comprise) se font encore à bicyclette, contre 6 % dans les années 1970 [48]. Cet effondrement est lié tout à la fois à la concurrence directe des deux-roues motorisés, à la montée rapide du trafic automobile et à l'adaptation poussée des villes à l'automobile. Au Royaume-Uni, la situation et ses causes sont très semblables, mais on dispose d'une statistique étonnante : le nombre de passagers.km [a] par mode depuis 1952, tous réseaux confondus. Résultat : une division par six de la pratique du vélo entre 1952 et 1973 (de 23 à 3,7 milliards de passagers.km), tandis que l'usage de la voiture est au contraire multiplié par six sur la même période (de 58 à 345 milliards de passagers.km) [49].

En Allemagne, cette évolution n'est guère mieux connue qu'en France, mais probablement assez semblable : l'adaptation des villes à la voiture est peut-être un peu moins poussée mais la croissance du trafic automobile est encore plus rapide parce que la motorisation n'est guère passée par l'étape du deux-roues motorisé. Cette faible concurrence directe du deux-roues motorisé explique sans doute en partie pourquoi la baisse de la pratique du vélo est nettement moins marquée qu'en France. Néanmoins, à Berlin (3,4 millions d'habitants), une reconstitution historique révèle que l'usage du vélo est divisé par dix au cours des années 1955-1974 [50].

Aux Pays-Bas, où l'on dispose de quelques données intéressantes, le déclin est également très fort : en vingt-huit ans (de 1950 à 1978), la pratique est divisée par 2,7 [51]. Un travail sur quelques villes principalement néerlandaises le confirme [52]. Mais ce déclin est bien plus tardif et la situation de départ meilleure. Alors qu'au Royaume-Uni, en 1952, la pratique est déjà en chute libre (et sans doute aussi en France et en Allemagne), aux Pays-Bas, elle ne chute brutalement qu'à partir de 1965. Quand il est bien engagé, le déclin semble cependant aussi rapide, avec un niveau de pratique divisé par deux par décennie : de 1952 à 1973 pour le Royaume-Uni et de 1965 à 1976 pour les Pays-Bas. Ce retard est dû notamment à

---

a Un passager.km est une unité de mesure représentant le transport d'un passager par un moyen de transport déterminé sur une distance de 1 kilomètre. Deux personnes effectuant un déplacement en voiture de 10 km comptent pour 20 passagers.km.

l'absence, aux Pays-Bas, d'industrie automobile nationale, à la densité du pays et donc à une moindre urgence à adapter les villes et le pays à l'automobile [53]. Et si Rotterdam est encore aujourd'hui la ville la moins cycliste des Pays-Bas, c'est parce qu'elle est la première à avoir été concernée par cette adaptation, premier port d'Europe oblige [54]. Le niveau de pratique de départ, au début des années 1950, est aussi en général plus élevé aux Pays-Bas qu'en France ou au Royaume-Uni. Ces différences vont avoir toute leur importance au moment de relancer la pratique du vélo dans les années 1970.

Au Danemark, une enquête réalisée périodiquement aux entrées du centre-ville de Copenhague montre une division par huit du nombre de cyclistes entre 1950 et les années 1970 [55]. Dans ce cas, l'urbanisme orienté vers le rail, très poussé dans cette ville, a sans doute aussi joué un rôle important, en incitant les personnes vivant en périphérie et travaillant en ville à prendre le train. À Stockholm, la part modale est même passée de 29 % en 1950, à 2,4 % en 1960 et à seulement 0,8 % en 1970 [56]. La motorisation précoce et rapide de la Suède contribue à expliquer un tel effondrement.

Que sont devenus tous ces cyclistes disparus ? On ne le sait pas avec précision mais il est vraisemblable que beaucoup utilisent un cyclomoteur, du moins en France, certains une voiture, plutôt d'ailleurs comme passagers. D'autres, plus nombreux, prennent les transports publics quand ils existent et sont suffisamment performants, ce qui est loin d'être le cas dans les villes moyennes. D'autres encore se retrouvent à pied. L'alternative est loin d'être toujours choisie.

Une image de la bicyclette et du cycliste urbain profondément dégradée

Alors que, dans les années 1930, le vélo était encore un symbole de liberté de mouvement, constitutif de l'identité ouvrière, il devient au cours des années 1950 et 1960, avec l'essor de la motorisation, un mode de déplacement désuet, dépassé, vulgaire, bref ringard. L'accès à un mode motorisé est désormais considéré comme un progrès qui libère l'homme de la contrainte fatigante du pédalage. L'habitacle confortable de la voiture préserve enfin de la rigueur des intempéries. Ceux qui continuent à enfourcher leur bicyclette pour aller au travail ou faire leurs achats sont maintenant raillés, considérés au mieux comme des nostalgiques ou des originaux, au pire comme des marginaux. Dès 1949, dans *Jour de fête*, l'inadapté Jacques Tati s'en va faire sa tournée à vélo, comme déboussolé, après avoir vu au cinéma comment s'exerce son métier outre-Atlantique. Peu à peu, le vélo n'est plus utilisé en ville que par un public captif de scolaires ou d'adultes désargentés incapables d'acheter une voiture ou même une simple mobylette. C'est devenu le « véhicule du pauvre [57] », un mode indigne d'une société moderne, pire, un obstacle au progrès, comme le fut autrefois le cheval. Le vélo n'est plus qu'un jouet d'enfant, un loisir sportif ou un moyen de balade agréable réservé aux beaux jours. Des chansons nostalgiques exaltent ces moments, la plus célèbre étant celle d'Yves Montant, en 1968 : « Quand on partait de bon matin, quand on partait sur les chemins, à bicyclette... »

Quant aux cyclistes urbains les plus téméraires, l'adaptation systématique de la ville aux seuls déplacements automobiles les contraint maintenant à côtoyer en permanence un trafic dense et rapide, à s'arrêter sans cesse aux carrefours à feux qui se sont multipliés, à contourner les sens interdits qui sont désormais partout, à effectuer d'importants détours pour éviter les grandes artères et à traverser les voies rapides aux rares passages dénivelés existants. Pour réduire ces contraintes, ils en viennent naturellement à « brûler les feux » (en fait, à les considérer comme des cédez-le-passage), à prendre les sens interdits et à investir les lieux à l'écart du trafic : trottoirs, zones piétonnes, parcs urbains... C'est évidemment l'adaptation de la ville à la circulation automobile – et non quelques prédispositions naturelles – qui amène les cyclistes à développer des comportements inciviques et à s'affranchir de règles qui ne les concernent pas directement.

Dès lors, les autres usagers – et parmi eux des élus et des techniciens – considèrent les cyclistes comme de dangereux délinquants, incapables de respecter le code de la route, écraseurs de piétons, d'enfants et de personnes âgées. Par un retournement étonnant, de premières victimes du trafic automobile, les cyclistes marginalisés, deviennent les boucs émissaires des usagers des modes dominants, explique le sociologue anglais Dave Horton [58]. Dans les conversations privées, les mots ne sont jamais assez durs pour les clouer au pilori. En France, c'est encore aujourd'hui ce point de vue qui domine parmi les forces de police, chez certains chercheurs ou même dans les instances chargées de la sécurité routière.

4

Années 1970
Premiers rebonds

> La bicyclette permet de se déplacer plus vite, sans pour autant consommer des quantités élevées d'un espace, d'un temps ou d'une énergie devenus également rares. [...] Un cycliste est maître de sa propre mobilité sans empiéter sur celle des autres. Ce nouvel outil ne crée que des besoins qu'il peut satisfaire, au lieu que chaque accroissement de l'accélération produit par des véhicules à moteur crée de nouvelles exigences de temps et d'espace.
>
> Ivan ILLICH, *Énergie et équité*, 1973.

Au cours des années d'après guerre, le parc automobile augmente, dans les pays les plus développés d'Europe, au rythme moyen de 10 % par an. La France, par exemple, passe de 2,3 millions de véhicules particuliers et utilitaires en 1950 à 6,2 millions en 1960 et à 13,7 en 1970 [1]. Cette croissance très rapide alarme les experts qui préconisent la construction de transports en commun pour éviter la thrombose. De leur côté, les habitants exaspérés par les nuisances de la circulation automobile manifestent leur mécontentement. Les autorités s'efforcent d'y répondre en relançant les modes alternatifs à l'automobile, dont le vélo. Mais les politiques nationales en matière de déplacement cycliste divergent rapidement, car, dans certains pays, la pratique de la bicyclette est déjà tombée si bas qu'il est difficile de croire en son avenir.

Tramway, métro, RER, bus : la relance des transports collectifs

En France, dans les années 1960, la situation des transports publics se dégrade : les bus qui ont remplacé les tramways sont englués dans les embouteillages en plein essor et la vitesse commerciale chute. Les usagers se détournent alors des bus et se reportent vers la voiture, augmentant plus encore la congestion [2]. En région parisienne, les investissements sont au point mort depuis les années 1930. Les autorités se rendent également compte que certains publics trop pauvres, handicapés ou trop jeunes pour acheter une voiture ou se déplacer avec ne peuvent pas se passer de transports en commun. Il s'agirait tout de même d'environ 30 % de la population, estime-t-on à l'époque [3]. Enfin, dans les centres urbains, la voiture ne peut assurer seule les transports faute d'espace disponible. Bref, il faut se résoudre à relancer des transports collectifs quasiment abandonnés par les pouvoirs publics depuis une génération. Ce sera la grande affaire des années 1960 et 1970 à Paris et plus tard en province.

Plusieurs groupes de pression se constituent. Dès 1967, le Groupement pour l'étude des transports urbains modernes (GETUM) est créé et lance la revue *Transports urbains*, riche de réflexions techniques, sociologiques, économiques et institutionnelles. À Paris, le 18 novembre 1970, à l'appel des syndicats et des partis de gauche, une manifestation en faveur des transports publics et pour protester contre la hausse du ticket de métro réunit entre 20 000 et 50 000 personnes [4]. Plus tard, en 1980, est créé le Groupement des autorités responsables de transport (GART). Ses objectifs sont de rassembler les élus des collectivités en charge des transports publics, de faire pression auprès de l'État et des instances européennes pour obtenir des financements et des dispositions légales et réglementaires plus favorables, et de constituer un lieu d'échanges et d'expertise.

Sur le plan des réalisations, l'agglomération parisienne montre la voie [5]. Les investissements dans les transports publics reprennent au cours des années 1960, puis se développent avec la réalisation progressive du réseau de RER (ouverture de la ligne A en 1977) et l'extension du métro en banlieue. Quelques couloirs de bus sont aussi réalisés, mais seulement sur des axes où cela ne gêne guère les automobilistes et, le plus souvent, sans être protégés du stationnement illicite [a]. En 1973, est instauré le versement transport, un mode de financement des transports publics fondé sur la participation des employeurs. Les grandes agglomérations – Marseille, Lyon et Lille – peuvent dès lors se doter de métros [b]. Mais les villes de taille moindre hésitent devant le coût.

En 1977, Nantes choisit une solution trois fois moins chère au kilomètre, en réhabilitant le tramway, modernisé pour l'occasion. Une première ligne est construite sur une ancienne emprise ferroviaire, ce qui gêne peu les automobilistes mais rend tout de même impossible un vieux projet de voie rapide en limite d'hypercentre, au pied du château. L'obtention des subventions et la construction prennent du retard et, dans une ville en pleins travaux, le maire – Alain Chénard, PS – est battu aux élections de 1983, par une liste d'opposants au tramway. Trop avancée, la ligne est malgré tout terminée et inaugurée en 1985 en l'absence du nouveau maire. La population plébiscite pourtant le tramway et l'édile, qui laisse curieusement les travaux de la deuxième ligne débuter, est à son tour battu en 1989 [6].

---

a À Paris, un premier couloir est aménagé, en 1964, quai du Louvre et quai de la Mégisserie… après l'ouverture de la voie rapide rive droite. En 1965, sont inaugurés les premiers couloirs de bus à contresens avenue Bosquet, dans une artère à sens unique assez large, et avenue du Président Kennedy, parallèle à la voie rapide rive droite. En 1973, apparaît le premier séparateur le long d'un couloir de bus de la très large avenue Franklin Roosevelt (Mathieu Flonneau, *L'Automobile à la conquête de Paris*, *op. cit.*, p. 162 et 164).

b Les villes rêvent de solutions techniques futuristes qui se révéleront peu fiables et bien trop coûteuses. Seul le VAL, le métro léger automatique de Matra, saura s'imposer. Métro sans conducteur, le VAL, d'abord implanté entre Villeneuve d'Ascq et Lille (d'où l'acronyme) avant d'être adapté à d'autres villes (sous le nom de « véhicule automatique léger »), n'est cependant pas beaucoup moins cher qu'un métro à grand gabarit. Voir Michel Bigey et André Schmider, *Les Transports urbains*, Éditions universitaires, Paris, 1971, chapitre 2.

En 1983, non sans de vifs débats, la ville de Grenoble se lance, pour la première fois en France, dans la construction d'une ligne de tramway – inaugurée en 1987 – qui prend vraiment de l'espace à la voiture. Le succès est, là encore, au rendez-vous. Succèdent ensuite la deuxième ligne de Nantes, puis la ligne A de Strasbourg, etc. Malgré quelques péripéties, la saga du tramway ne s'arrêtera plus. Les couloirs de bus se multiplient aussi et sont de mieux en mieux protégés.

Pour les cyclistes français, le retour du tramway est à la fois une bonne et une mauvaise nouvelle. Une bonne nouvelle, car ce retour contribue à calmer le trafic automobile aux alentours de chaque ligne, ce qui ne peut qu'être favorable aux cyclistes. Mais aussi une moins bonne, car cette mobilisation s'est faite au départ contre tous les autres modes. Dans les années 1980, on le verra, les cyclistes seront clairement vécus par les promoteurs des transports publics comme des concurrents à écarter.

Dans les pays européens qui ont mieux su préserver leurs transports publics, la question de leur relance est moins urgente et l'attention peut se porter de façon plus équilibrée sur l'ensemble des modes alternatifs à l'automobile. Dans les années 1960-1970, leur préoccupation majeure reste cependant de mettre en souterrain les transports publics, comme le fait l'Allemagne avec des sections de tramway dans une quinzaine de villes [7] ou la Belgique en réalisant un prémétro – ou tramway souterrain à convertir plus tard en métro – à Bruxelles, Anvers et Charleroi.

Les investissements routiers et leurs conséquences

Conformément à la doctrine du SETRA, de nombreuses autoroutes ou voies rapides urbaines sont effectivement construites en limite du centre-ville à moins de 1 km de l'hypercentre : l'A25 à Lille, l'A34 à Strasbourg, l'A4 à Reims, l'A11 à Angers, l'A6 à Lyon... Des « pénétrantes » desservent parfois même directement l'hypercentre : les voies sur berges à Paris, la pénétrante des Halles à Strasbourg, l'A7 à Marseille, l'A801 à Nantes... Quelques projets hasardeux sont toutefois abandonnés de justesse sous la pression des opposants et, plus souvent, faute de moyens financiers : la rocade entre les places d'Italie et de Stalingrad qui devait occuper le lit du canal Saint-Martin à Paris, la voie rapide qui devait remplacer le canal du Faux Rempart à Strasbourg ou celle qui devait passer au pied du château à Nantes.

De nombreux parkings souterrains et quelques-uns en élévation sont aussi construits en plein centre-ville, sous les principales places et à proximité des gares centrales. Certains espaces se prêtent à l'aménagement de vastes parkings en surface gratuits à proximité immédiate du centre-ville : les berges du Rhône et de la Saône à Lyon, les berges de la Seine à Rouen, les quais de la Garonne à Bordeaux, les anciens glacis des fortifications à Lille... Dans les plans d'occupation des sols (POS, aujourd'hui plans locaux d'urbanisme, PLU), des normes planchers de places de stationnement automobile sont fixées pour tous les immeubles neufs.

Ces investissements routiers n'ont pas fini de compliquer le fonctionnement des villes concernées. Les autoroutes passant à proximité des centres-villes attirent un important trafic local qui s'ajoute au trafic de passage. Elles se retrouvent saturées, ce qui suscite des projets de grand contournement très coûteux, difficiles à contester mais qui augmentent alors le trafic automobile et l'étalement urbain (Strasbourg, Lille, Lyon, Bordeaux...). Les pénétrantes amènent en hypercentre une circulation importante qu'il faut ensuite canaliser. Les parkings centraux encouragent eux aussi l'usage de la voiture.

La mise en œuvre des plans de circulation est encore plus systématique [8]. Expérimentés dès les années 1950 à Paris (mise en sens unique des Grands Boulevards en août 1951), puis dans les années 1960 dans les grandes villes de province, ils sont généralisés dans les années 1970 à la suite de la circulaire du 16 avril 1971 qui les encouragent, financements de l'État à la clé. Le principe est de simplifier et de coordonner la gestion des carrefours, ce qui suppose la généralisation des sens uniques, la limitation des mouvements tournants, la multiplication des carrefours à feux et leur gestion centralisée par des systèmes de régulation. La circulation urbaine devient une pure question d'hydraulique. La rue est assimilée à un tuyau et le trafic à un flux. La vie locale est de fait complètement négligée.

Le gain de capacité est appréciable : « dans les quartiers centraux des agglomérations », les plans de circulation auraient permis « une augmentation de près de 40 % de la capacité accompagnée d'une réduction sensible des durées de parcours [9] ». Une nouvelle profession, les ingénieurs trafic, a pour mission de maîtriser cet art difficile qu'est l'optimisation de ces plans. Ils officient au sein des toutes-puissantes Directions de la voirie des administrations locales. Résultat : à la fin des années 1970, 200 villes ont adopté des plans de circulation grâce à 80 millions de francs de subventions de l'État [10]. Aujourd'hui, dans une ville comme Paris, les trois quarts de la voirie sont en sens unique et pas moins de 1 740 carrefours sont équipés de feux coordonnés. Des villes comme Lyon ou Lille ont presque toutes leurs artères en sens unique avec, encore aujourd'hui, certaines ondes vertes calées sur des vitesses très élevées (45 et même 50 km/h).

Tout comme la France et le Royaume-Uni, les pays d'Europe du Nord ont adapté leurs villes à l'automobile mais ils semblent avoir poussé la logique un peu moins loin, ont agi moins vite ou ont réduit les impacts négatifs : moins d'artères à sens unique, moins de carrefours à feux, moins de lignes de tramway supprimées, des zones piétonnes plus vastes, des aménagements cyclables plus souvent préservés et mieux entretenus, des vitesses plus encadrées, autant de rocades et de pénétrantes (voire plus), mais plus de passages dénivelés pour les non-motorisés... On le doit sans doute au pouvoir moins grand des ingénieurs et au rôle plus marqué des urbanistes, à des décisions plus décentralisées, à des populations plus critiques et plus écoutées. Ce n'est donc qu'une question de degré dans l'application de politiques qui ne sont pas fondamentalement différentes.

« Bagnoles, ras-le-bol ! »

Dans l'effervescence des années 1960 en pleine mutation économique, sociale et culturelle, divers mouvements de contestation de la société de consommation apparaissent. À Amsterdam, en 1965, les activistes contestataires et libertaires du mouvement « Provo » défraient la chronique. Parmi leurs nombreux « plans blancs » souvent farfelus et ludiques, ils imaginent de supprimer la circulation automobile et de fournir à tous gratuitement des bicyclettes blanches (*witte fiets*) publiques, des sortes de Vélib' avant l'heure [11]. Les quelques vélos distribués disparaissent vite, mais l'idée d'oser limiter la circulation automobile germe dans les consciences. En référence implicite à cette actualité, le 1er avril 1967, l'unique chaîne de télévision française diffuse un canular où le reporter « présente les nouvelles mesures des pouvoirs publics en matière de circulation : interdire les automobiles dans certains quartiers de Paris au profit des bicyclettes », interviews d'usagers partagés à l'appui [12]. Une telle blague montre à quel point l'idée d'encourager la pratique du vélo est encore loin d'être crédible, mais elle progresse.

À la même époque, quelques rares opposants au tout automobile se manifestent : des promoteurs des transports publics comme Jean Robert ou le démographe Alfred Sauvy qui, dans *Les 4 roues de la fortune*, déploie de nombreux contre-arguments [13]. Mais ils sont très minoritaires et jugés passéistes, du moins jusqu'en Mai 68. C'est d'ailleurs en 1968 qu'un groupe de réflexion rassemblant des chercheurs – économistes et scientifiques de haut niveau – et des industriels se réunit pour la première fois à Rome. Il est préoccupé par les conséquences sur les ressources naturelles et l'environnement de la démographie et de la vive croissance que connaît le monde occidental. Au début des années 1970, le Club de Rome commande au Massachusetts Institute of Technology (MIT) un rapport qui paraît deux ans plus tard sous le titre *The Limits to Growth* (mal traduit en français par *Halte à la croissance ?*) [14]. Ce rapport connaît un grand retentissement : malgré de fortes critiques, le public découvre et retient que les ressources naturelles sont épuisables, que les impacts de la croissance sur l'environnement sont considérables et qu'il est impossible de continuer indéfiniment d'exploiter la planète de cette façon.

Face au déferlement automobile et à la montée des menaces sur l'environnement, la société civile se réveille. Dans tous les « pays développés », les manifestations cyclo-écologistes se multiplient. Le vélo devient le symbole, non seulement d'une critique du « tout automobile », mais aussi d'une contestation de la société de consommation, dont Ivan Illich sera la figure tutélaire [15]. Dans toutes les grandes villes, des associations de défense du vélo apparaissent et cherchent ensuite à se fédérer [16].

Le 22 avril 1972, à Paris, de l'Étoile à Vincennes, une première « manif à vélo » rassemble 20 000 personnes selon les organisateurs, 5 000 selon la police, au cri de « Bagnoles, ras-le-bol ! ». Cette manifestation – dont on peut voir quelques images dans un film mythique *L'An 01*, sorti l'année suivante – est organisée par la branche française des Amis de la Terre (notamment Brice Lalonde), sans doute sous l'influence d'Aguigui Mouna, une sorte d'amuseur public contestataire très populaire. En décembre de la même année, Joe Dassin chante « Dans Paris à vélo on dépasse les autos ».

La crise de l'énergie de fin 1973 et 1974, qui aboutit au quadruplement des prix du pétrole, fait soudain prendre conscience à l'opinion de la nécessité de développer les modes alternatifs à l'automobile. Des dimanches sans voitures, qui font la joie des cyclistes, sont organisés à la hâte dans de nombreux pays : Pays-Bas (ami fidèle d'Israël, sous embargo pétrolier des pays arabes), Belgique, Allemagne, Autriche, Suisse, Italie... mais pas en France. En 1974, René Dumont se présente à l'élection présidentielle comme premier candidat écologiste et arrive aux meetings à bicyclette.

L'organisation du mouvement cycliste

En 1974, le mouvement de défense de la bicyclette (MDB) est créé par Jacques Essel. Il proteste, en particulier, « contre la verbalisation des cyclistes empruntant les couloirs de bus de faible largeur créés à Paris deux ans plus tôt pour faire face aux difficultés de circulation croissantes, et interdits aux vélos. Le renvoi des vélos vers le milieu de la chaussée entre le couloir de bus et le flux des voitures conduisait à la quasi-impossibilité de circuler et à leur prochaine élimination des chaussées parisiennes [17] ». Suite à cette protestation, les verbalisations cessent et les cyclistes sont tolérés (mais non d'emblée autorisés). Il faudra attendre 1999 pour que certains couloirs leur soient officiellement ouverts et le changement de majorité municipale de 2001 pour que nombre d'entre eux soient enfin élargis.

Toujours en 1974, à Grenoble, est fondée l'association pour le développement des transports en commun, des voies cyclables et piétonnes dans la région grenobloise (ADTC). Elle milite pour le retour du tramway et pour que le vélo urbain « retrouve ses lettres de noblesse ». Un samedi de mai 1976, 5 000 cyclistes défilent dans la ville [18].

En 1975, le comité d'action deux-roues (CADR) naît à Strasbourg à l'initiative de Jean Chaumien. Ce pasteur à la forte personnalité va jouer un rôle important dans l'organisation du mouvement cycliste français et même européen. En 1980, il contribue à créer la Fédération des usagers de la bicyclette (FUBicy, aujourd'hui FUB), qui regroupe les premières associations françaises de cyclistes urbains et dont le siège est, depuis lors, à Strasbourg. En 1982, toujours sous l'impulsion de Chaumien, son premier président, la FUBicy s'associe à d'autres fédérations nationales pour fonder la Fédération européenne des cyclistes (European Cyclists' Federation, ECF).

En Grande-Bretagne, les cyclistes ont plus de mal à s'organiser. L'association de défense du vélo à Londres (London Cycling Campaign, LCC) n'est créée qu'en 1978 et le Cycling Touring Club (CTC) ne commence vraiment à défendre les cyclistes urbains qu'à partir des années 1990. En Suisse, la première association – IG Velo beider Basel (Communauté d'intérêt des deux Bâle) – apparaît dès 1975, mais il faut attendre 1985 pour qu'une fédération soit créée : IG Velo Schweiz, rebaptisée Pro-velo en 2007.

En Europe du Nord, les cyclistes sont plus prompts à se coaliser. Aux Pays-Bas, le Fietsersbond (l'association des cyclistes [a]) apparaît en 1975. La même année, les Belges fondent le Groupe de recherche et d'action des cyclistes quotidiens (GRACQ) et son équivalent flamand, l'Onderzoek & Actie van de Fietsers (OAF) devenu plus tard le Fietsersbond Vlaanderen. En 1978, l'Allgemeiner deutscher Fahrrad-Club (ADFC, club des cyclistes allemands réunis) est créé à Brême. Au Danemark, le Dansk Cyklist Forbund (DFC, l'association danoise des cyclistes) est né en 1905 et a toujours défendu les cyclistes.

Les protestations se multiplient. En mai 1975, des milliers de cyclistes manifestent à Bruxelles. Le 4 juin 1977, dans le cadre d'une journée mondiale du vélo, 9 000 cyclistes défilent dans Amsterdam (gros succès aussi à Berlin et à Copenhague). Les participants demandent « l'interruption immédiate de la construction de parkings en ville et l'obligation de garer les autos en périphérie, plus d'importance accordée aux transports publics, une meilleure infrastructure cycliste » et « le comité exige la vitesse limitée à 20 km/h en zone urbaine » [19]. Dès le départ, les revendications ne sont pas limitées aux aménagements cyclables. Deux ans plus tard, le mouvement s'allie à d'autres associations pour lancer une campagne de réduction des limites de vitesse de circulation en

---

a Elle s'appelait au début l'ENWB (*Eerste, Enige, Echte Nederlandse Wielrijders Bond* – la seule, unique et réelle association néerlandaise des cyclistes) pour parodier l'ANWB (*Algemene Nederlandse Wielrijders Bond* – l'association générale néerlandaise des cyclistes), créée en 1883 et qui s'occupe, en fait, principalement des automobilistes et des motards, en proposant de multiples services (assurance, assistance, etc.). Suite à un procès intenté par l'ANWB, l'ENWB a dû changer de nom pour s'appeler, depuis 1979, l'ENFB et plus simplement, depuis 2000, le *Fietsersbond*. Cet épisode montre bien la volonté initiale du mouvement de s'opposer à la voiture.

ville (« 50 c'est trop ») et obtenir la généralisation des « zones 30 ».

Les autres associations – de quartier, de parents d'élèves, de défense des enfants ou des piétons [a] – s'inquiètent, elles aussi, des conséquences de la montée du trafic automobile sur les usagers non motorisés. Tout accident où un enfant à pied ou à vélo est tué ou gravement blessé par une voiture ou un poids lourd est l'occasion de manifestations indignées. Des études, des colloques et des livres rendent compte de ce danger croissant qui menace la vie locale [20]. L'historien Philippe Ariès, dans un article remarquable, explique comment la voiture a chassé progressivement les enfants de la rue [21]. L'urbaniste californien Donald Appleyard démontre dans un ouvrage retentissant, grâce à une enquête approfondie auprès des habitants de trois rues de San Francisco, qu'un trafic dense et rapide détruit les relations de voisinage et pousse les familles à fuir en périphérie [22].

Mais, là encore, la société civile des pays d'Europe du Nord a réagi plus tôt, plus vite et plus fort qu'en France. C'est aux Pays-Bas que débute la contestation : « De jeunes ingénieurs et urbanistes [notamment Joost Vahl], frais émoulus des grandes écoles [...] remettent en question – Mai 68 oblige – la façon conventionnelle d'aménager la rue et la ville [23]. » Ils prennent au sérieux le rapport Buchanan qui conseille de créer des « zones d'environnement » (*environmental area*) pour préserver les quartiers des nuisances du trafic automobile. Ils trouvent à Delft, avec le soutien des habitants, un terrain d'expérimentation et créent, dès 1968, la première « cour urbaine » (*woonerf*), sorte de rue pour les enfants où seuls les automobilistes voulant accéder aux maisons riveraines sont admis à très petite vitesse. Après le succès de ces premiers

a On peut citer, par exemple, aux Pays-Bas, la *Vereniging Bescherming Voetgangers* (Association de protection des piétons) et *Stop de Kindermoord* (Stop au meurtre des enfants) devenu plus tard *Kinderen voorrang* (Priorité aux enfants), ou en France l'Association pour le droit des piétons.

aménagements, les initiatives se multiplient, d'abord à Gouda [24] puis dans tout le pays [25].

Dès le milieu des années 1970, les Allemands s'intéressent eux aussi à ces expériences et réclament – *via* les mouvements écologistes et les groupements d'habitants – des aménagements plus sécurisants pour les piétons et les cyclistes, avec souvent le soutien des autorités, des techniciens et des universitaires [26].

Renouveau de la pratique

Dans toute l'Europe de l'Ouest, la pratique du vélo remonte de façon significative, à partir de la crise de 1974, bien avant que les premières mesures des pouvoirs publics aient pu faire leur effet.

Aux Pays-Bas, le déclin se termine en 1978, puis la pratique s'accroît de 30 % en cinq ans. À Copenhague, les données de l'enquête réalisée aux entrées de la ville indiquent un rebond encore plus marqué. En Grande-Bretagne aussi, un sursaut est observable à partir de 1974. En Allemagne, le constat est encore plus clair. « De 1976 à 1982, détaille Heiner Monheim, professeur de géographie à l'université de Trèves et cofondateur de l'ADFC, les déplacements à bicyclette se sont accrus de 30 %, en dépit d'une baisse constante des déplacements à vélo dans les deux décennies précédentes. Cette augmentation ne peut s'expliquer par les efforts d'aménagement pendant cette période de croissance. La bicyclette a été redécouverte par les Allemands comme un moyen de déplacement utile avant que les politiques et les planificateurs aient commencé à prendre des mesures en sa faveur. Même dans les villes n'ayant que de piteux aménagements cyclables et ignorant tout du vélo, l'usage de ce mode a commencé à croître [27]. » Les données rassemblées par Adri Albert de la Bruheze et Frank Veraart pour neuf villes européennes confirment toutes ces constats [28].

En France, il n'existe aucune statistique de mobilité permettant de confirmer ou d'infirmer un tel rebond [29]. Mais, comme partout, les ventes de bicyclettes s'envolent : crise de l'énergie aidant, elles progressent sur le marché intérieur de 24 % entre 1973 et 1974, passant de 1,6 à presque 2 millions de bicyclettes [30]. Les minivélos, en particulier, connaissent un vif succès. Certes, cette progression est sans doute liée en partie à l'essor du vélo de loisir, mais sûrement aussi au regain du vélo utilitaire.

D'où viennent cependant ces cyclistes ? L'historien néerlandais Manuel Stoffers remarque fort justement que « le renouveau de l'usage de la bicyclette et la montée des politiques le promouvant dans de nombreux pays d'Europe de l'Ouest pendant les années 1970 [sont] parallèles à l'augmentation continue de l'usage de la voiture » et en déduit que la « thèse de la substitution » entre vélo et voiture est contestable [31]. C'est qu'en effet, le report modal s'est fait principalement, à cette époque, au détriment des déplacements à pied.

La réponse pragmatique des autorités néerlandaises et allemandes

Dans toute l'Europe, les États et de nombreuses villes réagissent au nouveau contexte et aux revendications de la population en mettant en place des politiques en faveur des piétons et des cyclistes. Mais ces politiques vont prendre des formes assez différentes selon les pays.

Aux Pays-Bas, en soutien aux initiatives des villes, le gouvernement décide, en 1974, de financer à 100 % deux « villes pilotes » – Tilburg et La Haye – pour démontrer la faisabilité de villes plus accueillantes aux vélos, avec création d'axes prioritaires permettant aux cyclistes d'accéder à la ville et de la traverser en toute sécurité [32]. À Tilburg (170 000 habitants), les résultats sont très encourageants, plus mitigés à La Haye, grande ville de 500 000 habitants où la situation est plus complexe.

Dans les villes nouvelles d'Almere et de Lelystad, les pouvoirs publics mettent au point un nouvel équilibre entre « ségrégation » et « intégration » des cyclistes dans le trafic. Sur les grands axes, la ségrégation est de rigueur avec l'aménageant de pistes ou bandes cyclables, alors qu'au cœur des quartiers l'intégration – la cohabitation dit-on plutôt aujourd'hui – est jugée suffisante à condition de limiter la vitesse des véhicules à 30 km/h par des aménagements de voirie, ce qui permet d'éviter la construction d'aménagements cyclables. Tous les 500 mètres, des passerelles passent au-dessus des voies rapides [33].

En 1976, un décret officialise les cours urbaines et on en recense déjà 2 700 en 1983. Mais ce sont des aménagements chers et longs à mettre en place. À la demande des associations d'habitants, les techniciens expérimentent aussi les zones 30 qui sont à leur tour officialisées en 1983. Le principe général est de créer – ou de moderniser – des aménagements cyclables le long des voies principales et de calmer la circulation sur les voies de desserte. En particulier, le trafic de transit dans les hypercentres est partout supprimé, comme à Groningue dès 1977 [34]. Le stationnement est lui aussi strictement encadré. Pour éviter les coupures provoquées par les grandes infrastructures, des passages dénivelés sont systématiquement construits.

En Belgique, les villes flamandes, attentives aux évolutions de leurs voisines du nord, leur emboîtent peu à peu le pas : Courtrai relance les déplacements à vélo des scolaires dès le début des années 1980 et Gand se lance dans un ambitieux plan vélo en 1994.

Plusieurs facteurs expliquent le rôle pionnier joué par les Pays-Bas. D'abord, les contraintes géographiques et la densité urbaine limitent fortement l'étalement urbain et compliquent la réalisation de routes. La nature sableuse et tourbeuse des terrains oblige à refaire régulièrement les chaussées qui s'affaissent, ce qui permet une évolution plus rapide des aménagements. Pour faciliter cette réfection, les rues sont le plus souvent pavées de briques, avec un traitement différencié selon les vitesses autorisées. Par exemple à Utrecht, les voies limitées à 30 km/h ou moins sont en briques rouges et les chaussées limitées à 50 km/h ou plus sont asphaltées. L'espace devient très lisible.

Autre facteur clé : l'ancienneté de l'urbanisation. En 1650, la moitié des deux millions d'habitants des Provinces Unies vivait déjà dans les villes [35]. Cette culture urbaine imprègne toute la société. Les maisons basses sont accolées et donnent de plain-pied dans la rue. Le pas-de-porte (le *stoep*) fait quasiment partie de la maison. Les habitants se sont depuis longtemps approprié les espaces publics qui sont, en fait, semi-privés : *woonerf* signifie d'ailleurs littéralement « cour d'habitation ». Ils considèrent que les enfants doivent pouvoir jouer dans la rue et l'absence de rideaux aux fenêtres permet de les surveiller. Ils ont le droit de cultiver au bord de leur maison, sur le trottoir, une étroite bande de terre pour des fleurs ou quelques plantes grimpantes. On comprend mieux pourquoi les réactions sont si vives, lorsque l'automobile menace cet art de vivre [36].

Enfin, de nombreuses villes sont de taille moyenne, peu équipées en transports publics, avec des distances propices au vélo. Les distances domicile-travail sont, en particulier, assez réduites et, quand ce n'est pas le cas, la densité du réseau ferroviaire facilite la complémentarité « vélo + train ». La situation est similaire en Flandre belge, où l'emploi local est bien plus important qu'en Wallonie [37].

Dès la fin des années 1970, dans le sillage des innovations néerlandaises, quelques villes allemandes proches des Pays-Bas, telles que la ville-État de Brême et certaines villes de Rhénanie du Nord-Westphalie, comme Münster, ou de Basse-Saxe, comme Buxtehude au sud-ouest de Hambourg, se lancent à leur tour dans des expériences de modération de la circulation et de relance des aménagements cyclables. L'État fédéral allemand appuie ces initiatives en reprenant la méthode des « villes pilotes » inaugurée par les Pays-Bas. En 1979, dix villes sont choisies pour profiter d'investissements conséquents afin de devenir des « villes accueillantes aux vélos » (*fahrradfreundliche Städte*). Parmi elles : Erlangen (au nord de Nuremberg), Fribourg, Heidelberg, Münster, Troisdorf (près de Cologne)[38]...

Là encore, plusieurs éléments expliquent que l'Allemagne soit si prompte à suivre les Pays-Bas. Outre sa proximité géographique, c'est aussi un pays assez urbanisé où les enfants ont l'habitude de jouer dans la rue et où ce que nous appelons l'espace public en France est plus volontiers appelé l'environnement résidentiel (*Wohnumfeld* ou *Wohnumgebung*) : « La rue, le trottoir surtout, constituent le prolongement du domicile[39]. » Le poids des urbanistes y est aussi plus important. Alors qu'en France, en 1966, le ministère de la Construction a été absorbé par le ministère des Travaux publics, pour créer le ministère de l'Équipement, sous l'autorité du corps des ingénieurs des Ponts et Chaussées, en Allemagne, le ministère de la Construction (BM Bau) reste dissocié de celui des Transports et c'est lui qui soutient toutes les initiatives en faveur de la modération de la circulation. Le milieu associatif est aussi plus organisé et plus puissant qu'en France.

Ce pragmatisme permet d'apprendre peu à peu l'articulation subtile entre les aménagements cyclables de divers types et la modération de la circulation. Le problème ne se résume pas, en effet, à créer des pistes cyclables en pleine ville. La place manque le plus souvent pour de tels aménagements et la réinsertion des cyclistes aux carrefours est difficile et dangereuse. Il vaut souvent mieux réaliser de simples bandes cyclables sur les grands axes ou même réduire suffisamment la vitesse pour que tout le monde cohabite sans que des aménagements spécifiques soient nécessaires.

D'autres innovations voient le jour dès cette époque. Des « contresens cyclables » dans les rues à sens unique sont expérimentés dans les villes pilotes des Pays-Bas. Ils se révèlent très sûrs parce que cyclistes et automobilistes se voient en se croisant. Aussi sont-ils généralisés à tout le pays dès la fin des années 1970. De même, l'ouverture des couloirs de bus aux vélos ne pose guère de difficultés aux conducteurs de bus tout en sécurisant fort bien les cyclistes. Les sas aux carrefours sont eux aussi simples à réaliser et rendent plus visibles les cyclistes, surtout ceux qui veulent tourner à gauche. L'autorisation du tourne-à-droite au feu rouge est obtenue plus tard, en 1991.

La réponse ultralibérale des autorités britanniques

Comme ailleurs en Europe occidentale, le Royaume-Uni connaît un essor du vélo utilitaire remarquable jusqu'au début des années 1950. Mais la reconstruction des villes détruites par la guerre est l'occasion de pousser assez loin leur adaptation à l'automobile, à l'image des villes américaines qui servent ici de modèle plus que partout ailleurs en Europe. Coventry, ville rasée par les bombardements nazis dès 1940, en est la meilleure illustration : un ring autoroutier de seulement 3,6 km de long et de nombreux parkings enserrent le centre-ville, non sans créer un important effet de coupure très dissuasif pour les cyclistes. En 1963, le rapport Buchanan propose bien de créer, on l'a vu, des « zones d'environnement » pour protéger les quartiers du trafic envahissant, mais ces préconisations resteront lettre morte, le ministre des Transports Ernest Marples, qui a commandé le rapport, y étant hostile. Il faut dire qu'avant sa nomination, ce dernier dirigeait une entreprise de construction de routes dont il dut, pour éviter tout conflit d'intérêts, revendre ses parts. Mais on apprit plus tard qu'il les avait cédées à sa propre femme, ce qui fit scandale.

Dans ce contexte, la montée du trafic automobile et la chute concomitante de la pratique de la bicyclette n'en sont que plus marquées. Avec la crise de l'énergie de 1974, des voix s'élèvent pour réclamer des mesures, mais le gouvernement tergiverse. Faut-il relancer un mode de déplacement jugé dangereux ? Comment réaliser partout des pistes cyclables ? N'est-ce pas du ressort des autorités locales ?

L'arrivée au pouvoir de Margaret Thatcher en mai 1979 et pour onze ans et demi va mettre un terme à ces hésitations.

Face au chômage très élevé et au coût jugé excessif du chemin de fer et des transports publics, l'heure est au développement du réseau routier, à la privatisation du rail et à la dérégulation des services de bus et de cars (très utilisés dans ce pays). Il s'agit, selon le Livre blanc du gouvernement, en 1989, de réaliser « le plus grand programme de construction de routes pour le Royaume-Uni depuis les Romains » : 24 000 miles – soit près de 40 000 km – sont inaugurés entre 1985 et 1995. La ligne à suivre est claire : « *roads for prosperity* » (des routes pour la prospérité) afin de fonder « *a great car economy* » (une superéconomie fondée sur la voiture). Pour le vélo, seule la séparation des circulations est envisagée et, pour occuper les chômeurs, des pistes cyclables sont aménagées sur certaines voies de chemin de fer désaffectées [40]. Si bien qu'au cours de la décennie Thatcher, les déplacements en voiture augmentent fortement, l'utilisation du train, du bus et du car reculent et les déplacements à vélo stagnent et restent marginaux [41].

Cette politique d'encouragement sans nuance de l'usage de la voiture se retrouve également en Italie et en Espagne, dans les années 1970 et 1980. Mais, pour ces deux pays, il s'agit de rattraper leur retard de motorisation en Europe. Le vélo est leur dernier souci, sauf dans quelques rares villes d'Italie du Nord : Ferrare et Bolzano notamment, on y reviendra.

La réponse inconstante des autorités françaises

En France, l'adaptation systématique des villes à l'automobile est en marche, dès la fin des années 1960, sous l'autorité centrale du ministère de l'Équipement. Dans le contexte de la crise énergétique de 1974 et sous la pression des revendications des piétons et des cyclistes, le SETRA tente d'adapter son discours et rédige trois guides édifiants consacrés aux « deux-roues légers » (vélos et deux-roues de moins de 50 cm^3), aux piétons et aux voies urbaines. Ils sont destinés à tenir compte enfin de tous les usagers [42].

Mais, pour préserver à tout prix et même faciliter la circulation automobile, seule la séparation des circulations est vraiment préconisée. « La nécessité impérieuse d'organiser la circulation, d'éviter au mieux les points de conflit, de fournir un maximum de sécurité et de donner à chaque circulation une vitesse cohérente avec ses besoins, a conduit à la notion de séparation des circulations, note le SETRA en 1974. En théorie, chaque type de circulation pourrait avoir un réseau qui lui soit propre [43]. » Il est considéré implicitement comme normal que les véhicules automobiles puissent circuler rapidement en ville, la vitesse étant limitée à 60 km/h en milieu urbain depuis 1969.

Le SETRA reconnaît cependant que cette ségrégation ne peut pas être généralisée : « L'application stricte de ce principe, qui n'est pas nouveau, à l'ensemble des flux, conduit à des solutions complexes qui, en toute occurrence, ne sont pas possibles dans le tissu existant de façon systématique. Qui plus est, l'interpénétration des circulations est à certains points inévitable ; il importe alors d'aménager les conflits [44]. » Mais, de fait, le guide piéton, diffusé en 1975, préconise surtout des passages dénivelés pour éviter d'interrompre le flot de voitures : « La traversée en surface est généralement plus rapide. Il faudra donc la rendre impossible au piéton par des obstacles, en installant des barrières de protection de chaque côté du passage dénivelé si on veut que le piéton l'utilise [45]. » Et le guide deux-roues légers ne défend les pistes cyclables que pour mieux dégager la chaussée au profit de la voiture [46]. Un panneau de signalisation signifiant « voie obligatoire pour les cycles » orne d'ailleurs la couverture de ce guide. Ce document a « bénéficié d'une très large diffusion et a servi de référence aux techniciens tant des villes que de l'Équipement pendant plus de dix ans [47] ».

La même année, le ministre de l'Équipement, Robert Galley, publie une circulaire visant à favoriser les transports économes en énergie et notamment le vélo : « La crise de l'énergie, la lutte désormais engagée contre le gaspillage, la nécessité de concevoir et aménager des villes plus humaines nous conduisent à examiner avec un nouvel état d'esprit la conception et le fonctionnement de notre système de transport en privilégiant les modes de transport qui consomment le moins d'énergie, tels que les transports collectifs et les bicyclettes et cyclomoteurs [48] ». Puis, pour aider les villes à réaliser les pistes cyclables préconisées, il nomme un correspondant vélo dans chacun des sept centres d'études techniques de l'équipement (CETE), répartis sur le territoire français.

Dès le départ, l'État finance ponctuellement certains aménagements cyclables et quelques initiatives. Ainsi, le 14 août 1976, la ville de La Rochelle met gratuitement 250 vélos jaunes à disposition de la population, leur achat étant subventionné à 60 % par l'État. L'usage de ces vélos est libre de 8 heures à 20 heures. Il suffit d'en emprunter un puis de le ramener à l'un des vingt-trois lieux disséminés dans le centre-ville, notamment à proximité des parkings, comme pour un chariot de supermarché. L'impact médiatique de cette initiative est considérable, en France comme à l'étranger, mais les vélos se révèlent trop peu solides et les vols se multiplient.

En décembre 1977, le ministère systématise le cofinancement des pistes cyclables en décidant de subventionner leur construction au taux de 50 % en milieu urbain et au taux de 85 % en rase campagne [49]. Mais, dès les premières difficultés budgétaires consécutives à la seconde crise pétrolière de 1979, il supprime ce dispositif au début de 1980, deux ans seulement après son lancement. Enfin, en 1982, les lois de décentralisation mettront fin au soutien des CETE, l'État considérant désormais que les aménagements cyclables sont exclusivement du ressort des communes. De 1976 à 1982, ce sont 80 millions de francs qui auront été dépensés [50].

Déstabilisées, plusieurs villes qui avaient entamé une politique d'aménagements cyclables à la fin des années 1970 en profitant des subventions de l'État ralentissent leurs investissements ou y renoncent. C'est le cas notamment de Bordeaux, Grenoble ou Lille. Strasbourg est la seule ville à avoir poursuivi ses investissements.

Le vélo : un deux-roues en France, un mode écologique en Allemagne

La construction des catégories statistiques n'est jamais neutre : celles qui concernent la mobilité en sont la parfaite illustration [51].

Dès les premières enquêtes sur les déplacements des ménages réalisées à la fin des années 1950 et dans les années 1960, les statisticiens français prennent l'habitude, lors de la présentation des résultats, de regrouper les cyclistes et les deux-roues motorisés (2RM) dans la catégorie « deux-roues ». En 1975, quand le CETUR s'efforce de standardiser la méthodologie de ces enquêtes, il adopte la même convention. Quoi de plus naturel : vélo et 2RM ne sont-ils pas cousins du fait de leur morphologie ? En fait, tout les sépare sur les plans de la vitesse, du risque d'accident et des nuisances produites... En région parisienne, les cyclistes étant en voie de disparition, la Direction régionale de l'Équipement assimile même les vélos à des « modes motorisés » dans les enquêtes globales de transport (EGT) de 1976, 1983 et 1991 ! Après plusieurs interpellations en réunion publique, il faut attendre l'EGT de 2001 pour que les vélos soient enfin considérés plus justement comme des « modes mécanisés », conformément à ce que préconisait le CETUR depuis 1975. Pour tous les statisticiens cependant, conducteurs et passagers de voitures restent toujours regroupés en « usagers de véhicules particuliers » et les piétons sont souvent oubliés sous prétexte qu'ils font de « petits déplacements ».

En Allemagne, les enquêtes ménages déplacements ne sont pas standardisées. Le marché est partagé entre quelques organismes, dont Socialdata, un institut basé à Munich, qui réalise environ la moitié de ces enquêtes. Dès le début des années 1980, sous l'impulsion de son directeur, Werner Brög, Socialdata formule trois préconisations : 1/ regrouper les utilisateurs de deux-roues motorisés avec les conducteurs de voitures pour constituer la catégorie des « conducteurs de véhicules individuels motorisés », 2/ répertorier les passagers de voitures dans une catégorie distincte dans la mesure où certains ont fait le choix délibéré de rouler en voiture alors que d'autres l'utilisent faute de mieux (par exemple, les adolescents véhiculés par leurs parents), et 3/ regrouper les cyclistes avec les piétons et les usagers des transports publics dans la catégorie des « modes écologiques ». Enfin, les piétons ne sont jamais oubliés car on ne néglige pas non plus les 20 % à 25 % des déplacements en voiture de moins d'un kilomètre [52]. Par ailleurs, dans les résultats de l'enquête nationale transport de 1976 (KONTIV 76), les *Mopeds* (limités vraiment à 45 km/h) sont associés aux motos et seuls les *Mofas* (limités vraiment à 25 km/h) sont associés aux vélos.

Des réseaux discontinus

Deux problèmes de méthode vont s'ajouter aux errements de l'État et des villes : dans la conception des réseaux cyclables et dans l'appréhension des questions de sécurité.

Le guide vélo du SETRA recommande de réaliser exclusivement des pistes et d'éviter les bandes jugées à l'époque, à tort, trop peu sûres. Il n'y est pas du tout envisagé de modérer les vitesses pour favoriser la cohabitation : la vitesse en ville est encore intouchable. Ce point de vue est, à l'époque, largement partagé. Même Christian Gerondeau explique dans son livre *La Mort inutile*, publié en 1979 : « Comme la majorité des victimes est tuée ou blessée lors de chocs avec des automobiles ou des poids lourds, il faut s'efforcer de réserver à la bicyclette des voies de circulation spéciales, séparées de la circulation automobile. Celles-ci peuvent revêtir des formes diverses, selon qu'il s'agit de pistes qui longent des voies ouvertes à la circulation générale, ou d'itinéraires totalement distincts [53]. »

En pratique, les pistes doivent être aménagées là où il y a à la fois un flot important de cyclistes, des problèmes de sécurité et suffisamment d'espace (sous-entendu : pour ne pas gêner les automobilistes). À ce jeu, le réseau obtenu ne peut être que discontinu. Dès que la voirie se resserre, dès qu'un carrefour est engorgé, les pistes cyclables s'arrêtent en amont. Résultat, des bouts de pistes isolés parsèment les agglomérations.

Dans les villes nouvelles – comme Villeneuve d'Ascq ou Marne-la-Vallée – qui ont tenté de créer d'emblée un réseau cyclable entièrement distinct du réseau automobile, les cyclistes se retrouvent contraints à divers détours et à des efforts supplémentaires pour franchir les artères par des passages dénivelés – quand il y en a – et ne parviennent pas à mémoriser un réseau aussi complexe et peu rassurant la nuit. En outre, quand ils sont obligés de se réinsérer dans le trafic général aux entrées et sorties du réseau cyclable, l'automobiliste a eu le temps de les oublier et se retrouve très surpris d'en rencontrer.

Ces pseudo-réseaux se révèlent inutilisables par les cyclistes qui se heurtent sans cesse à des difficultés non traitées : carrefours dangereux, radiales ou boulevards sans aucun aménagement, coupures liées à des autoroutes et voies rapides urbaines... Aussi la pratique du vélo continue-t-elle à décliner inexorablement. Ne voyant que très peu de cyclistes sur ces pistes, et pour cause, beaucoup de techniciens et d'élus finissent par considérer que ces investissements sont tout simplement inutiles et qu'ils conduisent à un gaspillage de fonds publics.

Tous ces problèmes liés à la réalisation exclusive de pistes sont cependant assez vite identifiés par les meilleurs spécialistes, mais il est trop tard. Le réseau des experts vélos des CETE n'est déjà plus financé ; il continuera cependant à se réunir quasi clandestinement. Et l'expert vélo du CETUR – Gérard Wolf – se retrouve seul à travailler à temps partiel sur le sujet [54]. Il connaît bien l'allemand et se tient au courant des débats sur les aménagements cyclables en Europe du Nord [55]. Divers documents sont ainsi publiés, dans une indifférence presque totale, sur les politiques de ville cyclable, les accidents des cyclistes et l'intérêt des bandes cyclables [56].

Un risque d'accident à vélo surestimé

La mobilisation concerne, en fait, la relance des « deux-roues légers », car la situation française est très particulière, on l'a vu : c'est le seul pays d'Europe où circulent plus de deux-roues motorisés que de bicyclettes, en raison notamment du succès phénoménal des cyclomoteurs. Dans les milieux scientifiques et techniques, dans les colloques et les publications, le mot « vélo » devient même tabou. Il faut désormais dire ou écrire « deux-roues léger non motorisé », un euphémisme qui paraît aujourd'hui ridicule mais qui signifiait qu'il ne fallait pas oublier les cyclomoteurs. L'amalgame entre les divers types de deux-roues a cependant comme conséquence fâcheuse de surestimer grandement le risque d'accident à vélo. Les deux-roues motorisés sont, en effet, beaucoup plus vulnérables que le vélo car à la fois plus lourds et plus rapides.

Au début des années 1990, s'inspirant de travaux allemands, le CETUR en fait la démonstration en calculant le risque de se déplacer en milieu urbain selon les modes. Ainsi, en 1990, dans l'agglomération strasbourgeoise, pour un risque 1 d'être tué ou blessé grave lors d'un déplacement en voiture, le risque est de 2 à pied ou à vélo, mais de 17 en cyclomoteur et de plus de 50 en moto [57]. Ce genre d'écarts se retrouve à peu de chose près dans toutes les villes de France et évolue peu [a].

La distinction entre les risques à vélo et en deux-roues motorisés arrive hélas bien tard car, depuis les années 1970, la Sécurité routière publie des chiffres alarmants sur les « accidents de deux-roues », vélo et deux-roues motorisés confondus [58]. « En 1976, sur 5 000 morts par accidents de la circulation en zone urbaine, 30 % étaient des usagers des deux-roues », rappelle par exemple un rapport du CETUR [59]. Cette confusion statistique renforce la conviction de la plupart des techniciens que « le vélo, c'est dangereux ». Beaucoup en viennent à recommander à leurs élus de ne plus réaliser

a Il est principalement lié aux lois de la physique : l'énergie cinétique dépend, en effet, de la masse et de la vitesse au carré selon la formule : $e = 1/2\ m\ v^2$. Si un cyclomotoriste et sa machine pèsent 50 % plus lourd qu'un cycliste et son vélo, et roulent 2,4 fois plus vite, leur énergie cinétique est effectivement 8,5 fois supérieure et le risque s'accroît d'autant.

d'aménagements cyclables afin de ne pas encourager un tel mode de déplacement. Cette confusion est toujours présente aujourd'hui dans certains résultats.

Soumis désormais à la pression du trafic automobile, le vélo n'est certes plus le mode de déplacement tranquille qu'il était avant guerre. Mais, les plus vulnérables ayant renoncé au vélo et les plus aguerris se débrouillant tant bien que mal, le risque objectif – tel que les statisticiens le mesurent – n'a pas explosé. En revanche, le risque subjectif – tel qu'il est perçu par la population – est devenu considérable : les cyclistes potentiels se sentent vivement menacés [60]. Les parents n'osent plus laisser leurs enfants rouler à vélo dans la rue, les adultes eux-mêmes craignent pour leur intégrité et n'imaginent plus enfourcher une bicyclette.

La croyance en l'idée excessive que le vélo urbain est devenu un mode de déplacement très vulnérable a des conséquences importantes et paradoxales, bien analysées par le chercheur britannique Dave Horton, qui en retient trois [61]. Il conviendrait avant tout d'éduquer les cyclistes à la prudence et au respect des règles. Il faudrait ensuite rendre le port du casque obligatoire et il suffirait enfin de séparer les cyclistes de la circulation automobile pour qu'ils soient en sécurité. Bref, toutes ces mesures qui paraissent de bon sens renforcent en réalité l'idée que le vélo serait un mode de déplacement très risqué et finissent par dissuader son usage, au lieu précisément de l'encourager. S'il ne faut pas, bien sûr, renoncer à toute recommandation ou à tout dispositif de sécurité, un traitement plus équilibré du sujet est pour le moins nécessaire.

Dès les années 1930, des brochures édifiantes mettent en garde les enfants et les adultes contre leurs comportements inciviques. On y voit des cyclistes qui zigzaguent entre les voitures, roulent de front, brûlent les feux rouges, prennent les sens interdits à toute allure, bousculent sans vergogne les piétons... Le comportement des automobilistes, autrement plus dangereux, n'y est jamais signalé : pas de dépassement rasant des cyclistes à grande vitesse, ni de queue de poisson,

De la vitesse généralisée à la vitesse globale : Illich revisité

Tous les militants cyclistes connaissent le fameux raisonnement d'Ivan Illich qui, en 1973, affirmait : « L'Américain moyen consacre plus de mille six cents heures par an à sa voiture [...], qu'il l'utilise ou qu'il gagne les moyens de le faire [...], pour parcourir dix mille kilomètres [par an] ; cela représente à peine 6 kilomètres à l'heure [62]. » L'automobiliste n'irait finalement guère plus vite qu'un piéton et bien moins vite qu'un cycliste. Aussi étonnant soit-il, ce raisonnement a été sérieusement étayé par Jean-Pierre Dupuy, sur la base de données de 1967 concernant le cas de la France [63].

Pourtant, dès les années 1970, il n'était plus vrai, car la « vitesse généralisée » des automobilistes – c'est-à-dire tenant compte non seulement du temps de déplacement mais aussi du temps de travail nécessaire pour payer le déplacement – a rapidement évolué jusqu'à devenir aujourd'hui bien supérieure à celle des cyclistes. Elle dépend surtout, en effet, du salaire horaire, qui avec l'évolution du niveau de vie a été multiplié par 2,5 entre 1967 et 2012. Certes, à long terme, avec la hausse du coût des déplacements en voiture, le tassement du pouvoir d'achat et les politiques de limitation des vitesses, il est fort probable que la vitesse généralisée des cyclistes repasse devant celle des automobilistes [64].

En attendant, la pratique de la bicyclette engendre d'autres économies de temps que ne pouvaient envisager Illich et Dupuy. En particulier, en contribuant au maintien de la forme physique, elle permet de vivre plus longtemps. Ce n'est que depuis une vingtaine d'années qu'on est capable de le mesurer. En étudiant un échantillon de 654 000 individus issu de six études, une équipe internationale d'épidémiologistes a récemment estimé cet impact avec une précision inégalée. Ainsi, par rapport à l'inactivité, pour les personnes âgées de plus de quarante ans, trois heures d'activité physique par semaine permettent de gagner 1,8 année de vie, cinq heures 2,5 années de vie, neuf heures 3,4 années de vie [65]...

Aux temps de déplacement en voiture, il faut donc non seulement ajouter le temps de travail nécessaire pour payer les déplacements mais aussi les années de vie perdues pour cause d'inactivité physique ou bien les temps consacrés à effectuer une activité de maintien de la forme physique pour compenser cette oisiveté : footing régulier, fréquentation d'une salle de sport [66]... En rapportant les distances parcourues pendant la vie active à ce « temps global », on obtient une « vitesse globale » bien moindre que la vitesse généralisée. Le vélo redevient alors plus rapide que la voiture.

Pour illustrer cela, considérons un salarié qui consacre trente minutes de plus par jour à utiliser une bicyclette plutôt qu'une automobile pour se rendre à son travail (par exemple, au lieu de mettre trente minutes aller-retour en voiture, il met une heure à vélo). S'il décide de se déplacer ainsi pendant quarante-trois ans de vie active – puisque telle est désormais la durée de cotisation pour bénéficier d'une retraite à taux plein –, il consacrera alors 0,6 année de sa vie à ce temps de déplacement supplémentaire (à raison de 250 jours ouvrés par an), mais allongera son espérance de vie de 2,5 années, soit quatre fois plus.

pas de changement de direction sans clignotant, ni de coup de klaxon ou de rugissement de moteur qui surprennent, pas non plus d'ouverture intempestive de portière... Si les cyclistes se font écraser, c'est entièrement de leur faute. Le renversement est complet : alors que les modes motorisés, par le danger qu'ils engendrent, sont à l'origine principale des déboires des cyclistes, ce sont ces derniers qui sont désormais désignés comme coupables et soumis à un redressement moral [62]. Les cyclistes supportent évidemment très mal le décalage entre leurs réalités quotidiennes et ces injonctions, qui sont par conséquent inefficaces.

5

Années 1980 et 1990 *Divergences européennes*

> Ce qui frappera le néocycliste amicalement extirpé de son siège auto et juché sur une selle de vélo, c'est surtout l'ouverture du regard. Comment, mais c'est ça la ville ? Ce n'est plus une succession de pare-chocs arrière, encadrés par le joint de caoutchouc du pare-brise d'où émergent des bribes de décor troués de signaux rouges ou verts, voire orange ? Brutalement, notre automobiliste à la pupille étriquée par vingt ans de circulation au ras du bitume vient de passer de la petite télé de poche au cinémascope.
>
> Didier TRONCHET, *Petit Traité de vélosophie*, 2000.

Les années 1980 et 1990 vont se révéler déterminantes : les pratiques du vélo utilitaire commencent à se différencier selon les pays européens. Alors que les trajectoires étaient jusqu'ici assez parallèles, malgré quelques décalages, certains pays ou régions, comme les Pays-Bas, l'Allemagne, le Danemark, la Flandre, la Suisse alémanique et l'Italie du Nord, parviennent à stopper l'effondrement d'après guerre et même à redresser durablement la situation ; d'autres, comme la France, le Royaume-Uni et l'Espagne, voient au contraire l'usage du vélo utilitaire repartir à la baisse jusqu'à devenir confidentiel. Que s'est-il passé ? Les politiques de modération de la circulation automobile ont semble-t-il joué un rôle clé.

La modération de la circulation en Allemagne

Dès la fin des années 1970, sous l'influence des Pays-Bas, l'Allemagne s'engage dans une politique de *Verkehrsberuhigung* (littéralement trafic calmé qui sera traduit en français par modération de la circulation). Les trois Villes-États de Brême (550 000 habitants), Hambourg (1,8 million d'habitants) et Berlin (3,4 millions d'habitants), ainsi que le Land de Rhénanie du Nord Westphalie (17,8 millions d'habitants avec les villes de Cologne, Dortmund, Düsseldorf, Münster…) sont à la pointe de l'innovation [1].

Trois générations de modération de la circulation vont se succéder rapidement [2]. À la fin des années 1970, sous l'influence des Pays-Bas, de l'Allemagne et des pays nordiques, les expériences de rues calmées se multiplient : cour urbaine, rue limitée à 30 km/h, rue à priorité aux cyclistes (*Fahrradstraße*). Dans les années 1980, des quartiers entiers passent en zone 30 avec réduction du transit, tels que Charlottenburg et Kreuzberg à Berlin ou la Neustadt à Mayence. Enfin, dans les années 1990, des agglomérations entières deviennent des « villes 30 », par généralisation des zones 30 à toutes les voies de desserte. Dès 1983, Buxtehude (40 000 habitants), à 20 km au sud-ouest de Hambourg, est la première à passer entièrement ses rues en zone 30, sauf les grands axes. Brême, Hambourg et Berlin suivent progressivement. En 1985, un grand colloque à Berlin fait le point sur les avantages et inconvénients des expériences en cours et sur les avancées souhaitables [3].

Au cœur des quartiers calmés et au transit réduit, les cyclistes n'ont pas besoin d'aménagements cyclables. C'est là une simplification importante pour les usagers comme pour les techniciens et une économie substantielle d'espace et de moyens. Tous les efforts peuvent alors se concentrer sur les grands axes qui sont peu à peu systématiquement équipés d'aménagements cyclables, au détriment de la largeur de la chaussée réservée aux automobilistes. L'effort porte aussi sur toute la ville, y compris en périphérie et non seulement dans le centre. Les coupures du territoire liées aux grandes infrastructures de transport rapide sont également traitées par des passages dénivelés ou des requalifications en boulevards urbains.

Par exemple, à Düsseldorf (550 000 habitants), la voie rapide urbaine B1 (50 000 véhicules par jour) qui longe le Rhin coupait le centre-ville de son accès au fleuve. Sa mise en souterrain sur 1,9 km, réalisée au début des années 1990 pour un coût de quelque 200 millions d'euros, est uniquement justifiée par le souci de reconquérir les berges et de modérer la circulation dans la profondeur du tissu urbain alentour. L'infrastructure reste à 2 × 2 voies, la vitesse dans le tunnel est volontairement limitée à 60 km/h pour maîtriser les gains de temps, et le nombre d'entrées-sorties est fortement réduit pour éviter un afflux de trafic dans la ville. Tout cela permet de transformer de nombreuses rues du centre en zones à circulation apaisée. Huit ans après la fin des travaux, notent Francine Loiseau et Vincent de Brisson, « tous les partis, tous les publics et tous les visiteurs sont d'accord : c'est le rêve [4] ! ».

Dans un pays où le lobby automobile est très puissant, la modération de la circulation suscite évidemment de vives oppositions. Pour réduire la contestation, la méthode consiste toujours à proposer une expérimentation, avec possibilité de retour en arrière si les résultats ne sont pas à la hauteur. Des études avant/après sont à chaque fois réalisées. Comme elles démontrent toujours que les résultats sont positifs sur presque tous les plans, les zones 30 ne sont quasiment jamais remises en cause. Dans les rares endroits où c'est le cas, un compromis consiste alors à créer des zones 40 [5].

Le bilan des politiques de modération de la circulation est, en effet, toujours très positif : forte baisse des accidents les plus graves (de 20 % à 30 %), baisse sensible des nuisances, report modal de la voiture vers les autres modes et surtout vers le vélo [6]. Seul bémol, les véhicules motorisés perdent un peu de temps, mais beaucoup moins qu'ils ne le craignaient au départ : bien que la vitesse limite passe de 50 à 30 km/h, soit une baisse de 40 %, la vitesse moyenne recule seulement d'environ 10 % à l'heure creuse et encore moins à l'heure de pointe [7].

En 1988, le chercheur allemand Tilman Bracher, dans une étude sur les politiques vélo en Europe, conclut sans détour : « De bons aménagements cyclables ne peuvent suffire à eux seuls pour amener les automobilistes à se mettre au vélo. Les recherches sur Delft, Graz et les villes allemandes de Buxtehude et de Rosenheim ont montré qu'une large modération de la circulation et des restrictions de stationnement sont indispensables [8]. » En 1992, lors du quatrième congrès du Club des villes cyclables, Patricia Gout, du CETUR, résume parfaitement cette approche allemande, en concluant ainsi son intervention : « Un véritable essor du vélo comme mode de déplacement urbain n'est pas d'abord le fait de solutions techniques, mais bien de choix politiques cohérents, ne faisant pas l'économie d'une réflexion sur les moyens de civiliser l'usage de l'automobile dans la ville, comme étape obligée vers le développement de modes de déplacement favorables à l'environnement urbain [9]. »

Les zones à trafic limité en Italie

Dans la plaine du Pô, protégée des vents d'ouest par les Alpes, la pollution s'accumule facilement dans les centres-villes saturés de trafic, et notamment sous les arcades. Pour sauver les bâtiments historiques rongés par les polluants, pacifier le centre et relancer l'activité touristique, certaines villes, comme Ferrare dès la fin des années 1960, instaurent une *zona a traffico limitato* (zone à trafic limité). Suite au succès rencontré, les ZTL se multiplient et la loi du 24 mars 1989 officialise le concept. Il s'agit d'interdire l'accès aux voitures dans le centre à l'exception le plus souvent des habitants de la zone, des services d'urgence, des services publics, des handicapés, des transports collectifs, des cyclistes (mais pas des deux-roues motorisés), des taxis, des livreurs, des artisans, des garagistes, des clients des hôtels, des patients des hôpitaux, etc. En pratique, ces nombreux ayants droit ne représentent que 10 % à 20 % de la circulation totale et la vitesse dans la zone est souvent limitée à 30 km/h. « Cette mesure réglementaire n'exige pas d'aménagements particuliers des espaces publics. Seules les entrées de zone doivent être marquées et signalées, indiquant les circulations autorisées, les horaires, etc. [10]. »

Dans les années 1980 et 1990, des dizaines de villes italiennes aménagent une ZTL, à l'exemple de Bolzano, Mestre, Padoue, Florence, Bologne, Pise, Parme, Modène, Ravenne, Livourne, etc. Grâce au trafic calmé, la pratique du vélo s'envole [11]. Répondant à ce nouvel engouement, de nombreuses villes réalisent alors des pistes ou bandes cyclables le long des radiales d'accès au centre. Ainsi, à Livourne (160 000 habitants), « le vélo représente [en 1998] 11,8 % des déplacements, contre 6 % au cours du recensement de 1991 et 2,3 % en 1981 [12] ».

Ferrare (130 000 habitants), la ville la plus cycliste d'Italie (avec Bolzano), est un cas un peu particulier. Pour des raisons esthétiques, la ville a fermé son centre historique à la circulation automobile et aux deux-roues motorisés, dès la fin des années 1960 [13]. Son réseau d'autobus est en outre peu développé. En 1995, la ville est retenue pour figurer au patrimoine mondial de l'Unesco. Se rendant alors compte de l'importance de sa part modale vélo, elle se déclare « *città della bicicletta* », lance une *Bicicard* pour les touristes qui permet à ces derniers de laisser leur voiture à l'entrée de la ville et de louer un vélo pour la visiter, puis, en 2000, un *Biciplan* visant à aménager les radiales, traiter les coupures et les carrefours dangereux, multiplier les arceaux de stationnement, etc. [14]. Si bien qu'en 2008, la répartition modale est de 56 % pour la voiture, 3 % pour les 2RM et 1 % pour le taxi (total 60 %), contre 27 % pour le vélo, 8 % seulement pour la marche et 5 % pour le transport public (total 40 %) [15]. La part modale de la voiture reste à l'évidence très importante en périphérie où le trafic n'a pas été calmé. Et l'essor du vélo semble surtout s'être fait au détriment de la marche [16].

L'exemple italien est une démonstration de plus du rôle crucial de la modération de la circulation dans la relance de la pratique du vélo utilitaire. Les ZTL peuvent cependant entraîner parfois un report modal vers les deux-roues motorisés, comme à Pise et Parme, ruinant l'espoir que la zone profite aussi aux transports publics.

Les tentatives de modération de la circulation en France

Dans une approche centrée au départ davantage sur la sécurité routière que sur l'aménagement, le ministère de l'Équipement lance en 1982-1983 les campagnes « Réagir » et « Objectif moins 10 % » pour faire baisser les accidents. Puis le CETUR décide, en 1984, de lancer le programme *Ville plus sûre, quartiers sans accidents* en proposant à de nombreuses collectivités d'expérimenter de nouveaux types d'aménagements de modération de la circulation, inspirés des expériences néerlandaises et allemandes, de les évaluer et de diffuser les solutions les plus convaincantes. Deux épais ouvrages, au contenu très riche, relatent toutes ces expérimentations et les enseignements qu'il convient d'en tirer [17].

Dans le cadre de sa politique de sécurité routière, l'État conforte ces expériences en décidant, en 1990, d'abaisser la limitation de vitesse en ville à 50 km/h – soit trente-trois ans après l'Allemagne qui le fit le 1er septembre 1957 – et d'introduire la zone 30 dans le code de la route. Le CETUR accompagne cette évolution de divers documents [18]. Mais les villes ne se précipitent pas sur ces nouveaux outils. Les zones 30 progressent lentement et sont souvent mal conçues, de taille trop réduite, voire limitées à une rue, sans suffisamment d'aménagements de modération de la vitesse, à l'entrée comme dans la zone [19]. Les directions départementales de l'équipement et les conseils généraux – dominés par les élus ruraux du fait du découpage électoral – s'opposent à leur réalisation sur les grands axes urbains, même quand ces artères traversent des rues commerçantes ou des centres historiques comportant une intense vie locale.

La situation n'est cependant pas si noire. Certes, si les zones 30 ont du mal à progresser dans les quartiers, en centre-ville, au contraire, des efforts importants de reconquête des espaces publics sont engagés grâce à l'arrivée progressive du tramway et au succès populaire qui l'accompagne. Trois villes montrent la voie. En 1985, Grenoble est la première ville française à oser utiliser le tramway pour vraiment prendre de la place à l'automobile, avec la suppression de tout trafic dans quelques rues du centre empruntées. En 1991, pour ménager de la place à la ligne 2 du tramway, Nantes ose ramener les huit files de circulation automobile du cours des 50 Otages à seulement deux files plus un couloir de bus. En 1992, Strasbourg, pour faire place à sa première ligne de tramway dans l'hyper-centre, supprime le transit de 50 000 véhicules sur l'axe nord-sud. Sur le trajet des lignes, les rues et les places sont complètement réaménagées. On parle désormais des vertus du « tramway urbaniste[20] ». De nombreuses villes s'engouffrent ensuite dans la brèche. Bordeaux, par exemple, après d'interminables hésitations, choisit finalement le tramway, en 1996, et construit d'un coup trois lignes. Le vélo profite naturellement de ces centres calmés, mais pas tout de suite, car il est concurrencé dans un premier temps par l'attrait du tramway auprès des cyclistes les plus vulnérables : femmes et adolescents. Les cas de Nantes ou de Strasbourg le montrent fort bien.

Le cas de l'agglomération de Dunkerque (200 000 habitants) est particulièrement instructif. C'est l'une des rares villes en France qui a réalisé un réseau de 170 km d'aménagements cyclables digne de ce nom et correctement entretenu. Mais elle n'a jamais vraiment cherché à modérer le trafic automobile. Il est facile d'y circuler partout en voiture, les places de stationnement sont abondantes et les autorités accommodantes quant au stationnement illicite. La ville n'a pas non plus de tramway qui pourrait prendre un peu de place à la voiture. Aussi les cyclistes sont-ils peu nombreux dans cette ville : leur part modale stagnant aujourd'hui aux alentours de 2 % à 3 %.

Les raisons des différences de politique en France et en Allemagne

Plusieurs facteurs expliquent la capacité de l'Allemagne, contrairement à la France, à se saisir pleinement de la question de la modération de la circulation [21]. L'Allemagne est d'abord un pays fédéral, où les Länder (les Régions) ont gardé une grande autonomie et une puissance financière que n'ont pas du tout les Régions françaises, créées par les lois de décentralisation de 1982. Par exemple, le Land de Rhénanie du Nord-Westphalie, pourtant en pleine reconversion industrielle, a les moyens de cofinancer largement le programme des villes accueillantes aux vélos. Les villes allemandes sont également nettement plus riches et puissantes. Grâce au regroupement communal de 1973, leur territoire est assez étendu, ce qui favorise des politiques de déplacement et d'urbanisme plus cohérentes. En France, l'intercommunalité progresse beaucoup plus lentement [a] et la compétence déplacements et voirie reste encore souvent du ressort des communes. Le cumul des mandats est beaucoup plus limité en Allemagne, ce qui permet au maire d'être plus à l'écoute des populations et plus au fait des dossiers. Les Allemands ont enfin un niveau de vie plus élevé que les Français, ce qui les rend plus exigeants en matière de qualité de vie.

L'Allemagne est ensuite un pays où les préoccupations environnementales sont anciennes et bien ancrées dans la société civile. C'est le berceau de l'écologie et du premier parti Vert (*Die Grünen* fondé en janvier 1980). La question des nuisances, avec la menace du nucléaire, de la pollution ou des pluies acides, préoccupe la population qui réclame des mesures. Les modes non motorisés y ont plus facilement la cote.

---

a Création de quelques communautés urbaines à partir de 1968, puis de quelques districts à partir de 1970, de diverses communautés de communes en 1992, jusqu'à la « loi relative au renforcement et à la simplification de la coopération intercommunale » (dite loi Chevènement) de 1999.

Enfin, sans atteindre toutefois celle des Pays-Bas, la densité de la population allemande est le double de celle de la France. En conséquence, la maîtrise de l'étalement urbain est mieux comprise, ce qui est plutôt favorable à l'usage du vélo. L'Allemagne est aussi un pays plus anciennement urbanisé que la France : la population urbaine y est devenue majoritaire dès le début du XXe siècle. C'est encore un pays beaucoup moins centralisé, avec un réseau dense de villes moyennes plus propices au vélo (comme Münster ou Fribourg), car les distances à parcourir et la concurrence des transports publics y sont moindres.

Succès et échecs des politiques de villes cyclables

Au cours des années 1980, les politiques de villes cyclables lancées à la fin des années 1970 connaissent des fortunes très différentes selon les pays.

Aux Pays-Bas, le redressement est spectaculaire : + 30 % de déplacements à vélo de 1978 à 1985. Il se renforce avec les progrès de la modération de la circulation qui, en réduisant la vitesse des véhicules, diminue fortement les risques d'accidents. Le nombre de cyclistes augmentant à nouveau, un cercle vertueux s'enclenche grâce au phénomène de sécurité par le nombre. L'amélioration de la sécurité des cyclistes encourage en retour de nouveaux usagers à se mettre au vélo. Dans la ville d'Amsterdam (800 000 habitants), la part modale du vélo passe de 21 % vers 1988 à 28 % vers 2006 [22].

En Allemagne, de 1972 à 1995, la hausse globale est de 50 % en milieu urbain [23]. Munich (1,4 million d'habitants) parvient ainsi, en seize ans, à multiplier par 2,5 la part modale du vélo et par 1,3 celle des transports publics, au détriment, il est vrai, de la marche, mais aussi de la voiture et des deux-roues motorisés [24]. Même type d'évolution à Erlangen (100 000 habitants), en Bavière, dont la part modale du vélo passe de 14 % en 1974 à 30 % en 1993 [25], ou encore à

Fribourg-en-Brisgau (220 000 habitants) qui réussit, en dix-sept ans, à presque doubler la part du vélo dans l'ensemble des déplacements internes à la commune, passant de 15 % à 28 % [26]. Dans cette ville, la fermeture, dès 1973, des 50 hectares du centre historique au trafic automobile a été un tournant capital.

On pourrait encore citer la ville moyenne de Troisdorf (70 000 habitants) en Rhénanie du Nord-Westphalie qui parvient à passer de 5 % de part modale vélo dans les années 1970 à 21 % à la fin des années 1990 [27]. Quant à Berlin Ouest, malgré une pratique du vélo tombée très bas (2 % de part modale en 1974), la réaction des autorités à la demande sociale est suffisamment rapide et globale pour parvenir à quadrupler la pratique en quelques années (8 % de part modale en 1990) [28].

On peut déplorer que, dans ces villes allemandes, l'usage du vélo semble se développer principalement au détriment de la marche. Deux remarques à ce sujet. Le cycliste a une liberté de mouvement bien plus grande que le piéton : ce n'est pas négligeable de pouvoir couvrir un espace douze fois plus étendu avec la même énergie musculaire dépensée. L'essor de la bicyclette ne peut pas être dissocié de l'essor des transports publics et du déclin de la voiture : c'est l'ensemble des déplacements qui se recompose et on ne peut pas dire que les nouveaux cyclistes sont tous d'anciens marcheurs.

À Copenhague (1,2 million d'habitants), la ville parvient à quadrupler le nombre des cyclistes entrants dans la ville à l'heure de pointe du matin, entre 1975 et 2005. Cet exploit est lié aux graves difficultés financières de la ville dans les années 1970 et 1980 : faute de moyens, elle renonce à nombre d'investissements routiers et choisit de relancer le vélo [29]. À Stockholm (800 000 habitants), la part modale du vélo, tombée à moins de 1 % dans les années 1970, remonte à 4 % en 1991 et à 10 % en 2006 [30]. Enfin, en Suisse, dans le canton de Berne (1 million d'habitants), en dix ans, de 1980 à 1990, cette même part passe de 7 % à 15 %, après d'importants efforts de modération de la circulation et d'aménagements

Comment Strasbourg est devenue la première ville cyclable de France

De nombreux facteurs l'expliquent et la proximité de l'Allemagne n'y est pas pour grand-chose. Après avoir supprimé ses dernières lignes de tramway en 1960, la capitale alsacienne s'est longtemps contentée de quelques bus indigents, les pauvres n'ayant plus que les deux-roues pour se déplacer. Quand elle a cherché à relancer ses transports publics en proposant un tramway moderne en 1974, elle a hésité à supprimer l'énorme circulation automobile qui traversait l'hypercentre (50 000 véhicules par jour), puis a lorgné vers un métro, avant qu'une nouvelle majorité municipale, en 1989, choisisse clairement un tramway qui prenne de la place à la voiture et décide de doubler la superficie de la zone piétonne.

Parallèlement, dès 1976, la dynamique association de cyclistes urbains locale obtient du maire Pierre Pflimlin, lui-même « autophobe » (il n'a pas le permis de conduire), de se préoccuper des cyclistes. En 1978, une visite aux Pays-Bas, organisée par l'Agence d'urbanisme achève de le conquérir. Celle-ci propose alors de profiter des 50 km de canaux et rivières qui parcourent la ville pour réaliser un réseau cyclable sur leurs berges échappant à la pression du trafic et qui ne gêne pas les automobilistes. La ville a aussi la chance d'avoir un campus universitaire tout proche du centre-ville qui incite les étudiants à rouler à vélo. En 1988, avec sa première enquête ménages déplacements, elle découvre avec surprise que la part modale du vélo est supérieure à celle des transports publics (8 % contre 7 %). En 1991, la Communauté urbaine décide enfin d'accélérer sa politique de ville cyclable en multipliant aménagements, services et communication. Elle parvient à freiner la chute de la pratique (6 % de part modale en 1997) qui redémarre peu à peu puis s'accélère au cours des années 2000 (8 % de part modale, dont 14 % dans le centre, en 2009).

cyclables [31]. Même Genève parvient à redresser peu à peu cette part modale qui passe de 2 % en 1987 à 7 % en 2011 [32].

Au Royaume-Uni en revanche, la pratique étant tombée très bas dès 1973, les hésitations des années 1970 – faut-il relancer un mode jugé dangereux ? – puis la politique de priorité accordée à l'automobile appliquée par le gouvernement Thatcher ne permettent pas de redresser vraiment la pratique qui, après quelques soubresauts, retombe autour de 1 % de part modale.

En France, les résultats des « enquêtes ménages déplacements » ne sont que trop clairs. Dans toutes les villes sans exception, même à Strasbourg (voir encadré, p. 123), la part des déplacements à vélo continue inexorablement de décroître. À Grenoble, on a cru un moment que la pratique avait repris, mais on était dans la marge d'erreur des résultats, qui n'est pas mince quand il s'agit de faibles parts modales et d'un mode sensible aux conditions météorologiques les jours de l'enquête. Sur ce fond de recul persistant de la pratique, plus personne ne croit en l'avenir du vélo utilitaire, un mode jugé dépassé, dangereux et condamné à disparaître. Les mieux intentionnés imaginent tout au plus un avenir au vélo dans l'« espace pavillonnaire périurbain » ou l'été dans les « villes saisonnières » [33]. Il faudra attendre les années 2000, pour que la pratique se redresse.

Des relations difficiles entre transport public et vélo

En France, les années 1970 et 1980 sonnent enfin la mobilisation pour les transports publics. Avec l'échec des premières politiques de relance de la bicyclette, les chercheurs spécialisés dans le domaine des transports urbains, comme les opérateurs de transport public et la Fédération nationale des usagers des transports (FNAUT), tout à leur combat, en viennent à penser les cyclistes comme des concurrents à écarter. Il est vrai que, dans un contexte de croissance rapide de la circulation automobile, les transports collectifs et le vélo ne peuvent que se concurrencer directement [34]. Les conflits portent sur plusieurs aspects.

Les cyclistes consommeraient un espace excessif, surtout en stationnement. Ce raisonnement, initié dans les années 1970, reposait sur la confusion, courante à l'époque, entre cyclistes et autres deux-roues [35]. Un vélo prend en fait deux fois moins d'espace de stationnement qu'un deux-roues motorisé, car son gabarit est moindre et il est plus facilement manœuvrable, et même quatre fois moins quand les vélos sont rangés sur deux niveaux, ce qui est impossible avec des deux-roues motorisés. C'est pourquoi, dans les pays les plus cyclistes, le stationnement des milliers de vélos qui s'agglutinent autour des gares les plus fréquentées est de plus en plus rationalisé. En Allemagne, par exemple, le Land de Rhénanie du Nord-Westphalie s'est engagé, en 1995, dans un programme de construction de cent vélostations [a], à raison d'1 million d'euros l'unité [36]. À Utrecht, aux Pays-Bas, la ville aménage actuellement 33 000 places pour vélos autour de la gare, dont un parking souterrain de 12 500 places sur trois étages [37]. Un tel effort financier est néanmoins bien moindre que s'il fallait investir dans des parkings automobiles ou des bus desservant la gare.

L'utilisation des couloirs de bus par les cyclistes gênerait considérablement les autobus. Les opérateurs exigent que ces couloirs, obtenus de haute lutte à partir des années 1970, soient strictement réservés aux bus. Pour un cycliste, il est pourtant beaucoup plus dangereux de circuler coincé entre un flot automobile à gauche et des bus qui déboulent à droite. Après plusieurs études qui démontrent que la circulation des cyclistes dans les couloirs ne ralentit que faiblement les bus [38] et à la demande pressante des associations de cyclistes urbains, les couloirs de bus sont progressivement ouverts aux cyclistes (dès 1988 à Annecy et Rennes, en 1995 à Lille, en 1999 à Paris, mais encore très peu à Lyon...) en s'efforçant autant que possible de les élargir, de façon à faciliter le doublement des cyclistes par les bus [39].

---

a Une vélostation offre des places de stationnement sécurisées payantes et toute une gamme de services : location de vélos, petites réparations, ventes de matériel de base, informations...

Le transport des vélos dans les trains, métros et tramways retarderait les rames et serait même dangereux pour les usagers. La critique est recevable aux heures de pointe : l'embarquement et le débarquement de nombreux vélos peuvent provoquer des retards et, en cas d'arrêt brusque, s'il n'existe pas d'espace prévu pour les vélos, un risque de blessure des voyageurs est possible. Mais, aux heures creuses ou dans les rames peu chargées, ces arguments ne tiennent plus. En revanche, accepter le transport des vélos peut rendre un service appréciable aux cyclistes. Les sociétés de transports publics vont finir par l'admettre, d'abord dans les TER pris en charge par les Régions, puis dans les tramways, en général hors des heures de pointe. Les rames sont alors aménagées en conséquence, mais, pour des raisons évidentes de place, il est impossible que trop de voyageurs adoptent ce système. C'est pourquoi, les sociétés de chemin de fer – aux Pays-Bas, au Danemark, en Allemagne ou en Suisse – encouragent la création de parcs vélos au départ comme à l'arrivée et la location de vélos aux gares centrales.

Enfin, l'intermodalité « vélo-transports collectifs » n'aurait pas vraiment d'avenir. En revanche, partout en France, les autorités sont prêtes à investir largement dans les parcs relais (pour voitures), sans s'interroger sur la pertinence d'une telle solution. Les parcs relais sont pourtant contestés en Europe du Nord, en Europe centrale et au Royaume-Uni. Ils occupent beaucoup d'espace dans des lieux très bien desservis en transports publics qu'il vaut mieux urbaniser en réalisant des opérations immobilières associant commerces, services, activités et logements [40]. Ils coûtent très cher en investissement et en fonctionnement et cela pour une clientèle peu nombreuse (au maximum 6 % des usagers des lignes de métro ou de tramway de province en France). Ils évitent certes d'amener des voitures en pleine ville, mais en milieu urbain dense d'autres véhicules tendent à occuper la place libérée. Ils favorisent enfin l'étalement urbain en facilitant l'usage de la voiture en périphérie [41].

Un rejet du vélo par les organisateurs du transport scolaire

Les collégiens et les lycéens devraient être normalement de grands utilisateurs du vélo, un excellent moyen pour eux de gagner en autonomie et de s'activer, tout en circulant à moindres frais. Mais les familles comme les collectivités ne sont pas prêtes à les y encourager, comme en témoigne le cas du transport scolaire.

Dans les années 1950, sur fond d'exode rural et de croissance démographique, l'État rationalise l'offre scolaire en fermant les classes à faible effectif et propose en compensation des aides aux élèves qui doivent utiliser du transport scolaire (décret du 4 septembre 1953). En 1958, le passage de la scolarité obligatoire à seize ans fait exploser le nombre d'élèves transportés qui dépassent le million dix ans plus tard et atteint près de 2 millions en 1980, chiffre auquel il s'est depuis stabilisé. Le transport scolaire étant la conséquence de la carte scolaire, « c'est à l'État d'assurer l'égalité d'accès à tous les enfants, quel que soit le lieu où ils habitent », estiment les associations de parents d'élèves ainsi que l'Association nationale pour les transports éducatifs de l'enseignement public (Anateep) qui regroupe depuis 1964 les organisateurs de transport scolaire [42]. Mais l'État est incapable de gérer efficacement les milliers de circuits existants et n'imagine rien d'autre que d'affréter toujours plus de cars, entraînant au passage un énorme gâchis (ententes sur les prix entre transporteurs faute de mise en concurrence...) [43].

Suite aux lois de décentralisation de 1982, la responsabilité du transport scolaire revient aux départements et aux agglomérations. L'urgence est de reprendre en main la gestion du secteur. Il est alors bien trop tard pour imaginer que les scolaires du second degré puissent se déplacer à vélo sur tout leur trajet ou se rabattre sur des lignes de car plus directes : le vélo est déjà devenu marginal et surtout jugé bien trop vulnérable.

Depuis lors, deux options stratégiques majeures prises par les associations de parents d'élèves comme par l'Anateep compliquent singulièrement toute initiative visant à redonner une certaine place au vélo dans les déplacements des scolaires. D'une part, suite à plusieurs accidents dramatiques de car au début des années 1980, la sécurité des élèves est érigée en objectif absolu. D'autre part, la gratuité du transport scolaire est peu à peu accordée par de nombreux départements et communautés d'agglomération, pour des raisons sociales ou d'équité territoriale [44]. Non sans dérives : ne payant rien, certaines familles demandent à bénéficier du service sans toujours l'utiliser, des cars circulant alors presque vides. En outre, estime l'Anateep, les seuils de distance ouvrant droit au subventionnement ne doivent pas excéder 3 km et même être réduits. Dans un tel contexte, utiliser un vélo ne peut qu'être jugé, par les familles, à la fois dangereux et coûteux, voire inutile. L'autonomie et l'exercice physique que ce mode actif favorise sont complètement ignorés. Nombre de collectivités territoriales et locales préfèrent investir dans des lignes de cars scolaires plutôt que dans des aménagements cyclables.

L'Anateep admet depuis peu que des pédibus ou des vélobus – ou transport scolaire à pied ou à vélo – peuvent être utiles, mais elle « sera néanmoins extrêmement vigilante sur les précautions qu'il convient de prendre pour [leur] organisation [45]... » Et elle n'envisage pas que des adolescents puissent se déplacer seuls à vélo et encore moins sur des distances de plus de 3 km.

Les commerçants obsédés par la voiture

La grande distribution est une invention française des années 1950. Elle reprend le modèle américain du magasin spécialisé en libre-service situé en périphérie et accessible en voiture, et y ajoute le principe du « tout sous le même toit ». Au cours des années 1960, à Dayton (Ohio), toute l'élite du commerce français assiste aux séminaires d'un certain Bernardo Trujillo, une sorte de gourou qui a su théoriser les principes de la grande distribution moderne. Certains de ses slogans sont devenus célèbres : « *No parking, no business* » ou : « L'avenir est au tout automobile. » En 1963, ouvre le premier hypermarché. En cinquante ans, 1 800 autres suivent, toujours plus grands, avec galerie marchande et immense parking en façade, implantés généralement en frange d'agglomération pour capter à la fois les publics citadins et ruraux [46]. La France est devenue le pays au monde le mieux doté en hypermarchés. En quelques décennies, la grande distribution a capté les deux tiers du commerce [47].

Dans les années 1980 et 1990, la plupart des Français sont désormais persuadés qu'il est impossible de faire les courses autrement qu'en voiture, alors même qu'aux Pays-Bas, elles sont faites couramment à bicyclette. Même les commerçants modestes sont convaincus qu'un accès facile en voiture est essentiel pour la réussite de leur affaire et rêvent de clients à fort pouvoir d'achat, pouvant venir de loin et capables de transporter de grandes quantités, donc forcément motorisés. Toute réduction du trafic automobile ou des places de stationnement est, dès lors, vécue comme une remise en cause de leur travail acharné pour parvenir à conquérir et fidéliser une clientèle.

Les études qui s'intéressent, dans différents pays, aux modes de déplacement des clients révèlent une réalité assez différente. Elles ont été conduites séparément dans plusieurs pays européens – Allemagne, Autriche, Belgique, Pays-Bas... – et parviennent pourtant à des résultats concordants, que l'on retrouve également en France. L'étude française menée dans des commerces de centre-ville et de proximité auprès de 1 300 clients, en 2003, montre que les piétons et dans une moindre mesure les cyclistes sont d'abord des clients bien plus fidèles que les automobilistes, car, étant limités dans leurs déplacements, ils n'ont pas la tentation permanente d'aller voir ailleurs. Dans chaque commerce, ils dépensent certes, en moyenne, un tiers de moins par visite, mais les cyclistes et les piétons viennent respectivement deux et trois fois plus souvent que les automobilistes. Si bien que les cyclistes dépensent, en moyenne, par semaine, 12 % de plus et les piétons 86 % de plus que les automobilistes [48].

Reste pour la grande distribution un argument clé : en pesant sur les prix, elle augmente, affirme-t-elle, le pouvoir d'achat des ménages. En réalité, elle leur fait aussi supporter le coût des derniers kilomètres du transport des produits jusqu'au domicile. Au lieu de pouvoir se rendre à pied ou à vélo dans des commerces proches, les clients sont contraints d'avoir une voiture pour aller dans des hypermarchés plus lointains, où ils perdent du temps dans l'immensité des installations ou à attendre aux caisses.

C'est précisément dans ces zones commerciales périphériques très peu accessibles à bicyclette que sont vendus la plupart des vélos en France. Les grandes surfaces multisports (Décathlon et Go Sport) et les grandes surfaces alimentaires, presque toujours situées dans ces territoires routiers, réalisent à elles seules les trois quarts des ventes de vélos. Par leur implantation géographique comme par leur offre, elles donnent une image de la bicyclette très éloignée du vélo utilitaire. « Les bicyclettes conçues pour la mobilité (vélo de ville, vélo à assistance électrique et vélo pliant) » représentent d'ailleurs en France moins de 10 % du marché [49].

Les nouvelles politiques nationales du vélo

Dans les années 1980 et 1990, le contraste est saisissant entre la France, le Royaume-Uni, l'Italie et l'Espagne d'une part, et les pays d'Europe du Nord d'autre part. Chez les uns, les progrès sont laborieux ou inexistants, quand ailleurs l'ambition est tout autre [50].

Dans l'Hexagone, les cyclistes urbains et les villes s'organisent progressivement pour exiger une relance de la politique nationale du vélo abandonnée, on s'en souvient, en 1980. La Fédération française des usagers de la bicyclette (FUBicy), créée à la fin de 1979, se fixe comme objectifs de promouvoir le vélo utilitaire comme mode de déplacement à part entière, de favoriser les échanges d'informations et d'expériences entre associations et d'être leur interprète auprès de l'État.

Malgré le désengagement de celui-ci puis les lois de décentralisation de 1982, quelques villes continuent à solliciter le CETUR et les CETE pour réaliser des aménagements cyclables. Ces services de l'État décident alors d'organiser une « journée de réflexion sur les moyens d'une meilleure prise en compte des deux-roues légers en milieu urbain », qui se tient le 14 juin 1984 à Paris, et suggèrent aux villes présentes de créer le « Club des villes accueillantes aux deux-roues » [51]. C'est dans ce contexte qu'une conseillère municipale de Bordeaux en charge des deux-roues légers, Hélène Desplats, prend l'initiative de réunir dans cette ville, le 28 octobre 1988, la première rencontre nationale des villes cyclables [52] qui sera à l'origine de la création, en janvier 1989, du Club des villes cyclables. Neuf villes, dont Bordeaux, Strasbourg, Toulouse, Lorient et Chambéry, y adhèrent aussitôt. Ces objectifs sont de favoriser les échanges d'informations et d'expériences entre villes, d'être l'interprète des collectivités locales auprès de l'État et d'ouvrir le dialogue avec toutes les parties prenantes. Certaines villes affichent désormais sans honte leur volonté d'engager des politiques volontaristes en faveur des cyclistes.

À partir des années 1990, ces deux associations vont connaître une croissance rapide. Leur lobbying et deux consultants vélo pionniers incitent le gouvernement à se réveiller. En 1990, après un tour de France à vélo des villes les plus cyclables, la consultante Isabelle Lesens en tire un palmarès – premier du genre – qui paraît en juin dans *50 Millions de consommateurs*. Les médias redécouvrent le vélo à cette occasion. En mars 1993, Michel Barnier, président du conseil général de Savoie, est nommé ministre de l'Environnement. Il se laisse convaincre par le consultant et savoyard Pierre Lortet d'engager un chargé de mission vélo. Isabelle Lesens est choisie, fin 1993, pour quelques mois.

Le 5 juillet 1994, les ministres de l'Équipement et de l'Environnement (Bernard Bosson et Michel Barnier) annoncent la mise en œuvre d'une politique nationale du vélo. Ils nomment un correspondant vélo au CETUR et dans chaque CETE et créent un poste national de chargé de mission vélo – Jean Chaumien –, secondé par un comité de suivi réunissant tous les acteurs concernés et présidé par l'ingénieur des Ponts et Chaussées, Hubert Peigné. Un vaste chantier concerne le développement d'un réseau cyclable entre agglomérations, s'intégrant dans un schéma européen. Une autre tâche urgente vise à faire évoluer les textes législatifs et réglementaires.

En novembre 1995, une circulaire du ministère de l'Équipement incite les villes à s'occuper sérieusement des cyclistes. Le 30 décembre 1996, la LAURE (loi sur l'air et l'utilisation rationnelle de l'énergie), dans son article 1, affirme comme objectif essentiel « la diminution du trafic automobile, le développement des transports collectifs et des moyens de déplacement économes et les moins polluants, notamment l'usage de la bicyclette et la marche à pied ». Elle rend obligatoire, l'élaboration d'un plan de déplacements urbains (PDU) dans les agglomérations de plus de 100 000 habitants, les obligeant à tenir compte de tous les modes de déplacement. Le décret du 14 septembre 1998 interdit les pistes cyclables aux deux-roues motorisés, ne les rend plus obligatoires pour les cyclistes et autorise la circulation des cyclistes dans les aires piétonnes, « à la vitesse du pas ». En 1999, la ville de Paris et la RATP ouvrent plus largement les couloirs de bus aux vélos. Enfin, la loi solidarité et renouvellement urbain (SRU) du 13 décembre 2000 réaffirme l'objectif de diminution du trafic automobile.

Au cours des années 1990, le réseau des correspondants vélo construit son expertise, en s'appuyant sur l'expérience des villes françaises les plus en pointe – dont Strasbourg – et des villes étrangères réputées. Son travail débouche, en 2000, sur un ouvrage de *Recommandations pour des aménagements cyclables*. Le guide du SETRA de 1974, si caricatural, est enfin remplacé.

Au Royaume-Uni, après la décennie Thatcher, plusieurs rapports dénoncent les impasses du « tout automobile » et proposent entre autres de réhabiliter le vélo [53]. En 1992, la British Medical Association, s'inquiétant de la montée de l'obésité, rappelle, dans un rapport très remarqué, les bienfaits d'un usage régulier du vélo pour la santé et sa contribution à la réduction de la pollution, du bruit et de la congestion [54]. Le Cycling Touring Club (la fédération des associations de cyclistes) et Sustrans (une fondation très dynamique, financée principalement par la Loterie nationale, qui est chargée de réaliser le réseau des voies vertes et de promouvoir l'usage du vélo) reprennent aussitôt cet argument et quelques autres pour réclamer une politique nationale en faveur du vélo. En 1996, le gouvernement lance la National Cycling Strategy, un plan de développement du vélo très ambitieux, avec de généreux objectifs. Il est malheureusement mal financé, mal piloté et oublie surtout de toucher à la voiture [55].

En Italie et en Espagne, le retard de motorisation est enfin comblé, mais la priorité des gouvernements n'est pas encore à la relance du vélo. La voiture est une conquête trop récente pour encourager un retour de la bicyclette.

Aux Pays-Bas, le ministère des Transports soutient les initiatives des villes depuis les années 1970. En 1990, le premier Masterplan Fiets (plan national vélo) fixe des objectifs ambitieux en matière de développement de l'usage de la bicyclette, d'intermodalité vélo-transports collectifs, de réduction de l'insécurité routière et de diminution du risque de vol. Un guide des aménagements est réalisé [56], puis un guide du stationnement notamment près des gares [57]. Un système de taxe très élaboré, adopté en 1995, permet de rembourser les déplacements professionnels réalisés à vélo et une partie des frais des déplacements domicile-travail à vélo ou d'achat d'une bicyclette utilisée à cette fin. Un bilan rigoureux est effectué en 1998 et un deuxième plan suit.

En Allemagne, pays fédéral, les initiatives viennent essentiellement des collectivités locales [58]. De son côté, l'État organise de nombreux concours pour les stimuler ou suscite des échanges de compétences. En 1982, il décide de rendre obligatoire la construction de pistes cyclables le long des nationales et de nombreux Länder les développent aussi le long des routes secondaires les plus fréquentées. En 1997, un nouveau code de la route autorise notamment la réalisation de *Fahrradstraße* (rues à priorité aux cyclistes) ainsi que des doubles sens cyclables dans les rues à sens unique. Un dégrèvement d'impôt est décidé pour les usagers qui se rendent au travail à bicyclette. Enfin, en 2002, suivant l'exemple des Pays-Bas, l'État fédéral lance le Nationaler Radverkehrsplan 2002-2012 (plan national des déplacements à vélo) qui vise à mieux coordonner les mesures locales de promotion du vélo, à mutualiser les expériences grâce notamment à un groupe de travail, à harmoniser le cadre légal, à diffuser les résultats et à identifier les besoins de recherche [59].

En Belgique, pays fédéral depuis 1993, les trois régions disposent d'une grande autonomie. La Flandre s'est assez vite inspirée des initiatives néerlandaises, alors que la Wallonie a, comme la France, considéré dans un premier temps que le vélo n'avait plus vraiment d'avenir [60]. En Région bruxelloise, la complexité des institutions freine les initiatives et les autorités tiennent à maintenir dans la capitale européenne une circulation aisée en voiture [61].

« Vive la vélorution ! »

Dans les pays en retard, les velléités de politiques nationales ont ravivé les espoirs des cyclistes dont certains dénoncent la lenteur des progrès accomplis. C'est dans ce contexte qu'apparaît en France le mouvement Vélorution. Son nom reprend un slogan et jeu de mots de l'amuseur public Aguigui Mouna : « Vive la vélorution ». Il se développe au milieu des années 1990, suite aux premières « masses critiques » qui ont eu lieu à San Francisco en 1992. Le principe est de rappeler aux usagers motorisés et aux élus l'existence des cyclistes, en s'imposant en masse sur la chaussée [62]. Les masses critiques ont lieu tous les derniers vendredis du mois et sont aujourd'hui présentes dans plusieurs centaines de villes dans le monde, sur tous les continents. Elles peuvent rassembler des milliers de cyclistes dans une ambiance festive et néanmoins revendicative.

En France, la plupart des collectifs Vélorution n'ont pas pour but premier de jouer le jeu de la concertation avec les autorités, comme cherchent à le faire les associations de cyclistes urbains réunies dans la Fédération française des usagers de la bicyclette (FUB), au risque d'être récupérés. Leur objectif est avant tout de faire vivre l'utopie d'une société à vélo, tout en dénonçant la société automobile. Les citadins sont invités à se projeter dans une ville libérée des modes motorisés et à y contribuer dès maintenant en utilisant un mode de déplacement « autonome et autogène », qui évite de dépendre de technologies sophistiquées et de ressources en voies d'épuisement. C'est pourquoi, ce mouvement a un art consommé du slogan qui vise généralement l'automobile : « Faites un cadeau aux générations futures, abandonnez votre voiture » ; « Éteignez vos moteurs, respirez le bonheur. » ; « Les autos à la casse, les vélos à la place. » ; « Énervé ? Pédalez ! » ; « Zéro litre au 100 ». Manifestement, le plus exaltant dans ce mouvement est son caractère à la fois mondial, jeune, populaire, ludique et utopiste. Il pose en tout cas de bonnes questions.

Le principal auteur dont il se réclame est Ivan Illich (1926-2003), penseur libre et inclassable, qui a remarquablement analysé la bicyclette dans son ouvrage culte *Énergie et équité*, consacré aux transports et paru en 1973-1975 [63]. Ses formules, souvent déroutantes, peuvent agacer et méritent parfois d'être nuancées, mais sont toujours stimulantes. Les données fournies doivent être prises avec précaution : de nombreux travaux ayant depuis affiné les calculs (voir encadré, p. 110).

6

Années 2000
Le retour en grâce

> Le seul fait que la pratique de la bicyclette donne ainsi une dimension perceptible au rêve d'un monde utopique où le plaisir de vivre serait la priorité de chacun et assurerait le respect de tous nous donne une raison d'espérer. Retour à l'utopie, retour au réel, c'est tout comme. À vos vélos pour changer la vie ! Le cyclisme est un humanisme.
>
> Marc AUGÉ, *Éloge de la bicyclette*, 2008.

Dans les années 2000, alors qu'en Europe du Nord la pratique de la bicyclette continue de croître, la France, le Royaume-Uni et l'Espagne (et même l'Amérique et l'Océanie) connaissent à leur tour un renouveau, avec vingt à trente ans de décalage, limité cependant pour l'instant aux centres-villes et à certains publics. Il est, en effet, beaucoup plus difficile de relancer une pratique devenue confidentielle, surtout dans une périphérie abandonnée à la voiture. Quelques nouveaux arguments peuvent cependant y contribuer.

La « renaissance de la bicyclette » en Europe du Nord

Après avoir redressé avec succès la pratique du vélo, dans les années 1980 et 1990, et face aux réactions encourageantes de la population, de nombreuses villes et pays d'Europe du Nord s'enhardissent et décident d'accélérer le mouvement et de redoubler d'ambition. La montée des préoccupations environnementales et surtout des difficultés budgétaires renforce leurs convictions. Quelques exemples édifiants méritent un détour.

À Berlin (3,4 millions d'habitants), grâce à des quartiers calmés et à un réseau continu de pistes cyclables sur les artères qui s'ajoute à la généralisation des zones 30 [1], la pratique a presque doublé en vingt ans, passant de 8 % à 15 %, et la ville compte atteindre 20 % de part modale en 2020 [2]. À Münster (270 000 habitants, 50 000 étudiants), la part du vélo dans l'ensemble des déplacements continue d'augmenter. De 29 % en 1982, elle est passée à 38 % en 2007, dépassant celle de la voiture qui n'est plus que de 36 %, conducteurs et passagers confondus. Elle est même de 44 % dans le centre (33 % en périphérie), 50 % chez les scolaires et les étudiants, et 62 % pour les déplacements de 2 à 3 km [3]... On mesure là concrètement ce qu'est le potentiel du vélo, dans une ville moyenne plate et assez compacte.

Aux Pays-Bas, les exigences actuelles des cyclistes urbains ne portent plus sur la modération de la circulation ou sur la création de nouveaux aménagements cyclables déjà largement acquis, mais sur la réduction du nombre d'arrêts imposés aux cyclistes (suppression des carrefours à feux, création de passages dénivelés, rectification du profil en long...) et sur la qualité de roulement des chaussées (amélioration du revêtement, meilleur éclairage, nettoyage régulier, traitement de la neige et du verglas...). Pour évaluer tous ces aspects et les progrès accomplis, l'Association néerlandaise des cyclistes urbains, le Fietsersbond, a mis au point, en 2000, une méthode – appelée *Fietsbalans* – qu'il a appliquée à 150 municipalités, en la renouvelant depuis lors sur une quarantaine. Il utilise à cette fin un vélo bardé de capteurs pour parcourir les aménagements. Dans le même ordre d'idées, une première « autoroute pour vélo » de 7 km a été construite entre Breda et Etten-Leur, dès 1998. Le succès aidant, d'autres aménagements du même type ont été réalisés ici ou là. Puis, en 2009, le gouvernement néerlandais a débloqué un budget de 25 millions d'euros pour la construction d'un réseau de *fietssnelwegen* (pistes cyclables rapides) destiné à rejoindre les principales villes [4].

À Copenhague (1,2 million d'habitants), la ville ambitionne de passer de 35 % de part modale aujourd'hui à 50 % en 2020. Pour inciter les banlieusards à prendre leur vélo pour aller au travail et réduire la saturation des trains de banlieue dans la zone agglomérée, elle a décidé, en 2010, d'aménager un réseau de 300 km de *cykelsuperstier* (super-pistes cyclables) composé de vingt-six itinéraires surtout radiaux, de 7 à 20 km chacun [5]. Concrètement, il s'agit d'améliorer la sécurité et la continuité d'itinéraires déjà en grande partie existants : de réaliser ou d'élargir certains tronçons, de construire des passages dénivelés sous les grands carrefours et d'assurer ailleurs la priorité des cyclistes, de créer en zone dense une « onde verte pour vélos » par coordination des feux à l'heure de pointe, d'améliorer le revêtement, l'éclairage, le marquage et la signalétique, et d'assurer un entretien soutenu et régulier. Des stations-service, équipées de pompes à vélo et de rustines, jalonneront le parcours. La première super-piste a été inaugurée en mai 2012.

Le but de ces aménagements rapides est d'améliorer la cyclabilité du réseau et d'accroître la portée des déplacements à vélo. Avec très peu d'arrêts, il devient envisageable, pour des cyclistes quotidiens, de rouler à 20 km/h de moyenne et de parcourir ainsi 10 km en une demi-heure. De façon plus générale, si la vitesse moyenne des cyclistes est partout améliorée de 20 % à 25 %, le territoire accessible à bicyclette s'accroît d'environ 50 % – car l'accessibilité dépend du carré de la vitesse –, ce qui est tout à fait appréciable.

Aujourd'hui, tous les spécialistes sont d'accord pour considérer que l'on assiste à une incontestable « renaissance de la bicyclette » en Europe du Nord [6]. Peut-on en dire autant des pays européens qui ont raté le tournant des années 1970 ?

Au Royaume-Uni : un travail sur les comportements

Dans ce berceau du puritanisme, la tendance naturelle est d'abord de chercher à convaincre les populations d'adopter des comportements plus vertueux, en les incitant à l'usage de modes plus écologiques et meilleurs pour la santé, ce qui n'empêche pas ensuite d'adapter la voirie à ces modes de déplacement et de calmer le trafic. Ainsi, deux programmes destinés aux scolaires et aux employés ont été développés en ce sens.

Créé en 1993 par Sustrans et inspiré d'une initiative danoise qui a débuté à la fin des années 1970, le programme *Safe routes to school* a pour objectif de sécuriser les trajets vers l'école pour inciter les enfants à s'y rendre à pied ou à vélo. L'objectif n'est pas seulement d'accompagner les scolaires mais aussi de collaborer d'emblée avec les municipalités pour réaliser des aménagements piétonniers et cyclables et pour modérer les vitesses, en instaurant des *20 mph zones* (ou zones 30) et des *home zones* (ou zones de rencontre), autour des écoles et dans les quartiers. Lancé en 1999, le programme gouvernemental *Cycle to work* est lui aussi fondé sur la persuasion. Le principe est d'accorder une exemption de taxes aux employeurs qui prêtent des vélos et des équipements de sécurité à leurs employés pour se rendre au travail à vélo, avec possibilité d'acheter le vélo plus tard à très bon prix. En 2010, 255 000 personnes ont bénéficié de ce dispositif [7].

En Angleterre, la mission *Cycling England* du département des Transports a décidé, en 2005, de subventionner pour trois ans six villes pilotes. Grâce à de multiples initiatives, elles sont parvenues à augmenter la pratique du vélo en moyenne de 27 %. Face à ce succès, onze autres villes ont été choisies, en 2009, dont les trois villes les plus cyclistes du pays : Cambridge, York et Bristol. Cette dernière ville (430 000 habitants) est en tête du palmarès ; elle est d'ailleurs aussi le siège de Sustrans.

À Londres, la pratique du vélo remonte depuis 2001 et a plus que doublé en dix ans, partant toutefois de très bas (soit aujourd'hui environ 2 % de part modale). En 2010, la municipalité prend la mesure du phénomène et décide de lancer une « *cycling revolution* » visant à faire de Londres une ville « aussi accueillante aux cyclistes que Copenhague ou Amsterdam », selon le maire. Cette « vision » s'articule autour de trois grandes mesures [8]. La première concerne le lancement, en juillet 2010, d'un système de vélos en libre-service dans le centre, sponsorisé par la banque Barclays et doté de 6 000 vélos, auxquels se sont ajoutés, fin 2013, 4 300 autres. Ce service connaît un beau succès. La deuxième mesure vise à réaliser douze radiales cyclables dans la proche banlieue (*Inner London*), appelées pompeusement *cycle superhighways* (super-autoroutes pour vélos). Cinq d'entre elles ont déjà été aménagées. Mais il ne s'agit bien souvent que de bandes cyclables dotées de sas aux carrefours, peintes en bleu Barclays et situées dans des couloirs bus non élargis ou même partagées avec les voitures. La troisième mesure consiste à réaliser des *biking borough* (arrondissements cyclables) dans la périphérie (*Outer London*), dont le détail est laissé à l'initiative des autorités locales.

Ces mesures rendent les cyclistes bien plus visibles, mais sans assurer suffisamment leur sécurité, cinq décès ayant défrayé la chronique en novembre 2013. Il est vrai que le réseau viaire de la capitale est particulièrement étroit et encombré. Les cyclistes londoniens sont aussi assez différents des cyclistes parisiens. Ayant été soumis à des contraintes plus fortes et devant assurer des trajets plus longs (Londres est une ville bien plus étalée que Paris), les rescapés sont plus aguerris, roulent plus vite et portent plus souvent des tenues fluo et des casques. Pour élargir ce public cycliste à d'autres clientèles et faire face aux nombreuses critiques sur ses aménagements, la municipalité adopte, en 2013, un ambitieux plan d'investissement visant à quintupler le budget initialement prévu, le portant à plus de 900 millions de livres en dix ans [9]. Ces aménagements plus sûrs ne se feront pas sans prendre de l'espace à l'automobile.

Au Royaume-Uni, d'une façon générale, les aménagements cyclables en milieu urbain sont moins fréquents qu'en France, mais la modération de la circulation – qu'ils appellent *traffic calming* – y est plus avancée. La refonte des plans de circulation est également bien engagée, sans doute parce qu'ils ont été mis en œuvre plus tôt qu'en France, dès les années 1960, et que la génération d'élus et de techniciens qui les a instaurés n'est plus, depuis quelques années, aux commandes. Des villes comme Oxford ou Londres ont commencé à revoir leur plan de circulation en remettant leurs artères en double sens et en supprimant de nombreux carrefours à feux, souvent remplacés par des mini-giratoires (dont un Anglais, Frank Blackmore, chargé d'étude au Transport Research Laboratory, est d'ailleurs l'inventeur). La réalisation de zones apaisées est aussi en rapide progression, notamment à Londres [10].

Dans tous les cas, pédagogie et pragmatisme sont de rigueur et tous les projets font l'objet de bilans chiffrés circonstanciés. Il semble bien, là encore, que le trafic calmé soit le meilleur moyen de conforter le retour du vélo.

En France : le retour du vélo dans les centres-villes

Les Français savent presque tous rouler à bicyclette (contre moins de la moitié des Américains). Dans le pays du Tour de France, l'apprentissage du vélo fait partie de l'éducation de base des enfants et le sens de l'équilibre acquis à cette occasion ne s'oublie pas. Mais, selon l'ENTD 2007-2008, 40 % seulement de la population utilise encore le vélo, soit régulièrement (13 %), soit occasionnellement (27 %). Toutefois, la part des déplacements à vélo dans l'ensemble des déplacements locaux (c'est-à-dire inférieurs à 80 km) ne baisse presque plus, passant de 4,5 % en 1982, à 2,9 % en 1994 et à 2,7 % en 2008. Après des décennies de chute, cette quasi-stabilité est un événement. Elle est plus que confirmée par les résultats des dernières EMD qui montrent tous une remontée de la pratique dans ces agglomérations. Ce retour s'inscrit dans une évolution de la mobilité en rupture avec les tendances passées, du moins dans les grandes villes où l'on constate à la fois une baisse des déplacements en voiture, avec un ralentissement de la hausse des distances parcourues et une progression des déplacements en transport public et à pied [11].

En une seule génération, les cyclistes urbains ont beaucoup changé. En 1982, le cycliste type était un homme plutôt jeune, sans permis de conduire, issu d'une famille nombreuse, ouvrière ou agricole, souvent immigrée, à revenus modestes et peu ou pas motorisée, circulant en banlieue ou dans une ville de province. Il allait à vélo à l'école ou au travail, en rêvant d'acheter un vélomoteur et, un jour, une voiture [12]. Selon les résultats de l'ENTD 2007-2008, ces usagers sont toujours majoritairement des hommes (à 63 %), mais désormais surtout des cadres de la fonction publique et des professions libérales, beaucoup plus rarement des ouvriers ou des employés [13]. À Lyon, selon les EMD de 1995 et 2006, en seulement onze ans, la proportion de cadres de l'entreprise et de la fonction publique chez les cyclistes a bondi de 6 % à 24 %, tandis que celle des ouvriers a diminué de 23 % à 15 % [14].

Autre évolution majeure, selon l'ENTD, les déplacements à vélo ne se font plus dans les mêmes lieux : « Par rapport à 1994, l'usage du vélo a fortement progressé pour les Parisiens (de 0,3 % à 2,7 %), les résidents des centres des grandes aires urbaines (de 2,6 % à 3,9 %), et dans une moindre mesure les résidents des centres des petites aires urbaines (de 2,4 % à 3,0 %). S'il est stable dans la banlieue de Paris, son usage a reculé partout ailleurs, dans les périphéries des villes de province. Le fait de recourir plus souvent au vélo dans les déplacements en ville est un événement marquant de la dernière décennie [15]. » Les EMD constatent elles aussi que, dans toutes les grandes villes françaises, la pratique de la bicyclette grimpe fortement dans le centre, mais remonte beaucoup moins vite dans l'ensemble de ces agglomérations. La périphérie étant plus peuplée que le centre, cela signifie que la pratique continue de baisser ou de stagner en périphérie.

Cette distorsion de la pratique entre le centre et la périphérie est une particularité française. En Allemagne, selon l'enquête nationale transports de 2002, la part modale du vélo est de 10 % dans les centres comme en périphérie [16]. Selon une autre source, il en est de même dans les douze plus grandes villes de Rhénanie du Nord-Westphalie, avec en moyenne 16,6 % dans les centres et 15,1 % dans les agglomérations [17]. Cette spécificité s'explique : en France, au contraire de l'Allemagne, les efforts de modération de la circulation sont surtout réalisés dans les centres, les périphéries urbaines et les villes moyennes restant souvent abandonnées à la voiture. À Roanne (70 000 habitants), seule ville moyenne ayant réalisé deux EMD, la part modale de la voiture est passée de 63 % en 2000 à 67 % en 2012. Nombreux sont encore les élus et les habitants qui considèrent que les zones apaisées ne peuvent concerner que les centres des grandes villes et qu'il ne faut pas « embêter » les automobilistes ailleurs.

Les densités moyennes sont pourtant favorables au vélo. En périphérie, le vélo représente l'équivalent de ce qu'est la marche en centre-ville. La densité y est certes dix fois moindre, mais le cycliste peut accéder, en principe, à un espace douze fois plus grand qu'à pied et donc à autant de destinations potentielles qu'un piéton en centre-ville. Avec un accès à vélo plutôt qu'à pied aux stations, les transports publics deviennent aussi plus efficaces par rapport à la voiture. Une zone de rabattement [a] plus grande tend, en outre, à limiter la flambée des prix autour des grandes stations ferroviaires, un effet pervers de l'urbanisme orienté vers le rail. Pour que ce potentiel puisse s'exprimer, le cycliste doit toutefois bénéficier de conditions de circulation en périphérie équivalentes à celles du piéton au centre, ce qui est loin d'être actuellement le cas.

De plus, la plupart des distances parcourues par les citadins sont réalisables à bicyclette. Par exemple, dans les

---

a Aire que l'on peut atteindre à pied ou à vélo en une dizaine de minutes.

villes de Strasbourg, Lille et Lyon, les deux tiers des déplacements font moins de 3 km. Pourtant, 28 % des déplacements de moins de 1 km et 60 % des déplacements compris entre 1 km et 3 km y sont réalisés en voiture [18]. En périphérie et dans les villes moyennes, ces petits déplacements restent importants. Pour les déplacements domicile-travail, on constate ainsi que 38 % des provinciaux travaillent dans leur commune de résidence. Un taux qui s'élève encore à 26 % en Île-de-France. Dans cette région, « en prenant en compte les communes voisines de leur commune de résidence, ce sont près de quatre actifs sur dix qui travaillent à proximité de leur domicile [19] ». Ces proportions donnent une première idée du potentiel d'utilisation de la bicyclette.

Face à cette recrudescence de la pratique, les élus commencent à se mobiliser. Le succès inattendu du système de vélos en libre-service de Lyon, Vélo'V lancé en 2005, s'inscrit dans cette tendance. De nombreuses municipalités cherchent à rééditer cet exploit, avec plus ou moins de réussite, mais elles se rendent vite compte que cela ne peut suffire à constituer une politique de ville cyclable. Elles annoncent alors des plans vélo ambitieux, sans que l'on puisse encore juger s'ils seront vraiment réalisés.

La politique nationale du vélo s'étoffe également ces dernières années, suite à la publication en 2004 d'un rapport visant à « encourager le développement de la bicyclette en France » [20], et sous l'impulsion du chargé de mission interministériel du vélo, Hubert Peigné. S'inspirant d'une initiative belge qui s'est concrétisée en 2004, le décret du 30 juillet 2008 instaure les zones de rencontre (ou « zones 20 »), rend obligatoires les doubles sens cyclables dans les zones 30 [21] (sauf avis contraire et motivé du maire) et pose les fondements d'un « code de la rue » en affirmant que le conducteur « doit, à tout moment, adopter un comportement prudent et respectueux envers les autres usagers des voies ouvertes à la circulation » et en particulier aux « usagers les plus vulnérables ». Les autorités sanitaires et sportives sont enfin convaincues du caractère bénéfique du vélo au quotidien, désormais intégré dans les divers plans de prévention santé. Le « plan national vélo » annoncé en janvier 2012 prend quelques mesures : la nomination d'un nouveau coordonnateur vélo, Dominique Lebrun (qui succède à Peigné), et l'accroissement de son budget (qui reste très modeste), la création d'un nouveau panneau autorisant au besoin les cyclistes à tourner à droite au feu rouge, l'obligation de créer un local vélos dans tout nouvel immeuble et la fixation d'un objectif de 10 % de part modale vélo à l'horizon 2020.

Enfin, en juillet 2012, le Club des villes et territoires cyclables (CVTC) lance, sur le modèle anglais, un « Club des parlementaires pour le vélo » qui a pour objectif de « promouvoir l'utilisation du vélo comme mode de transport à part entière et dans toutes ses composantes – utilitaire, loisirs, tourisme, sport – en lui accordant un statut particulier dans les textes et projets législatifs ». Après huit mois d'existence, il regroupe déjà quatre-vingt-seize députés et sénateurs, soit 10 % du Parlement. Les résultats ne sont pas encore au rendez-vous, mais le vélo n'a jamais suscité autant de débats.

Vélo'V, Vélib', V'Lille, Velhop... Le rôle controversé des systèmes de vélos en libre-service

Les vélos en libre-service (VLS) ont de nombreux avantages, à commencer par leur coût d'usage très modique deux à dix fois moindre qu'un vélo classique (cette fourchette dépend du mode de calcul des coûts d'usage du vélo et du coût de l'abonnement au système de VLS). Les usagers apprécient la facilité d'emprunt et la possibilité d'essayer le vélo sans s'engager. La première demi-heure gratuite (hors abonnement) est aussi plébiscitée. Le *one way* – l'absence d'obligation de ramener le vélo au point de départ – donne une grande souplesse d'usage, en permettant de changer de mode en cours de journée, en cas d'intempéries, de côte à gravir, de coup de fatigue ou d'une rencontre fortuite. Les vélos sont disponibles à toute heure du jour et surtout de la nuit quand les transports publics ne circulent plus. Enfin, beaucoup trouvent dans l'emprunt de ces vélos publics la fin des problèmes liés à la possession d'un vélo : l'achat, l'entretien, le stationnement et les risques de vol. Tous ces avantages expliquent le succès des plus gros systèmes de vélos publics, ceux qui atteignent une taille critique dans des centres-villes suffisamment grands et denses.

Les villes, quant à elles, y voient un outil de communication efficace pour redorer l'image du vélo. Deux ans après son inauguration à Lyon, il ne fait aucun doute que, grâce à son succès très médiatisé, « Vélo'V a "relégitimé" le vélo en ville [22] ». Le Club des villes cyclables considère même que le VLS a été « le révélateur du potentiel du développement du vélo [23] ».

Pourtant, dans les villes françaises qui ont installé les plus gros systèmes (Lyon, Montpellier, Paris, Toulouse, Bordeaux, Strasbourg et Lille), là où ils sont susceptibles d'avoir une certaine influence, la remontée de la pratique du vélo a toujours précédé de plusieurs années l'arrivée des VLS. C'est clairement le cas à Lyon bien avant le lancement du Vélo'V en 2005, puisque, entre les EMD de 1995 et 2006, la part modale de la bicyclette a quadruplé dans le centre (les communes de Lyon et Villeurbanne), alors que, depuis 2006, les VLS ne représentent pas plus du tiers des vélos en circulation dans ce périmètre [24]. Même constat à Paris où la pratique du vélo remonte fortement, sans doute depuis au moins 1994 (et bien plus d'ailleurs que celle du deux-roues motorisé), soit treize ans avant l'inauguration du Vélib' en juillet 2007 (voir encadré page suivante). Dans les autres villes aussi, la pratique a augmenté de 40 % à 150 % dans le centre selon les EMD, bien avant l'arrivée des vélos publics [25].

La démonstration peut aussi être faite pour Barcelone, Montréal, Bruxelles, Vienne, Londres ou New York, qui ont lancé leur système pour accompagner une pratique du vélo déjà en plein renouveau. À Bruxelles, par exemple, des comptages montrent que la pratique a été multipliée par 4,5 entre 1999 et 2012, à un rythme assez régulier de 10 % à 15 % par an [26], alors que 5 000 VLS sont progressivement en cours de déploiement dans toute la Région, depuis seulement 2009.

Le renouveau du vélo à Paris

Depuis 1972, les usagers font régulièrement pression sur la municipalité pour qu'elle s'engage dans la réalisation d'aménagements cyclables. En 1979, la Ville profite des aménagements ferroviaires liés au TGV Atlantique, qui part de la gare Montparnasse, pour créer une piste cyclable le long de la rue Vercingétorix, dans le XIVe arrondissement. En mars 1982, à la veille des élections municipales, suite à l'accident de vélo de Jacques Essel, président du MDB, le maire Jacques Chirac décide de réaliser d'urgence une trentaine de kilomètres de « couloirs de courtoisie », simplement délimités par des marques vertes sur la chaussée, sans aucune redistribution de l'espace entre les modes. Les critiques fusent et ces aménagements sont vite baptisés « couloirs de la mort ». Le programme est stoppé et la ville mettra des années à digérer cet échec [27].

Ce n'est qu'en 1994 que de nouveaux aménagements apparaissent : une piste cyclable pour passer sous le pont d'Iéna à la demande de l'association Vélo XV, des pistes cyclables peu utiles dans un des premiers « quartiers tranquilles » (zone 30) dans le XIIIe arrondissement, quelques arceaux de stationnement et des sas pour cyclistes à deux carrefours. Le dimanche 10 juillet 1994, à l'initiative du ministre de l'Environnement Michel Barnier, la fermeture des voies sur berges aux véhicules motorisés et leur ouverture aux piétons et cyclistes donnent sans doute le signal du renouveau de la pratique. Le succès est inespéré : les Parisiens se réapproprient massivement les lieux avec enthousiasme. Forte de cette expérience, la ville étend en quelques années ce dispositif à tous les dimanches et jours fériés [28].

En décembre 1995, une grève du métro – qui a duré près d'un mois en pleine période des achats de Noël – conduit de nombreux habitants à redécouvrir l'intérêt du vélo. Élue au printemps précédent, l'équipe de Jean Tiberi consulte alors les associations et lance fin janvier 1996 un premier plan vélo. Sous cette mandature, sont réalisés 170 km d'aménagements cyclables, 70 km de couloirs de bus autorisés aux cyclistes et 31 zones 30 (dont les premières sous Jacques Chirac).

Avec l'arrivée de l'équipe de Bertrand Delanoë en 2001, cette politique est poursuivie et amplifiée. Pendant la première mandature, sont ajoutés 140 km d'aménagements cyclables, 60 km de couloirs de bus ouverts aux cyclistes et 36 zones 30. 7,5 km d'artères sont retraités en « espaces civilisés ». Vélib' est inauguré en juillet 2007 et connaît un énorme succès public et médiatique : 250 000 abonnés annuels en 2013. Cet effort s'est poursuivi au cours de la seconde mandature : 215 km de double sens cyclables, le franchissement d'une dizaine de portes amélioré, des cédez-le-passage au feu rouge expérimentés, une maison du vélo, etc.

Selon les comptages de la mairie, en quinze ans, de 1997 à 2011, la pratique constatée dans les rues de la capitale a été multipliée par 2,4 et tend à s'accélérer. Les enquêtes globales transport (EGT) confirment cette hausse en constatant un doublement entre 2001 et 2010 dans toute l'agglomération [29]. Dans Paris, le tiers des cyclistes utilise un Vélib'.

Qui sont les usagers des vélos publics ? Trois groupes peuvent être distingués. Le premier est celui des usagers qui utilisaient auparavant d'autres modes, c'est-à-dire issus du report modal. Les rares enquêtes trouvées, effectuées à Lyon, Barcelone et Lille, montrent sans surprise que ce sont surtout d'anciens piétons ou usagers des transports publics, et peu d'anciens automobilistes (environ 10 %). On comprend que les villes n'aiment guère annoncer ce type de résultat. Le deuxième groupe est constitué des cyclistes habituels qui ont troqué leur vélo personnel pour un vélo public en profitant de l'effet d'aubaine que constitue leur faible coût d'usage. À Lyon, Barcelone et Lille, les enquêtes précitées évaluent cette part entre 4 % et 6 %. À Paris, où les cyclistes sont plus nombreux – avant le lancement de leur système de VLS, la part modale vélo des trois premières villes était de 1 %, alors qu'elle était à Paris de 2 % –, il est probable que cet effet d'aubaine soit plus important [a]. Le dernier groupe d'usagers est celui des

a Trois vélocistes parisiens (*Bicloune*, *Valmy cycles* et *Gepetto et vélo*) que nous avons interrogés confirment qu'ils ont tous connu une forte baisse de leurs ventes de vélos dans les deux à trois ans qui ont suivi le lancement de Vélib' personnes qui ne se seraient pas déplacées si les VLS n'avaient pas existé, phénomène qu'on appelle la mobilité induite. Il s'agit de personnes attirées par la nouveauté, la facilité d'usage ou la rapidité des VLS. Cette part serait à Lyon et Barcelone de 2 % à 3 % (elle n'a pas été déterminée à Lille) [30].

Les opérateurs de VLS et nombre d'élus affirment que le succès des vélos publics inciterait les citadins à revenir au vélo, y compris à des vélos classiques. « Il semble que nombre de cyclistes, enhardis par l'application du Vélo'V, aient ressorti leur vélo personnel du garage », suggère un membre du CERTU [31]. S'il est plausible, cet argument ignore cependant les deux phénomènes déjà signalés : d'une part, le retour de la pratique du vélo dans le centre des grandes villes a partout précédé l'arrivée des VLS et, d'autre part, l'effet d'aubaine provoqué par le faible coût des VLS a, au contraire, incité certains usagers à abandonner leur vélo classique. En tout cas, après un démarrage en trombe, le nombre d'usagers des VLS baisse souvent, de 10 % à 20 %, au bout d'un ou deux ans, en raison notamment du manque de fiabilité du système. Ce qui peut en inciter certains à acheter leur propre vélo, mais d'autres à y renoncer complètement.

Un problème de coût et de financement

Quel est le coût d'un VLS de type JCDecaux ? Le chiffre officiel, cité depuis 2007, est de 2 500 euros par an et par vélo. Bien que déjà très élevé, il est certainement sous-estimé. La régulation des vélos est bien plus coûteuse que prévu. Le vandalisme et le vol sont nettement plus importants qu'envisagés. Les utilisateurs sont peu enclins à respecter un vélo qu'ils ne gardent pas et qui ne leur coûte presque rien. Les vélos s'avèrent trop fragiles. Et le système informatique déficient provoque d'innombrables litiges

---

et plusieurs cyclistes sont même venus les voir pour vendre leur vélo d'occasion.

(notamment la caution prélevée à tort, comme en témoignent les rapports publics de la médiatrice de la Ville de Paris submergée de réclamations). Si bien qu'à Paris, tous les acteurs (JCDecaux, la Ville, un bureau d'études réputé comme Indiggo-Altermodal, le chargé de mission qui a mis en place les VLS à Strasbourg...) s'accordent pour dire officieusement que le coût annuel d'un vélo s'élèverait à quelque 4 000 euros, soit environ 2 euros par déplacement ou 1 euro par km parcouru, c'est-à-dire un coût au kilomètre du même ordre de grandeur que pour les transports publics [32]. Prenant la mesure d'un tel coût, de nombreuses villes cyclables européennes ont renoncé à lancer leur service de VLS, notamment Gand ou Munich et toutes les villes des Pays-Bas.

Qui paye un système aussi coûteux ? Il est difficile de répondre précisément à cette question, car les données ne sont pas publiques. En tout cas, ce n'est pas la publicité, contrairement à ce qu'affirment les élus qui ont choisi des afficheurs comme opérateurs (JCDecaux ou Clear Channel, respectivement numéros un et deux mondiaux du mobilier urbain). Le système est en fait plus indirect : les collectivités locales ont accepté de réduire la redevance publicitaire pour ces opérateurs. Autrement dit, ce sont les contribuables qui payent l'essentiel du coût des VLS (70 % à 80 % ?), puis les cyclistes qui en supportent une bien moindre part (10 % à 20 % ?) et enfin l'afficheur qui n'en paye qu'une petite part correspondant à l'image de marque qu'il s'offre (5 % à 10 % ?). Et si les coûts dérivent, l'afficheur est en position de force pour négocier de nouveaux avenants au contrat car il est propriétaire des matériels et la municipalité ne peut risquer de voir son système de VLS fermer du jour au lendemain.

À Barcelone, les 6 000 vélos publics disponibles, utilisés en moyenne huit à neuf fois par jour, installés par Clear Channel en 2007 sans contrepartie publicitaire, coûtent à la mairie 18 millions d'euros par an, soit 3 000 euros par vélo pour un service qui est loin d'être parfait : régulation insuffisante, dégradation du matériel (bien que le système soit réservé aux seuls Barcelonais)... En 2011, les usagers ne payaient au total que 3 millions d'euros par an, pour un abonnement annuel unitaire de 30 euros, soit 17 % du coût du service. À Londres, le service ne devait rien coûter au contribuable mais, comme l'a révélé *The Guardian*, le sponsoring et les abonnements suffisent à peine à couvrir la moitié des dépenses [33].

Il n'est pas choquant que la collectivité, c'est-à-dire le contribuable, finance une bonne part du service, comme pour les transports publics. Ce qui est problématique, en revanche, c'est que cette part est tout de même très élevée. En conséquence, plusieurs villes ont déjà relevé fortement le prix de l'abonnement annuel, comme Lyon (de 15 à 25 euros en mai 2012), Barcelone (de 35 à 44 euros en janvier 2012) et surtout Londres (de 45 à 90 livres en janvier 2013). La banque Barclays, qui sponsorise les VLS de Londres, vient d'ailleurs d'annoncer, en décembre 2013, qu'elle renonçait à poursuivre son soutien au-delà d'août 2015. Comme le disent les analystes avec tact, les VLS « n'ont pas encore trouvé leur modèle économique ».

Les systèmes de vélos en location longue durée (VLD), comme il en existe à Bordeaux, Tours, Strasbourg ou Lille, sont beaucoup moins coûteux. À Bordeaux, par exemple, le prêt du vélo, lancé en 2003 à l'occasion de la construction du tramway, est réservé aux habitants de la commune et aux étudiants. Il est entièrement gratuit et limité à un an. Mais les réparations sont à la charge de l'emprunteur. Résultat, le cycliste ménage sa bicyclette et paye environ la moitié du coût réel du service.

D'une façon générale, les VLD se révèlent dix fois moins coûteux que les VLS pour la collectivité. Ils incitent tout autant à la remise en selle et peuvent concerner des publics en périphérie. Ils sont certes moins utilisés dans la journée, mais sur des distances plus longues et remplacent plus souvent des trajets en voiture. Lille qui possède les deux systèmes constate que 27 % des cyclistes en VLD effectuaient leurs trajets auparavant en voiture, contre 13 % des cyclistes en VLS [34]. La solution qui émerge est finalement d'avoir un système de VLS limité et un système de VLD complémentaire.

Un mot encore sur le cas parisien. Depuis 2011, la municipalité s'efforce de resserrer la gestion des Vélib'. Les offres d'abonnement ont été étoffées et les démarches en ligne simplifiées. Les vélos sont plus solides et le vandalisme a un peu baissé. La disponibilité des vélos est meilleure, grâce à de gros efforts de régulation. En conséquence, le nombre d'abonnements est remonté, ainsi que le taux de satisfaction. Mais tous ces efforts ont un prix et il est peu probable que le coût annuel ait beaucoup évolué. Reste que le système contribue à renforcer l'attractivité de la capitale, comme s'en félicite la mairie sur son site Web : « Vélib' est devenu une expérience incontournable d'une visite à Paris dont la motivation est de "vivre à la parisienne" et de découvrir Paris sous un nouveau jour. Vélib' bénéficie indubitablement d'une notoriété internationale et reste le plus important système de vélos en libre-service au monde... »

La difficile relance d'une pratique devenue confidentielle

Dans la plupart des villes françaises, les cyclistes sont devenus si rares que les autres usagers, les techniciens et les élus ont fini par ne plus en tenir compte, sans manifester par là une quelconque hostilité à leur égard. Il s'agissait simplement de prendre acte de leur quasi-disparition. Le temps passant, une génération entière a fini par ne plus s'intéresser du tout au vélo. Les savoir-faire des techniciens se sont perdus. Les habitants n'imaginent plus rouler dans le trafic. Les vélos rouillent dans les caves ou au fond des garages et finissent à la décharge.

Cependant, dans toutes les villes, il existe toujours un noyau d'irréductibles qui continuent malgré tout à circuler à bicyclette pour diverses raisons : par nostalgie, par plaisir quand le trajet s'y prête, par économie, pour chercher à se distinguer... À Paris, Lyon ou Marseille, dans les années 1990, ce groupe ne représentait même pas 1 % des déplacements (certes cinq à dix fois plus en comptant les cyclistes occasionnels). Pourtant, même tombé aussi bas, l'usage du vélo peut parfois rebondir à l'occasion d'événements fortuits : grève du métro parisien en décembre 1995, hausse brutale des prix du pétrole au cours de l'année 2006, fête annuelle du vélo à Nantes, début juin, avec une superbe promenade le long de la Loire qui peut réunir plus de 20 000 participants...

Dès lors, des revendications se font jour : certains cyclistes quotidiens décident de réclamer des aménagements cyclables, fondent une association et manifestent en invoquant le cas exemplaire d'autres villes similaires. La presse relaie souvent ces demandes avec bienveillance. Mais les relations avec les autres usagers comme avec les autorités deviennent alors conflictuelles. Cette volonté de relancer le vélo utilitaire n'est-elle pas une régression, un retour à l'usage avilissant et fatiguant de la force musculaire ? Ne serait-ce pas une remise en cause frontale et absurde du « progrès automobile » ? Si ces appréhensions sont surmontées, l'idée de faire une place à des usagers groupusculaires dans un environnement urbain où l'espace est déjà très convoité reste difficile à admettre.

Dans cette affaire, tous les protagonistes développent des propos peu amènes et parfois des comportements agressifs, que l'on peut brosser à grands traits. Se sentant en permanence menacés, les cyclistes « résiduels » s'insurgent facilement contre tous les autres usagers, dénonçant sans beaucoup de nuances les écraseurs et les inconscients. Comme l'explique avec humour Didier Tronchet dans son savoureux *Petit Traité de vélosophie* : « Exister à vélo implique donc de vociférer contre la voiture. C'est une question de survie. Dans l'équilibre naturel, les prédateurs trop nombreux menacent la disparition d'une espèce [35]. » Plus provocateur, le journaliste Hugues Serraf s'extasie : « Car c'est bien l'un des attraits majeurs du vélo, voire la marque de sa supériorité sur n'importe quel autre mode de transport urbain : la transformation de chaque déplacement en une mini-aventure dont vous êtes le héros. Il y a un début, une fin, de multiples méchants à combattre, un tas de rebondissements, de la vitesse, de l'adrénaline au litre, bref, tout le contraire de ce que vous réserve un voyage en métro – pour ne rien dire d'un tour en bus, paroxysme de l'ennui en matière de mobilité urbaine[36]. »

Les piétons, de leur côté, deviennent hostiles aux cyclistes, dénonçant vertement ceux qui roulent sur les trottoirs ou grillent les feux en passant sous leur nez aux passages piétons. À leurs yeux, les cyclistes provoqueraient de graves accidents et tueraient même de nombreux piétons. La réalité est évidemment tout autre : de tels cas sont rarissimes : en 2006, par exemple, deux piétons ont été tués par des cyclistes contre 40 par des deux-roues motorisés et 448 par des voitures ou des camions[37]. « Les enjeux en termes de sécurité sont modestes », rappelle le CERTU dans une fiche consacrée à la cohabitation entre piétons et cyclistes, et sont même « très faibles » dans les aires piétonnes, avec « tout au plus de l'inconfort ressenti par certains usages » dans les zones 30[38].

Cette erreur d'appréciation s'explique. Dans la ville adaptée à l'automobile, les piétons ne bénéficient plus que d'espaces restreints où ils ne se sentent guère en sécurité : de rares aires piétonnes, de maigres trottoirs et des passages zébrés trop espacés… quand ces lieux ne sont pas envahis par des voitures en stationnement illicite. On comprend qu'ils défendent avec détermination le territoire exigu qui leur reste. Les cyclistes ont aussi le « défaut » d'être silencieux. Dans un environnement urbain très motorisé, beaucoup de piétons ne fonctionnent plus qu'à l'oreille, se fient à l'absence de bruit de moteur pour traverser sans forcément regarder et sursautent quand un cycliste surgit. De plus, le gabarit étroit des cyclistes ne permet pas aux piétons de les repérer facilement parmi les voitures. Enfin, le comportement des cyclistes peu respectueux du code de la route – car contraints de circuler dans un environnement réglementaire inadapté – ne les rend pas très sympathiques. De par leur plus grande vélocité, les cyclistes peuvent néanmoins gêner ou effrayer les piétons et doivent apprendre à ralentir à leur proximité, en signalant au besoin discrètement leur présence. Former les usagers au respect mutuel est aussi nécessaire :

« Bienvenue aux cyclistes prudents », rappelle la ville de Strasbourg à l'entrée de sa vaste aire piétonne.

Les automobilistes estiment en général que les cyclistes sont des gêneurs, encombrent la chaussée et les ralentissent, ce qui est évidemment discutable, le gabarit d'une voiture étant dix fois supérieur à celui du cycliste et leurs vitesses moyennes assez proches en zone dense. Ils ont facilement un sentiment de supériorité à l'égard de ces usagers jugés arriérés, incapables d'acheter une voiture. Ils sont favorables aux pistes cyclables qui ont l'avantage de débarrasser la chaussée des cyclistes, à condition, bien sûr, que ce ne soit pas au détriment d'une file de circulation ou de stationnement. Se répand ainsi l'idée que les cyclistes n'ont pas leur place sur la chaussée.

Les élus et les techniciens, en tant que piétons ou automobilistes, ont tendance à partager ces opinions. Conscients que les conflits entre piétons et cyclistes ne sont pas si graves, ils considèrent néanmoins, le plus souvent, que la pratique du vélo assimilée aux deux-roues motorisés – est dangereuse et ne souhaitent pas encourager ce mode de déplacement. On a vu que le risque d'accident à vélo est en réalité très inférieur à celui des deux-roues motorisés. Il n'empêche, une solution apparemment de bon sens tend à s'imposer chez les responsables : le port obligatoire du casque pour les cyclistes, dont le bilan global est en réalité négatif en milieu urbain.

Bien d'autres idées reçues courent sur le vélo urbain. Ce serait un mode lent, alors qu'il est plus rapide que tous les autres modes de déplacement en zone dense [39]. Le cycliste serait sans cesse soumis aux intempéries, alors qu'il ne pleut en moyenne dans le nord de la France que 6 % à 7 % du temps, selon Météo-France, et qu'il existe des vêtements de protection adaptés. L'usage du vélo nécessiterait forcément l'existence de douches à destination, alors qu'un cycliste n'arrive pas plus en sueur qu'un piéton, sauf à forcer l'allure. Le cycliste serait victime de la pollution, alors qu'il respire à peine plus de polluants que l'automobiliste. Les personnes âgées seraient incapables de rouler à vélo, alors que ce mode sur lequel on est assis est plus reposant pour elles que la marche. Il serait impossible de transporter des charges lourdes à vélo ; c'est pourtant faisable à l'aide de matériels adaptés...

Si les élus acceptent finalement de s'engager dans des réalisations en faveur des cyclistes, les difficultés commencent pour les techniciens. Car ils n'ont en général aucune compétence en matière d'aménagements cyclables, ni aucune pratique du vélo en ville. Or concevoir des aménagements cyclables réclame autant de technicité que pour les aménagements routiers, comme le prouvent d'innombrables ratés. Un carrefour non traité, une chicane trop marquée, une simple bordure trop haute, une grille d'égout orientée dans le mauvais sens... peuvent rendre un itinéraire pénible ou même dangereux. Pour acquérir cette culture technique, rien ne vaut la visite de villes plus expérimentées pour comprendre *de visu* comment traiter tous ces détails si importants. Mais cela demande du temps et des moyens.

À tout cela s'ajoute la disparition presque totale des services les plus élémentaires. La plupart des vélocistes ont mis la clé sous la porte et ceux qui ont résisté se sont repliés sur le vélo de loisir ou les deux-roues motorisés. Ils méconnaissent les vélos de ville et plus encore les accessoires qui facilitent leur usage au quotidien. Les cyclistes n'ont souvent plus la possibilité de garer leur monture en lieu sûr. Dans les logements anciens, les locaux à vélos désertés ont depuis longtemps été reconvertis et dans les logements neufs, ils ont été oubliés.

Bref, quand la pratique du vélo est tombée trop bas, il devient beaucoup plus difficile de la redresser, car tout le monde ou presque a perdu l'habitude de tenir compte des cyclistes et en a une représentation pour le moins déformée. Pire encore, le système vélo s'est distendu au point de ne plus être crédible : vélos peu adaptés, aménagements embryonnaires, services insuffisants, image dégradée, découragement général. Il existe ainsi une sorte de seuil, qui semble se situer vers 4 % ou 5 % de part modale, en dessous duquel tout se complique. Parce que la France, le Royaume-Uni ou l'Espagne n'ont pas su redresser à temps la pratique du vélo, tout est maintenant pour eux beaucoup plus compliqué.

Le débat sur l'obligation du port du casque

Les pays qui ont une pratique du vélo utilitaire très développée, comme les Pays-Bas ou le Danemark, n'envisagent pas un seul instant de rendre le port du casque obligatoire. Force est de constater que le débat sur cette mesure ne concerne que les pays les moins cyclistes.

Le casque protège assez efficacement la tête des traumatismes crâniens, la démonstration en a été faite maintes fois et personne ne le conteste. Selon une récente étude française, il réduirait ainsi les blessures à la tête de 30 % et les blessures sérieuses de 70 % [40]. Pour augmenter son efficacité, le casque doit cependant être de qualité et correctement attaché, ce qui est loin d'être le cas. En conséquence, il convient de renforcer les normes de fabrication et de dispenser des conseils pour bien le porter. Faut-il pour autant rendre obligatoire le port du casque ? C'est sur cette autre question que porte l'essentiel du débat et non sur l'intérêt du casque. La réponse dépend alors du point de vue adopté.

Si l'on s'en tient à des considérations portant uniquement sur les causes des traumatismes crâniens, il est évident que l'obligation du port du casque est souhaitable. C'est le point de vue logiquement défendu par les spécialistes des accidents de cyclistes. Mais les statistiques ne discernent pas les différents types de cyclistes, or ce sont vraisemblablement les VTTistes qui sont de loin les plus concernés par le risque de traumatisme crânien, suivis par les cyclistes sportifs et les randonneurs. C'est pourquoi les fédérations qui les regroupent incitent fortement leurs membres à porter un casque, ce qu'ils font ainsi en grande majorité.

En milieu urbain, les traumatismes crâniens lors d'accidents sont à peu près aussi fréquents pour les cyclistes que pour les piétons et les automobilistes (20 % à 25 % des accidentés). Personne n'imagine pour autant que ces derniers soient contraints de porter un casque en permanence. Pour certains scientifiques et décideurs, il y a manifestement confusion entre les cyclistes urbains qui roulent d'ordinaire à vitesse modérée et les coureurs du Tour de France, les VTTistes en montagne ou les coursiers new-yorkais les plus téméraires.

Si on élargit le regard, il apparaît qu'une obligation du port du casque provoque tant d'effets pervers qu'une telle mesure n'est finalement pas justifiée, surtout en milieu urbain. C'est la conclusion d'une chercheuse australienne, Dorothy Robinson, dans le prestigieux *British Medical Journal* [41].

La première objection est que cette mesure a un effet dissuasif sur la pratique du vélo, à la fois pour des raisons pratiques – les cyclistes se retrouvent encombrés par leur casque – et parce qu'elle fait croire que le vélo est particulièrement dangereux. De fait, quelques pays ont déjà mis en œuvre une telle mesure, notamment l'Australie (États de l'Ouest, du Sud, de Victoria et de la Nouvelle Galles du Sud) en 1991, la Nouvelle-Zélande en 1993 et la Nouvelle-Écosse (Canada) en 1997. Or ils constatent une forte hausse du port du casque, mais aucune baisse significative des traumatisés crâniens et, en revanche, une nette baisse de la pratique de la bicyclette (de 15 % à 40 %). Dès lors, le gain de sécurité apporté par le casque est effacé par la perte de sécurité liée à la réduction du nombre de cyclistes.

S'il est difficile de l'étayer par des protocoles expérimentaux, une deuxième objection renvoie au phénomène dit de « compensation du risque » : les automobilistes, rassurés, ont tendance à prêter moins d'attention aux cyclistes casqués et ceux-ci, se croyant protégés, prennent un peu plus de risques, annulant ainsi les bénéfices du casque [42]. Plus généralement, et c'est peut-être l'objection la plus importante, le port obligatoire du casque tend à désigner le cycliste comme le premier responsable de sa vulnérabilité alors que ce sont les usagers motorisés qui sont les principales sources de danger. C'est pourquoi, pour sécuriser les cyclistes urbains, les mesures de modération de la circulation sont beaucoup plus efficaces que l'obligation du port du casque.

L'argument écologique dévoyé

Comme chacun sait, le vélo est le seul mode de transport mécanisé vraiment écologique. Il ne consomme pas d'énergie, si ce n'est l'énergie métabolique du cycliste, et n'émet pas de CO_2, si ce n'est au cours de sa fabrication ou de son recyclage. Il est parfaitement silencieux. Il utilise cent fois moins de matériaux qu'une voiture et des matériaux plus facilement recyclables. À l'inverse, les véhicules motorisés dits « propres » (hybrides, électriques, à rendement optimisé...) n'ont que des performances environnementales un peu meilleures à celles des véhicules thermiques. Ils consomment un peu moins d'énergie, polluent moins ou reportent cette pollution en amont dans le cas des véhicules électriques. Ces derniers sont certes silencieux, du moins à faible vitesse [a], mais prennent autant de place et utilisent plus de matériaux élaborés, plus difficiles à extraire et à recycler [43]. Même par personne transportée, les transports publics n'ont jamais des performances aussi bonnes que la bicyclette, sauf pour la consommation d'espace. Enfin, comme le piéton, le cycliste est en contact complet avec son environnement par tous ses sens.

Par conséquent, l'argument écologique distingue parfaitement le vélo des autres modes de transport mécanisés. Pourtant, il ne motive pas particulièrement les cyclistes, loin s'en faut. Comme les autres usagers, les cyclistes mettent d'abord en avant le côté pratique de leur mode de déplacement. Viennent ensuite le plaisir et la santé, puis son faible coût et enfin l'environnement. Selon une étude danoise, 1 % seulement des habitants de Copenhague utilisent le vélo d'abord pour des raisons environnementales [44]. Même constat pour la consultante Isabelle Lesens : « Le vélo est choisi d'abord parce qu'il est pratique, puis agréable. Les critères écologistes sont au dernier rang des motivations [45]. »

---

a Au-delà de 50 km/h, le bruit des pneumatiques sur la chaussée est plus fort que le bruit des moteurs.

En fait, ce sont surtout les autorités qui insistent sur l'argument écologique en parlant du vélo comme d'un « mode doux ». Ce n'est pourtant pas un plus grand usage de la bicyclette qui est bon pour l'environnement, mais une moindre utilisation de la voiture. Si, par exemple, les nouveaux cyclistes sont d'anciens piétons – ce qui est le cas de la plupart d'entre eux –, les avantages environnementaux sont évidemment nuls. Cette insistance sur le caractère « doux » du vélo n'est pas innocente. C'est éviter, d'une part, de souligner les nuisances provoquées par les véhicules individuels motorisés, pour ne pas culpabiliser les automobilistes. C'est édulcorer, d'autre part, l'intérêt même du vélo, l'adjectif pouvant finalement qualifier tous les véhicules qui font un effort pour être moins agressifs à l'égard de l'environnement. À ce compte-là, les voitures électriques et même les 4 × 4 hybrides deviennent des « modes doux », de quoi rassurer l'automobiliste.

L'argument écologique n'est donc pas directement justifié. Seule la réduction de l'usage de la voiture est pertinente. Mais un tel objectif est beaucoup plus difficile à mettre en avant par les élus. C'est pour cette raison que bien des élus préfèrent investir dans un système de vélos en libre-service et quelques aménagements cyclables plutôt que de prendre des mesures de modération de la circulation, pourtant nettement plus efficaces.

L'argument santé à la rescousse

En revanche, l'argument santé est parfaitement juste. La marche et le vélo sont les seuls modes de déplacement nécessitant la force musculaire de leurs utilisateurs. On parle de modes actifs ou autogènes. Cette caractéristique était jadis jugée dégradante : l'ONU considérait encore il y a quelques années que les rickshaws – les tricycles à propulsion humaine destinés au transport de personnes ou de marchandises –, très courants en Asie, devaient disparaître. Le caractère autogène de la bicyclette est désormais considéré comme un atout essentiel pour lutter contre la sédentarité et ses impacts néfastes sur la santé.

Depuis les années 1950, des milliers d'articles scientifiques ont, en effet, peu à peu démontré les avantages considérables d'une activité physique régulière, non seulement pour prévenir de nombreuses pathologies, mais aussi pour les guérir. Les synthèses existantes sur le sujet [46] s'accordent pour affirmer qu'une activité physique modérée réduit de moitié le risque de développer des maladies cardio-vasculaires, un diabète de type II ou de devenir obèse, et réduit de façon significative le risque de développer de l'hypertension, de l'ostéoporose, un cancer du côlon ou un cancer du sein. L'activité physique assure aussi une croissance harmonieuse chez l'enfant et l'adolescent, aide au contrôle du poids corporel [a], réduit l'anxiété et la dépression, améliore la confiance en soi et facilite le traitement des principales maladies chroniques [b].

Pour l'Organisation mondiale de la santé (OMS), une activité physique modérée dure trente minutes par jour ou trois heures par semaine, soit typiquement le temps moyen consacré à un usage quotidien du vélo, pour se rendre, par exemple, à un travail situé à 5 km du domicile, en vingt minutes à 15 km/h (ou situé à 10 km avec un vélo à assistance électrique). Sur cette base, une étude réalisée à Copenhague a suivi 30 000 adultes, cyclistes et non-cyclistes, pendant quatorze ans. En tenant compte de l'ensemble des facteurs de mortalité, le ratio relatif de risque des cyclistes réguliers par rapport aux personnes sédentaires s'établit à 0,72, soit un risque de mortalité diminué de 28 % [47].

Ces chiffres méritent d'être cités quand on sait que, selon les estimations, la moitié des Français ne fait pas assez

---

a Cette question est loin d'être anecdotique. Selon la dernière enquête épidémiologique triennale sur l'obésité, 15 % des adultes français sont obèses et 32 % en surpoids (voir Roche, *Enquête épidémiologique nationale sur le surpoids et l'obésité*, enquête INSERM / Kantar Health / Roche, 2012).

b À noter que ces analyses isolent l'effet de l'activité physique sur la santé, car on peut légitimement se demander si ce sont, au contraire, les populations en bonne santé qui font de l'exercice physique.

d'exercice physique [48]. En cent cinquante ans, leur activité physique moyenne est passée de huit heures par jour à seulement une demi-heure [49]. La sédentarité provoquée d'abord par la motorisation puis par les écrans (télévision, ordinateur) est devenue aujourd'hui un problème de santé publique. Faut-il cependant encourager l'usage du vélo qui est tout de même plus risqué que la voiture ? Et la pollution inhalée par les cyclistes ne risque-t-elle pas d'annuler les bienfaits de l'activité physique ?

L'impact de la pollution sur les divers usagers de la rue a été beaucoup étudié depuis vingt ans. Toutes les enquêtes montrent que les automobilistes respirent un air deux fois plus pollué que celui des cyclistes et quatre fois plus que celui des piétons avec d'importantes variations selon les polluants et les artères parcourues [50]. Ces résultats s'expliquent par un éloignement différent des usagers par rapport aux polluants qui stagnent au niveau du sol. Toutefois, en s'activant, les cyclistes inhalent 2,4 fois plus d'air que les automobilistes, ce qui fait un peu plus qu'annuler cet avantage [51]. Mais ils apprennent vite à s'écarter des pots d'échappement des bus ou des poids lourds qui démarrent, à retenir leur respiration quelques secondes à ce moment-là ou à trouver un itinéraire alternatif plus tranquille.

Les bilans de santé publique les plus récents en tiennent compte. Une étude concernant la région Île-de-France montre que les bénéfices liés à l'activité physique se révèlent vingt fois supérieurs aux risques liés aux accidents et à la pollution, et l'écart se creuse avec l'augmentation de la part modale du vélo grâce à la baisse relative du nombre d'accidents [52]. Comme le résume Olivier Razemon, journaliste au *Monde* : « Ne pas faire de vélo, c'est dangereux pour la santé [53]. » Et ce résultat est d'autant plus vrai en milieu urbain où la gravité des accidents est bien moindre pour les cyclistes qu'en rase campagne. C'est pourquoi, partout en Europe et dans le monde, les autorités finissent toutes par encourager vivement la pratique quotidienne de la bicyclette. En France, depuis 2008, le ministère de la Santé intègre désormais le vélo dans ses différents plans de prévention.

Bientôt l'argument économique

Avec la crise économique et l'épuisement des ressources naturelles, nul doute que l'argument économique va prendre de plus en plus de consistance. Pour l'instant, le souvenir du vélo « véhicule du pauvre » est encore trop vivace dans bien des esprits pour que l'argument porte. Qu'on se souvienne des réactions indignées aux propos du ministre de l'Économie et des Finances, Christine Lagarde, qui recommandait, début novembre 2007, de « rouler à vélo » pour amortir la hausse du prix des carburants. Le vélo est pourtant très économique pour les usagers et bien plus encore pour les collectivités locales et nationales.

Pour les usagers, la comparaison des coûts privés, c'est-à-dire directement supportés par l'utilisateur, révèle que le vélo est bien placé parmi les autres modes de déplacement. Tout dépend cependant de la manière de calculer ces coûts : par kilomètre ou par déplacement, en tenant compte ou non de la valeur du temps de déplacement et donc de la vitesse moyenne de chaque mode.

Par kilomètre parcouru, la bicyclette coûte environ 0,13 euros en 2010, estime le chercheur Francis Papon, après compilation de nombreux travaux sur ce sujet [54]. Il distingue les cyclistes occasionnels ou moyens et les cyclistes réguliers. L'amortissement du vélo – y compris le risque de vol et l'antivol – est très élevé pour les premiers mais faible pour les seconds. C'est l'inverse pour les autres coûts, si bien que les coûts globaux sont équivalents. Le budget et le temps consacrés à l'entretien sont bien cernés, mais d'autres coûts souvent négligés s'ajoutent. Les cyclistes n'utilisent pas de carburant, mais ils ont besoin d'une alimentation supplémentaire, de vêtements adaptés en cas d'intempéries et de divers accessoires (tendeurs, sacoches...).

Pour la voiture, il n'est pas possible d'utiliser les « prix de revient kilométriques » (PRK) calculés par des organismes tels que les automobiles clubs, la presse spécialisée dans l'automobile ou les associations de consommateurs qui ont tendance

– et intérêt – à gonfler les chiffres pour mieux dénoncer le soi-disant matraquage des automobilistes par les vendeurs, les réparateurs ou le fisc. La solution, expliquent les économistes, consiste à évaluer ce coût en divisant la somme des dépenses annuelles des Français consacrées à leurs voitures [a] fournies par l'INSEE, par le total des distances parcourues dans l'année estimé à partir des enquêtes nationales transport. Et il en est de même pour le transport public. On obtient alors, en 2010, 0,25 euros/km pour une personne circulant en voiture et 0,12 euros/km pour une personne utilisant les transports urbains et suburbains, à comparer au 0,13 euros/km pour un cycliste [55].

Par kilomètre parcouru, le vélo est donc plus coûteux et la voiture moins chère que l'on croit, le vélo restant largement avantageux. Mais, en tenant compte de la valeur du temps de déplacement – c'est-à-dire en raisonnant en termes de « coût généralisé » additionnant coût privé et valeur du temps –, le résultat peut varier : en zone urbaine dense, quand la voiture n'avance guère, le vélo est compétitif ; en périphérie, c'est l'inverse. Par kilomètre parcouru toujours, le vélo se révèle, pour l'usager, aussi coûteux que le transport public. Le prix des transports publics variant de moins en moins en fonction de la distance parcourue, le vélo est alors plus compétitif sur les courtes distances. Ce constat est encore renforcé si l'on tient compte de la valeur du temps.

Faut-il cependant raisonner par distance parcourue ? Pas forcément, dans la mesure où les citadins s'efforcent toujours d'adapter leur mode de vie aux modes de déplacement qu'ils utilisent. Les cyclistes économisent ainsi leurs déplacements en réduisant autant que possible à la fois leur nombre et les distances parcourues. En pratique, une famille qui se met au vélo peut souvent renoncer à l'achat d'une seconde voiture.

---

a C'est-à-dire, les carburants, les péages et le stationnement, les lubrifiants, les pièces et accessoires, l'entretien et les réparations, les autres services, les assurances automobile, et les achats de voitures neuves et d'occasion (y compris les taxes).

De même, faut-il raisonner en termes de coût généralisé ? Pas forcément non plus, puisque le temps de déplacement à vélo permet de s'activer et d'éviter des heures de remise en forme liées à l'excès de sédentarité. Enfin, on ne peut ignorer les coûts publics et le coût des nuisances.

Quoi qu'il en soit, il est aujourd'hui parfaitement justifié de proposer des incitations économiques à l'achat et à l'usage du vélo, plus encore que pour la voiture. La France ne propose aucun dispositif de ce genre, mais il en existe de divers types à l'étranger [56]. Quelques exemples. Aux Pays-Bas, un salarié peut déduire de son revenu imposable jusqu'à 749 euros tous les trois ans pour l'achat d'un vélo (comme c'est le cas au Royaume-Uni dans le cadre du programme *Cycle to work* évoqué au début de ce chapitre). Pour les déplacements domicile-travail, les Pays-Bas accordent aussi, depuis 1995, une indemnité kilométrique vélo (0,19 euro/km). C'est le cas également en Belgique depuis 1997 (0,21 euro/km). L'Autriche rembourse les déplacements pour motifs professionnels quel que soit le mode de déplacement : pour la marche et le vélo le barème est de 0,24 euro/km pour moins de 5 km et 0,47 euro/km au-delà. La France travaille actuellement à la mise en œuvre d'une indemnité kilométrique [57].

Pour les collectivités locales, le vélo est encore plus économique, les aménagements cyclables étant beaucoup moins coûteux que les aménagements routiers ou ferroviaires (voir le tableau 2). Certes, les divers modes de déplacement ne rendent pas les mêmes services mais, dans la mesure où l'usage du vélo est souvent substituable à celui d'autres modes, il est légitime de comparer le coût des divers aménagements. Il apparaît ainsi qu'à débit identique, une piste cyclable est 200 fois moins chère qu'une autoroute urbaine, 50 fois moins chère qu'un métro lourd et 25 fois moins chère qu'un tramway. Une place de stationnement pour vélo est 30 à 50 fois moins chère qu'une place pour voiture. Par un raisonnement assez différent, une étude réalisée en Suisse montre que les investissements en faveur de ce qu'on appelle dans ce pays les « modes lents » sont beaucoup plus efficaces que ceux réalisés pour les modes motorisés [58].

Tableau 2 *Ordre de grandeur du coût de quelques aménagements (en euros 2010)*[59]

Vélo	Voiture
Piste cyclable ≈ 200 000 €/km Bande cyclable ≈ 10 000 €/km Arceau posé (2 places) ≈ 100 € Place de parking sous abri ≈ 600 € Passerelle de 30 m ≈ 1 M d'€ Minigiratoire ≈ 30 000 €	Autoroute urbaine ≈ 100 M d'€/km Carrefour dénivelé ≈ 8 M d'€ Place de parking en surface ≈ 2 500 € Place de parking en ouvrage ≈ 15 000 € Pont : 5 à 30 M d'€ Carrefour à feux > 100 000 € Passage dénivelé sous carrefour ≈ 8 M€

Piétons et Vélos	Transport collectif
Zone apaisée (zone 30, zone de rencontre ou aire piétonne) ≈ 0,1 à 1 M d'€/km	Bus en site propre ≈ 5 M d'€/km Tramway ≈ 20 M d'€/km Métro ≈ 80 M d'€/km

NB : ces montants peuvent fortement varier selon les contextes.

Bref, le développement du vélo ne pose pas de difficulté économique, c'est d'abord un problème de choix politique. Il suffit de ne pas construire un seul kilomètre de voie rapide urbaine pour financer une politique ambitieuse de ville cyclable pendant des années. Un budget d'environ 10 euros par an et par habitant permet déjà de faire du bon travail ; ce ratio étant à Amsterdam de 27 euros[60]. Londres qui a annoncé récemment un très ambitieux plan de développement des aménagements cyclables voudrait y consacrer 18 livres (21 euros) par an et par habitant, soit 913 millions de livres (plus d'un milliard d'euros) en dix ans[61]. En période de difficultés budgétaires et de réduction des subventions publiques, les collectivités locales commencent à envisager le vélo comme une façon peu coûteuse de développer des alternatives à l'usage de l'automobile et même à l'extension des transports publics, dont le coût ne cesse de dériver ces dernières années[62].

Pour l'État, la Sécurité sociale et les entreprises, le vélo est une bénédiction. Les analyses coûts-avantages démontrent sans difficulté que les avantages d'une politique nationale du vélo sont très supérieurs à ses coûts grâce, principalement, à la réduction des dépenses de santé qu'apporte un usage régulier de la bicyclette et à la réduction de l'absentéisme dans les entreprises que favorisent la ponctualité et la meilleure santé des employés qui viennent à vélo [63].

Au terme de sa magistrale étude pour Atout France, Nicolas Mercat, du bureau d'études Indiggo-Altermodal, considère ainsi que : « S'il n'y a qu'un point à ressortir de l'économie du vélo, c'est sans hésiter l'enjeu santé. Les impacts d'une pratique régulière du vélo sont à présent connus, très bien documentés et monétarisés dans le cadre d'une large étude européenne menée par l'Organisation mondiale de la santé. Rejoindre le peloton européen du vélo signifierait pour la France de passer de 75 km/an/habitant à 250 ou 300 km [une pratique correspondant à celle de l'Allemagne, de la Belgique ou de la Suède]. L'impact économique attendu serait de 15 milliards d'euros par an en économie de dépenses de santé publique, journées de travail perdues et valorisation d'années de vie supplémentaires, loin devant tous les autres impacts potentiels [64]. » De quoi combler le déficit de la Sécurité sociale. L'investissement à consentir pour y parvenir serait dix à vingt fois moindre.

7

Quelques éléments constitutifs d'une politique de ville cyclable

> Avec le renouveau, fragile et récent, du vélo en ville, le mouvement se confirme. La bicyclette n'est plus réservée aux dimanches. D'espèce menacée, elle a acquis le statut d'espèce protégée. [...] On la pare de nouvelles vertus : le réveil biologique contre l'engourdissement des sens. Le principe du réel face à la virtualité d'Internet, et certaines valeurs que l'on pourrait nommer sobriété, autonomie, responsabilité, convivialité.
>
> Hélène Giraud, *Le Goût du vélo*, 2012 [1].

Ce chapitre abandonne momentanément le plan chronologique jusqu'ici adopté, pour explorer plus en profondeur certains aspects trop brièvement évoqués dans les pages précédentes. L'objectif est de repérer les ingrédients qui paraissent les plus essentiels dans la mise en œuvre d'une politique de ville cyclable dans l'Hexagone. Il s'agit à la fois de s'inspirer de ce que font les pays plus en avance et de tenir compte des spécificités françaises.

Du réseau maillé au système vélo et à la ville apaisée

Pour développer une politique de ville cyclable, les villes françaises, avec l'aide du CERTU, des CETE et du CVTC, ont peu à peu affiné leur doctrine, en trois temps, en reprenant globalement le cheminement de toutes les villes d'Europe du Nord.

Dans un premier temps, elles se sont rendu compte qu'il ne suffit pas de réaliser des aménagements cyclables, encore convient-il que le réseau soit suffisamment dense et maillé, avec un niveau de sécurité homogène. Un effort de programmation se révèle indispensable à travers la mise au point d'un schéma directeur des itinéraires cyclables précisant les axes structurants et les aménagements prioritaires. Cela passe par le repérage et le traitement des discontinuités, dont on peut distinguer trois catégories selon l'échelle considérée : les petits obstacles gênants (une bordure trop haute, une plaque d'égout dangereuse, une chicane trop serrée, un revêtement défectueux...) ; les obstacles plus importants qui dissuadent déjà de circuler à vélo (un carrefour non aménagé, une bande cyclable envahie par du stationnement illicite, une artère sans aménagement cyclable, un sens interdit...) ; enfin, les coupures urbaines, telles que les infrastructures infranchissables ou les grandes emprises non traversables, qui interdisent tout passage d'un quartier à l'autre ou obligent le cycliste à de larges détours très décourageants. En France, certaines villes n'en sont pas encore à traiter les micro-obstacles pendant que d'autres s'attaquent déjà aux obstacles plus importants. Rares sont celles qui, comme Strasbourg, ont une politique, assez coûteuse mais indispensable, de traitement systématique des coupures par des passages dénivelés.

Dans un deuxième temps, de nombreuses villes ont compris qu'on ne peut se contenter de réaliser des aménagements cyclables et ont cherché à développer ce que plusieurs auteurs et organismes ont proposé d'appeler, sans se concerter, un « système vélo [2] », tout comme il existe un système automobile [3]. Un système vélo comporte trois piliers : des aménagements cyclables et des dispositifs de stationnement au domicile comme à destination ; une série de services permettant notamment de lutter contre le vol et de faciliter la location et la réparation des vélos ; et une politique de promotion de la bicyclette visant à redresser son image, à encourager sa pratique et à expliquer les solutions mises en œuvre. Le développement des systèmes de vélos en libre-service et des vélostations s'inscrit clairement dans cette approche. Compte tenu de la portée limitée des déplacements à vélo (qui n'est toutefois pas négligeable), le système vélo est en réalité un sous-système du « système de transport écologique » (*Verkehrsmittel des Umweltverbundes* en allemand) associant marche, vélo et transports publics [4] et que l'urbaniste suisse Lydia Bonanomi a proposé d'appeler l'écomobilité [5].

Dans un troisième temps, à l'exemple des villes d'Europe du Nord, quelques villes françaises commencent depuis peu à prendre au mot la remarque du CERTU formulée dans le manuel français sur les aménagements cyclables dès 2000 : « En ville, la meilleure approche est de privilégier la modération de la vitesse partout où cela est possible pour permettre l'intégration des vélos dans la circulation [6]. » Seule une telle politique peut offrir aux cyclistes un environnement apaisé suffisamment rassurant pour inciter un grand nombre de citadins à revenir au vélo. Il s'agit concrètement de généraliser les zones apaisées (zones 30, zones de rencontre et aires piétonnes) sur 80 % du linéaire de voirie, en créant même des « ponts 30 » sur les tronçons d'artères où domine la vie locale de façon à relier les quartiers en zone 30 [7]. Parmi les villes qui ont un tel projet, on peut citer quelques grandes agglomérations comme Strasbourg, Nantes, Angers, Toulouse, Grenoble ou Paris *intra muros*.

Ainsi, la ville de Nantes a décidé d'étendre sa zone 30 centrale, en 2012, de 16 à 75 hectares et de créer une zone à trafic limité de 8 hectares dans l'hypercentre. Cette ZTL, la première en France, mise en place en septembre 2012, s'inspire clairement de l'exemple italien. Elle comprend un lacis de ruelles piétonnes et cinq rues plus grandes dont le cours des 50 Otages. Deux grands axes cyclables nord-sud et est-ouest, en cours d'aménagement, traverseront l'agglomération. Les zones 30 seront généralisées dans tous les quartiers, y compris en périphérie, et les aménagements cyclables complétés sur toutes les artères [8]. La concurrence du tramway, on l'a vu, est redoutable à Nantes. Les étudiants, par exemple, ont pris l'habitude de prendre le tramway plutôt que le vélo. Mais, pour toute la population, ces zones apaisées devraient inciter à essayer à nouveau la bicyclette. D'ores et déjà, le trafic cycliste a plus que doublé en un an dans la ZTL.

Modérer la vitesse pour réduire les nuisances

La vitesse est au cœur de la plupart des accidents. Ce n'est pas simplement un « facteur aggravant », mais bien une cause majeure, qui se combine presque toujours à d'autres facteurs. Son importance s'explique par les lois élémentaires de la physique et par les limites physiologiques de l'homme. Trois phénomènes se conjuguent. D'abord, l'énergie cinétique du véhicule – sa force d'impact – croît de façon plus que proportionnelle avec la vitesse : plus un véhicule roule vite, bien plus il est dangereux. Ensuite, le champ de vision du conducteur se réduit avec l'accroissement de la vitesse : les personnes, les véhicules, les événements qui surgissent sur le côté ne sont plus visibles. Enfin, la distance d'arrêt cumule la distance de réaction puis la distance de freinage qui est surtout liée à l'inertie du véhicule. Là encore le phénomène est plus que proportionnel à la vitesse. C'est pourquoi, le risque d'accident augmente de façon bien plus importante que ne croît la vitesse, pour les occupants du véhicule comme pour les autres usagers de la rue – et notamment les cyclistes.

À l'inverse, de nombreuses études empiriques prouvent qu'en réduisant les vitesses moyennes de 5 % à 10 %, la généralisation des zones 30 réduit les accidents et le nombre de victimes de 10 % à 30 %[9]. En outre, en ce qui concerne la gravité des accidents, d'autres études montrent, pour les piétons et les cyclistes, que le risque mortel lors d'un choc contre un véhicule est bien moindre à 30 km/h qu'à 50 : 15 % contre 60 % de tués selon le CERTU.

La vitesse ne joue pas seulement sur l'insécurité routière, mais aussi sur les autres nuisances. Certaines d'entre elles

Le risque d'accident à vélo

Une récente recherche a mesuré pour la première fois avec précision l'accidentalité des cyclistes en utilisant, non plus les données des forces de l'ordre qui sous-enregistrent beaucoup les cyclistes blessés lors d'accidents, mais celles issues du « Registre des victimes d'accident de la circulation routière du Rhône ». Depuis 1996, dans ce département, toutes les structures hospitalières, publiques ou privées, sont mobilisées pour recenser les accidents, les victimes et leur type de blessures. Il en ressort que, trois fois sur quatre, les cyclistes se blessent seuls, en tombant ou en percutant un obstacle et non d'autres usagers. Ce sont surtout ces chutes qui sont mal repérées. D'où la nécessité d'offrir des infrastructures de qualité et entretenues, de disposer d'un vélo en bon état et de circuler prudemment.

Cette recherche révèle aussi qu'il est deux fois moins risqué de circuler à vélo dans l'agglomération lyonnaise que dans le reste du département. Dans cette agglomération, par rapport à la voiture, le risque d'être blessé (toutes gravités) lors d'un déplacement est 2,5 fois moins élevé à pied, 7,7 fois plus élevé à vélo et 42,2 fois plus en deux-roues motorisé [10]. Comme pour les piétons, les cyclistes âgés sont de loin les plus exposés. Ce risque à vélo apparaît bien plus élevé que celui évoqué auparavant pour l'agglomération strasbourgeoise (7,7 au lieu de 2). Cet écart s'explique d'abord par les chutes jusqu'ici sous-estimées, mais aussi par l'adaptation poussée de Lyon à l'automobile sous l'ère du maire très « autophile » Louis Pradel (1957-1976) : l'autoroute A6 traverse la ville devant la gare de Perrache, la plupart des artères sont à sens unique, les vitesses pratiquées élevées et les aménagements cyclables encore rares. Le phénomène de sécurité par le nombre ne joue guère : le risque d'accident à vélo est ainsi trois fois plus élevé en France qu'aux Pays-Bas et sans doute plus important à Lyon qu'à Strasbourg.

La recherche sur les types d'accidents concernant les cyclistes montre aussi que la majorité d'entre eux peuvent être évités par des précautions simples : rester éloigné des poids lourds, ne pas raser les voitures en stationnement pour éviter l'ouverture intempestive des portières, apprendre à négocier les tourne-à-gauche et les giratoires, et être bien visible la nuit.

augmentent toujours avec la vitesse, comme les accidents, le bruit, les effets de coupure... D'autres connaissent une courbe d'évolution en U, diminuent d'abord, atteignent un point bas, puis augmentent au-delà, comme la pollution, la consommation d'espace ou la congestion. Souvent mis en avant par les opposants aux zones 30, le cas de la pollution mérite quelques explications. Il est exact que les véhicules actuels polluent plus en roulant à 20 km/h ou 30 km/h qu'à 50 km/h ou 80 km/h [11]. Mais ce n'est vrai que si le réseau de voirie ne change pas. Or, dans les zones 30, le trafic est plus fluide : les carrefours à feux ne sont plus nécessaires ; des minigiratoires ou de simples priorités à droite deviennent suffisants. Les démarrages et accélérations, sources principales de pollution en ville, sont alors nettement moindres. De plus, une ville apaisée favorise le report modal, tout particulièrement en faveur des cyclistes, comme d'innombrables travaux déjà cités le constatent. Certains prétendent enfin qu'en ralentissant le trafic automobile, le vélo pollue ! À ce compte-là, tout obstacle à la progression du trafic automobile pollue aussi : les piétons, les carrefours, la ville elle-même...

Lutter contre le vol avec les outils adéquats : antivols, stationnement, formation

Le vol de vélos est généralement considéré comme le deuxième obstacle à la pratique de la bicyclette après l'insécurité routière. Une étude très complète, réalisée au début des années 2000, fait le point sur ce sujet [12]. Ses résultats, qu'on se propose de présenter ici, vont à l'encontre de bien des idées reçues et il est peu probable que la situation ait beaucoup évolué depuis lors.

La France connaît environ 400 000 vols de vélos par an. Faute d'un enregistrement précis de ces vols par les forces de l'ordre, il s'agit là d'une estimation cohérente avec l'importance de ce phénomène dans les autres pays européens où il est mieux connu. La moitié des cyclistes interrogés ont eu un vélo volé, le tiers ont eu des pièces ou accessoires de leur vélo subtilisés et un sixième des pièces dégradées. La moitié des vols de vélos a lieu dans des espaces privés dont près de la moitié dans un local fermé : peu de cyclistes croient nécessaire de mettre un antivol dans un local collectif fermé et encore moins d'accrocher leur vélo à un point fixe. Dans les espaces publics, 7 % des vols ont lieu dans des parcs à vélos gardés ou surveillés. Le risque est sans doute bien plus élevé dans les grandes villes que dans les petites mais, les cyclistes y étant également plus prudents, cette hypothèse est difficile à tester.

Les précautions prises par les victimes apparaissent très insuffisantes : 22 % des vélos ne sont pas cadenassés au moment du vol, 32 % des vélos attachés ne le sont pas à un point fixe et 95 % des cyclistes utilisent un cadenas de mauvaise qualité. De plus, près de la moitié des cyclistes ne portent pas plainte, alors que le dépôt de la plainte a été refusé dans à peine 5 % des cas. Il est vrai que seulement 6 % des vélos sont retrouvés dont le quart grâce à la police. Mais la moitié des cyclistes n'ont aucun moyen de prouver que le vélo retrouvé est bien à eux (pas de facture ou de numéro de cadre à produire).

Contrairement à l'opinion commune, les voleurs de vélos sont très rarement des bandes organisées, car ce type de vol n'est pas assez lucratif, sauf quand il s'agit de vélos de valeur, notamment dans les sites touristiques ou les compétitions sportives où on a vu des camionnettes embarquer d'un coup plusieurs vélos revendus ensuite sur Internet. La majorité des voleurs sont en fait des usagers indélicats qui « empruntent » – disent-ils – un vélo pour l'utiliser puis l'abandonner à destination. Ce sont souvent des adolescents ou même des préadolescents qui volent des vélos pour s'amuser et, parfois, des toxicomanes qui revendent aussitôt leur forfait à bas prix, pour se payer leur dose. La police explique ainsi qu'une partie importante des Vélib' volés – 9 000 en 2012 – le sont par des mineurs désœuvrés de l'Est parisien, en période de vacances : une sorte de rite initiatique pour prouver son courage. Les voleurs profitent donc surtout des précautions insuffisantes prises par certains cyclistes.

De ce constat, il faut tirer deux enseignements. D'une part, un bon antivol [a] dissuade très fortement les voleurs qui sont vite découragés s'il leur résiste. Certes, aucun antivol ne résiste plus de dix minutes à un voleur expérimenté et outillé, mais ce type de voleur est rarissime. Pour éviter le vol des pièces mobiles, des solutions simples peuvent être mises en œuvre : écrous plutôt que papillons, fils de fer plutôt que lanières... D'autre part, contrairement à une idée commune, les vélos « moches » – et souvent moins sûrs – attirent tout autant les voleurs s'ils sont mal protégés. En conséquence, utiliser un vélo dégradé et un piètre antivol est un mauvais calcul.

La plupart des victimes sont des cyclistes inexpérimentés. Ainsi, un cycliste qui a seulement trois ans de pratique a quatorze fois plus de risques de se faire voler son vélo qu'un cycliste ayant quinze ans de pratique. Cet écart considérable est la preuve d'une très forte sous-estimation du risque de vol par les cyclistes novices. Ils ont tendance à acheter une bicyclette sans prendre ensuite les précautions nécessaires pour la sécuriser. Avec les années, les cyclistes persévérants prennent progressivement la précaution d'acheter un bon antivol et de l'utiliser pour attacher en toutes circonstances le cadre et la roue avant à un point fixe.

En cas de vol, le marquage du cadre facilite le retour du vélo à son propriétaire, mais l'impact est toutefois marginal puisque seulement 6 % des vélos sont retrouvés. Il est aussi censé décourager le vol, mais ceux qui « empruntent » un vélo pour s'en servir puis l'abandonner y sont insensibles. Néanmoins, quelques organismes le proposent comme la FUB [13]. Une assurance permet d'indemniser le cycliste victime d'un vol, mais diverses clauses restreignent son efficacité : franchise élevée, pas de remboursement si le vol a lieu dans un espace

---

a Comme il n'existe pas en France de normalisation de ces matériels, la FUB a testé les antivols les plus courants du marché et en propose un classement régulier sur <www.bicycode.org>.

public, obligation d'utiliser un bon antivol, un seul remboursement par an... C'est pourquoi, les mesures préventives sont de loin préférables.

Finalement, la mesure la plus efficace consiste à bien informer le cycliste sur les précautions à prendre et cela dès l'achat de son vélo. Devraient logiquement s'en charger les services de communication des municipalités et plus encore les marchands de cycles. Mais ceux-ci ont parfois peur d'effrayer les cyclistes et de rater des ventes de vélo en leur parlant de l'achat complémentaire et indispensable d'un bon antivol. Pourtant, quand un cycliste se fait voler sa monture, il n'en rachète pas dans 20 % des cas. Quand il en rachète une, c'est un vélo d'occasion dans un cas sur deux. Et s'il rachète un vélo neuf, il se contente d'un produit 20 % moins cher. Ainsi, le vol de vélos dissuade la pratique et tire le marché du cycle vers le bas en incitant les cyclistes à acheter des vélos d'occasion ou bas de gamme mal adaptés à leurs besoins et peu sûrs.

Un dispositif de stationnement de type arceau sur l'espace public ou un local fermé sont les compléments d'un antivol de qualité mais ne sauraient s'y substituer (sauf peut-être dans le cas de box individuels bien sécurisés). Les dispositifs intégrant un antivol n'ont pas d'intérêt car le cycliste a de toute façon besoin d'un antivol pour s'arrêter dans d'autres lieux. La surveillance directe ou par vidéo ne remplace pas non plus l'utilisation d'un antivol. Bref, il ne suffit pas de réaliser des dispositifs de stationnement ou de mettre en place des systèmes de gardiennage, il convient tout autant d'informer les cyclistes sur le risque de vol et sur la double nécessité d'acheter un bon antivol et de l'utiliser correctement. À défaut, les matériels de stationnement même les plus sophistiqués ne servent pas à grand-chose.

Améliorer l'image du vélo utilitaire

En France, l'image du vélo utilitaire et celle des cyclistes urbains est aujourd'hui en plein redressement [14], mais il reste bien du chemin à parcourir. Pour les classes populaires, la voiture est une conquête récente, son accès demeure difficile et se complique même, avec le coût élevé du permis, les amendes qui se multiplient avec les radars, le prix des formations pour récupérer des points de permis [15]... Aussi, un retour à la bicyclette, même partiel, est vécu comme une régression, une déchéance, voire une humiliation. De plus, pour les populations qui vivent dans des cités d'habitat social excentrées, dans des pavillons en grande périphérie, ou dont l'emploi est éloigné ou à horaires décalés, bien des déplacements ne sont plus aujourd'hui imaginables à vélo, même combinés avec les transports publics.

Comme toujours, ce sont les élites urbaines qui lancent les modes et construisent les nouvelles normes de consommation. Elles sillonnent désormais les centres-villes et les quartiers chics et calmés à bicyclette, souvent sur un vélo public, en recherchant avec leur smartphone les VLS ou les places disponibles. Par un curieux retournement de l'histoire, le « véhicule du pauvre » est maintenant devenu un « truc pour bobo », un nouveau moyen de distinction sociale, comme aux débuts de la bicyclette. Les publicitaires et certaines entreprises se sont vite emparés de cette image branchée pour l'associer à leurs produits tendance. Ce n'est pas forcément une bonne nouvelle, car cette image peut servir de repoussoir aux classes populaires. Mais elle finira par s'estomper, avec la banalisation de ces nouvelles pratiques.

La bicyclette bénéficie aussi par contrecoup de l'image de moins en moins attrayante de la voiture [16]. Les jeunes passent leur permis de plus en plus tard et plébiscitent l'autopartage. Les nuisances de l'automobile ne sont plus niées par personne. En ces temps de hausse du prix des carburants, il paraît absurde de circuler seul en ville au volant d'un véhicule de plus d'une tonne. Les élites préfèrent circuler en taxi, les classes moyennes en transports collectifs ou, au besoin, en véhicule de location.

Bref, la communication est un levier fondamental dans une politique de ville cyclable. Elle est pourtant, en France, très négligée. Il devrait aller de soi que les édiles les plus en vue montrent l'exemple. Malheureusement, de nombreux maires ou présidents de groupement de communes ont encore honte de se montrer sur une bicyclette : « Vous n'allez pas m'obliger à monter sur un vélo, je vais être ridicule ! », disait récemment, devant la presse médusée, le maire d'une grande ville à l'occasion de l'inauguration d'un nouveau parking à vélos près de la gare centrale. Certains, en revanche, l'ont bien compris : à Bordeaux, le maire (Alain Juppé, UMP) et le président de la communauté urbaine (Vincent Feltesse, PS) inaugurent ensemble, à bicyclette, les réalisations majeures. De même, chaque ville devrait lancer périodiquement des campagnes de communication pour conforter les citadins à revenir au vélo, à l'exemple de Strasbourg. L'État lui-même ne montre pas l'exemple. Ses rares initiatives en faveur des modes actifs ne font l'objet d'aucune information du public. Ce qui entraîne bien des incompréhensions sur le terrain. *A contrario*, les villes et les pays les plus cyclistes n'hésitent pas à communiquer largement sur leur politique de ville ou de pays cyclable, en en faisant un élément fort de leur image [17].

L'utilisation régulière d'une bicyclette suppose un nouvel art de vivre. Aussi la communication peut-elle porter sur de très nombreux aspects pratiques : sur les précautions à prendre dans la circulation ou pour réduire le risque de vol, sur les outils de recherche d'itinéraire et les services disponibles (location, réparation gardiennage...), ou sur la manière de s'y prendre pour faire ses courses à vélo. La formation peut concerner les scolaires pour les aider à venir à l'école à vélo, les adultes qui veulent apprendre à rouler à bicyclette ou retrouver un peu d'assurance dans le trafic, les salariés pour les inciter à venir au travail à vélo, les vélocistes pour qu'ils argumentent mieux face au problème du vol de vélos, etc. La communication et la formation institutionnelles pas toujours bien perçues méritent d'être relayées par des initiatives privées venant d'associations ou d'employeurs. C'est la multiplicité des initiatives, des canaux d'information et des cibles qui finit par rendre le message crédible.

Mettre en œuvre un système de transport écologique

En France, les relations entre transport public et vélo, autrefois difficiles, se sont beaucoup améliorées. Les associations d'usagers des transports défendent désormais la complémentarité entre ces deux modes [18], tout comme le lobby des transports publics : l'Union des transports publics (UTP) et le GART [19]. Il manque cependant une compréhension du potentiel des principales formes d'intermodalité vélo-transport collectif. En s'inspirant des pratiques des pays européens les plus en avance dans ce domaine, cinq formes s'en dégagent [20].

Le rabattement à vélo sur les gares ou stations périphériques et les aires de covoiturage convient pour des trajets réguliers. Son potentiel est énorme : aux Pays-Bas, 40 % des voyageurs arrivent à vélo à la gare [21]. Il nécessite le plus souvent de simples arceaux couverts, éventuellement vidéosurveillés, et plus rarement un parc fermé et sécurisé par badge.

Le vélo gardienné à proximité de la gare centrale permet au cycliste d'arriver en ville par le train, de récupérer son vélo qui l'attend la nuit et les week-ends dans un garage fermé et gardé, de circuler à vélo dans la journée, puis de déposer sa monture avant de reprendre le train. Ce type de solution a aussi un fort potentiel : aux Pays-Bas, 10 % des voyageurs utilisent un vélo à l'arrivée en gare [22]. L'idéal est de proposer aux cyclistes, à proximité immédiate de chaque grande gare, une vélostation fournissant divers services : un stationnement sécurisé, un service de petites réparations, l'achat de petit matériel, des conseils, des informations…

Le vélo loué pour un ou quelques jours à l'arrivée en train en ville est adapté aux déplacements occasionnels (tourisme, affaires, visites...). Le nombre d'utilisateurs peut être très important. Aujourd'hui, le système le plus élaboré est celui proposé aux Pays-Bas par les NS (les chemins de fer néerlandais), sous l'appellation OV-Fiets. En 2011, le service était présent sur 230 sites situés principalement dans les gares, avec

100 000 abonnés réalisant un million de locations par an. Pour un prix particulièrement modique – 10 euros l'abonnement annuel puis 3,15 euros par jour de location, en 2013 –, l'abonné reçoit une carte magnétique qu'il lui suffit de présenter à l'entrée pour disposer d'un vélo pendant un, deux ou trois jours maximum. Selon OV-Fiets, la moitié des usagers utilisent ce système à des fins professionnelles. Il est prévu de multiplier les sites en dehors des gares ferroviaires.

La combinaison vélos en libre-service + transports publics convient pour des déplacements occasionnels en zone dense. Son potentiel est assez faible car les vélos ne peuvent pas être très nombreux faute de place devant les gares et les stations ou ne sont pas toujours disponibles. À Lyon, cela concerne 15 % des usagers des Vélo'V [23] et cette part est du même ordre à Lille [24].

Le vélo embarqué dans le transport public est une solution attrayante car elle supprime le risque de vol, mais le cycliste doit manutentionner son vélo et n'est pas sûr de trouver une place dans la rame ou que ce transport soit autorisé. L'utilisation d'un vélo pliant réduit ces problèmes, mais suppose un investissement d'au moins 1 000 euros au départ, car seuls les produits haut de gamme sont suffisamment stables, fiables et faciles à plier. Pour le transporteur, l'embarquement et le débarquement retardent les trains et les vélos encombrent les rames. Il n'est guère possible, par conséquent, que plus de 5 % des voyageurs utilisent ce système. Beaucoup de cyclistes réclament ce service mais il faut bien admettre que son potentiel est limité. Dans les rames néerlandaises, les places pour vélos pourtant nombreuses sont saturées et les voyageurs se plaignent de l'encombrement des couloirs par les vélos pliants. C'est pourquoi, une bonne part de la solution réside dans la combinaison « vélo + transport collectif + second vélo ». C'est aussi la conclusion des Régions françaises les plus en pointe, comme l'Alsace qui a interdit le TER 200 – qui circule sur la ligne Strasbourg-Mulhouse-Bâle – aux vélos à l'heure de pointe et qui subventionne en contrepartie des parcs à vélos à proximité des gares desservies.

Ces cinq solutions peuvent être combinées et méritent toutes d'être encouragées [25], mais il vaut mieux concentrer les efforts sur celles qui présentent le plus fort potentiel.

Le vélo à assistance électrique

Dans ce concert des modes écologiques, le vélo à assistance électrique (VAE) a un rôle appréciable à jouer. Selon l'article R. 311-1 du code de la route, le VAE ou « cycle à pédalage assisté » est un « cycle équipé d'un moteur auxiliaire électrique d'une puissance nominale continue maximale de 0,25 kilowatt, dont l'alimentation est réduite progressivement et finalement interrompue lorsque le véhicule atteint une vitesse de 25 km/h, ou plus tôt si le cycliste arrête de pédaler ». Ce n'est donc pas un « vélo électrique ».

Ce double seuil de 250 watts et 25 km/h est contesté, à la fois par ceux qui le trouvent trop bas pour que les cyclistes puissent vraiment affronter les obstacles (distances, côtes ou vent) et ceux qui le trouvent trop élevé car il pousse les cyclistes à rouler vite à leurs risques et périls. Ce compromis paraît donc acceptable : il permet aux cyclistes de disposer d'un complément de puissance tout en circulant à vitesse modérée, sans devenir pour autant un deux-roues motorisé soumis au port du casque et interdit d'aménagement cyclable.

Malgré son poids et surtout son coût, le VAE peut rendre service dans de très nombreuses situations (voir encadré, ci-contre) et connaît par conséquent un fort développement dans les pays les plus cyclistes où les usagers sont prêts à mettre des sommes importantes pour acheter un bon vélo. En 2012, il représentait déjà 12 % du marché aux Pays-Bas et 10 % en Allemagne (contre 1,5 % en France). Certains imaginent qu'il pourrait représenter la moitié du parc dans trente ans.

Comme pour le VLS, le VAE suscite un engouement souvent excessif. De nombreuses collectivités locales, entreprises ou administrations sont prêtes à subventionner leur achat mais pas celui de vélos classiques pourtant trois fois moins

Les dix usages du vélo à assistance électrique

Pour comprendre l'essor rapide des VAE dans des pays très cyclistes, tels que les Pays-Bas ou l'Allemagne, il convient de détailler les nombreux besoins auxquels ils peuvent répondre :
- démarrer plus facilement sans zigzaguer ;
- faciliter le parcours de longs trajets, notamment domicile-travail ;
- affronter plus efficacement le vent qui est l'obstacle aléatoire principal du cycliste (une vraie difficulté aux Pays-Bas) ;
- franchir des territoires vallonnés (qui ne sont pas rares en Allemagne) ;
- transporter des charges lourdes : plusieurs enfants, un adulte, les courses d'une famille pour la semaine, des colis à livrer... ;
- éviter un éventuel coup de fatigue pour les personnes qui ont des métiers épuisants, à horaires décalés, ou certaines maladies... ;
- surmonter une faiblesse persistante liée à un handicap ou à l'âge ;
- rassurer les nouveaux cyclistes qui manquent encore de tonus musculaire et favoriser ainsi la redécouverte du vélo ;
- éviter toute transpiration pour arriver impeccable au travail ou à un rendez-vous, surtout en période de canicule ;
- mieux équiper son vélo – et donc l'alourdir – sans pour autant se fatiguer plus...

Toutes ces raisons ne sont pas exclusives et se combinent souvent.

chers. Une telle discrimination peut parfois se justifier, notamment dans les villes vallonnées comme Chambéry ou Rouen où l'initiative connaît un grand succès. Mais il s'agit, dans d'autres cas, d'une sorte de prime à la technologie : le vélo ne serait digne d'intérêt que s'il est sophistiqué. C'est là nier ce qui fait, pour beaucoup d'usagers, une bonne part de son attrait : sa simplicité d'usage et de réparation.

Reconquérir les divers publics

Une politique de ville cyclable ne peut pas encourager certains publics et en négliger d'autres, car il est plus difficile pour les premiers de se remettre au vélo quand les seconds ne se croient pas concernés et les regardent de haut. Toutes les générations et toutes les catégories sociales méritent d'être considérées. Une des raisons du succès du vélo à Strasbourg, c'est la capacité de la ville à maintenir un niveau de pratique honorable dans l'ensemble de la population : tant chez les scolaires ou les étudiants que chez les ouvriers, les employés ou les cadres [26]. Voici quelques éclairages sur les différents publics à conquérir. On entre là dans le domaine du « management de la mobilité » qui cherche à agir en priorité sur la demande de déplacement.

Les scolaires. La conquête du public scolaire est stratégique, car l'apprentissage de la pratique du vélo en milieu urbain dès l'enfance conditionne beaucoup la poursuite de cet usage à l'âge adulte [27]. Mais les parents perçoivent cette pratique comme particulièrement dangereuse. Aussi, pour inciter les enfants à se rendre à l'école primaire ou à certaines activités à vélo et pour éviter les éventuelles railleries de leurs camarades, un accompagnement paraît-il nécessaire. C'est le but des « vélobus », que l'ADEME définit comme un « système de déplacement en commun à vélo, sur un trajet déterminé, avec des horaires de passage fixes, accompagné et encadré » par des adultes. Ce système suppose une forte implication des parents qui doivent se relayer pour accompagner bénévolement les enfants, car il est trop coûteux de rémunérer des personnes affectées à cette tâche. Beaucoup de vélobus ont du mal à perdurer ou ne fonctionnent qu'un jour par semaine. Une solution plus pérenne consiste à sécuriser les trajets, pour que les enfants puissent devenir autonomes.

Au début des années 1980, au moment où la communauté urbaine de Lille abandonnait ses premiers efforts d'aménagements cyclables, la ville voisine belge de Courtrai

(70 000 habitants) s'alarmait de la baisse de l'usage du vélo chez les scolaires. Elle a alors décidé de réaliser une grande enquête pour identifier leurs itinéraires et les difficultés rencontrées, puis elle s'est lancée dans leur traitement progressif. Ce fut le début de la relance du vélo dans cette ville, dont la pratique atteint aujourd'hui 20 % des déplacements.

Pour encourager l'accès aux collèges à bicyclette en sécurité, des aménagements cyclables de rabattement et des parcs à vélos dans les établissements sont indispensables. Pour les conseils généraux, cette solution est beaucoup moins coûteuse que d'affréter des cars scolaires. Pour les parents, elle les dégage de la contrainte de l'accompagnement. Le conseil général de l'Hérault l'a bien compris. En 2000, un nouveau collège est implanté entre Jacou et Teyran, dans la périphérie nord-est de Montpellier, le long d'une piste cyclable et de façon à ce que 80 % des futurs élèves habitent à moins de 3 km du collège. Le réseau cyclable alentour est complété et un parc à vélos couvert réalisé. Les divers acteurs – communes, parents d'élèves, écoles primaires – sont associés au projet. Résultat, la moitié des élèves du collège s'y rendent désormais à bicyclette [28]. Depuis ce succès, une dizaine d'autres établissements ont été équipés dans le département.

Les efforts ne doivent pas s'arrêter au collège, mais se poursuivre au lycée puis à l'université. Pour amener les lycéens et les étudiants à utiliser la bicyclette, les Régions peuvent réaliser des garages à vélos mais doivent travailler avec les communes et les conseils généraux sur la question du rabattement. Le potentiel d'usagers est très important : dans la communauté urbaine de Strasbourg, par exemple, ce sont 20 % à 40 % des lycéens qui viennent à vélo. Il en est de même quand un campus est bien relié au réseau cyclable et pas trop éloigné du centre-ville.

Les salariés. Le public salarié est tout aussi stratégique que les scolaires, car ceux qui prennent la voiture pour aller au travail ont tendance à l'utiliser aussi pour d'autres motifs : accompagner les enfants à l'école, faire les courses...

C'est pourquoi, les plans de déplacements d'établissement (PDE) sont une excellente occasion de sensibiliser les salariés à l'utilisation de la bicyclette, seule ou en combinaison avec les transports publics. Le volet vélo d'un PDE peut comporter de nombreuses mesures : un parc de stationnement, une aide à l'achat de vélos, un service gratuit d'entretien, du matériel de sécurité offert, des conseils...

À Grenoble, en 1999, la société STMicroelectronics comptait 1 900 salariés sur un site saturé et congestionné aux heures de pointe, situé à 3 km du centre-ville. Elle constate alors que 80 % de ses salariés viennent en voiture, chacun utilisant 2 m^2 de terrain seulement pour son bureau dans un immeuble à étages, mais 25 m^2 pour sa voiture. Pour gagner de l'espace et construire de nouveaux bâtiments, elle décide de se lancer dans un PDE en invitant ses salariés à venir autrement qu'en voiture. En cinq ans, avec l'aide de la ville qui améliore les accès du site en transports alternatifs à l'automobile, elle parvient à inciter 14 % de salariés supplémentaires à venir en transports collectifs, 11 % à venir à vélo et 5 % à pied [29].

Les clients. En tenant compte des déplacements de fin de semaine et des retours au domicile, 21 % des déplacements sont liés aux achats [30]. Depuis dix ans, les commerces de centre-ville et de proximité – notamment les supermarchés et les maxidiscomptes – connaissent un succès croissant. Les Français se rendent compte, en effet, qu'il est possible de faire les courses à pied ou à bicyclette à moindre coût, certes en allant un peu plus souvent dans des supermarchés plutôt que dans des hypermarchés et en y achetant des produits un peu plus chers, mais en réduisant fortement leurs frais de transport. Cette nouvelle tendance suppose cependant le développement de solutions de portage de charges lourdes, de type caddy pour les piétons, sacoches ou même remorque pour les cyclistes. Une remorque permet ainsi de transporter jusqu'à 50 kg, soit bien plus que les 35 kg de poids moyen des achats dans un hypermarché, certaines marques pouvant être utilisées comme des caddies, sans aucune rupture de charge du rayon au frigo [31]. Pendant l'été 2013, la société Intermarché a expérimenté, dans quelques-uns de ses magasins du Sud-Ouest, le prêt de « chariots pour vélo » à certains de ses clients cyclistes.

Les cyclotouristes et les sportifs. Dans les années 1960 et 1970, les fabricants de deux-roues ont segmenté leur clientèle en réservant le vélo aux loisirs et les cyclomoteurs à la ville. Aujourd'hui, cette idée reste encore présente dans l'esprit de bien des responsables politiques et techniques. Pourtant, les usages récréatifs et utilitaires du vélo sont liés de multiples façons. Il n'est d'abord pas concevable de créer des réseaux différents, pour des raisons évidentes d'économie des deniers publics [a]. Pour quitter les villes et accéder à la campagne, des pistes cyclables sont nécessaires, qui peuvent aussi servir en semaine pour rejoindre les emplois du centre en venant de la périphérie. Les publics du vélo loisir et du vélo utilitaire se recouvrent également en partie. Nombre de nouveaux usagers essayent le vélo aux beaux jours, pour finalement l'utiliser tous les jours. Enfin, l'argument santé et plaisir du vélo, qui est au fondement même des promenades, peut servir tout autant à justifier les déplacements utilitaires, à condition d'offrir des conditions de déplacement apaisées et agréables.

Les femmes. Dans une ville encombrée de trafic, les femmes sont les premières à renoncer au vélo, les hommes étant plus téméraires. Ainsi, dans les villes françaises peu cyclables, elles ne représentent que le tiers des cyclistes. À l'inverse, dans une ville calmée, elles sont bien plus nombreuses : à Strasbourg, elles représentent 48 % des cyclistes et à Copenhague elles sont même légèrement majoritaires. Mais l'usage du vélo en fonction des sexes dépend aussi de la situation sociale. Dans les familles modestes, les femmes ont moins

---

a C'est pourtant ce que faisait encore il y a trois ans la communauté urbaine de Lille.

accès à l'unique voiture que les hommes ou bien n'ont pas le permis. Il est crucial de les aider à utiliser une bicyclette, pour accéder plus facilement et à moindre coût à l'emploi, à la ville et à une vie sociale plus riche. La solution consiste à organiser des séances de remise en selle ou, pour celles qui ne savent pas faire du vélo, de leur proposer un apprentissage. Les quelques vélos-écoles qui existent en France et ailleurs ont d'ailleurs essentiellement un public de femmes appartenant à des minorités : maghrébines en France, turques en Allemagne, indo-pakistanaises au Royaume-Uni... La vélo-école de l'association Ville à vélo de Montreuil, en Seine-Saint-Denis, a déjà formé plus de 1 000 élèves en dix ans, en développant une méthode aujourd'hui très au point et récemment primée. Son responsable, François Fatoux, constate que le vélo est un puissant moyen d'insertion et d'intégration et rappelle que ce sont les municipalités qui, en Allemagne ou aux Pays-Bas, proposent directement ces lieux d'apprentissage [32].

Bien d'autres publics mériteraient aussi une attention particulière : les personnes âgées, les chômeurs, les médecins et autres professions paramédicales, les enseignants ou encore les anciens détenus pour qui le vélo offre une formidable liberté de déplacement.

Du rôle des institutions dans les politiques de ville cyclable

Les institutions ont beaucoup de mal à appréhender la bicyclette et cela d'autant plus qu'elles sont importantes et bureaucratiques. Elles considèrent d'abord ce mode de locomotion comme marginal – ce qu'il est en effet – au point, souvent, de l'ignorer totalement au nom de l'intérêt général ou d'intérêts jugés supérieurs – ce qui n'est pas acceptable (les personnes handicapées sont soumises aux mêmes difficultés). Du fait de leurs cloisonnements excessifs, ces institutions sont ensuite incapables d'aborder la dimension systémique d'une politique de ville cyclable, et se contentent de n'en traiter que certains aspects, chaque service poursuivant son objectif sans se soucier de celui des autres services. C'est ainsi que les plus opposés aux politiques de ville cyclable sont parfois... les spécialistes de l'environnement eux-mêmes. Un parc, une voie sur berge, telle zone sensible devraient être exclusivement réservés aux promeneurs, quitte à obliger ces derniers à venir en voiture, faute d'un accès à vélo.

Les institutions s'arrêtent trop souvent aux frontières de leur territoire, sans chercher à coordonner leurs actions avec leurs voisins. Plus proches de leurs administrés, les communes sont plus à l'écoute des cyclistes, mais l'échelle à laquelle elles peuvent intervenir n'est pas la bonne, sauf pour les plus étendues. Quand ils existent, les organismes intercommunaux n'ont en général pas le pouvoir d'imposer aux communes des solutions cohérentes. En Île-de-France, où les enchevêtrements administratifs sont particulièrement complexes, les efforts consentis sont encore très disparates, hormis à Paris. *A contrario*, la « politique vélo » du Land de Berlin est « facilitée par [sa] structure administrative très simple [33] ».

La bureaucratie conduit souvent à une application tatillonne et absurde des procédures au détriment de l'objectif poursuivi et des résultats, c'est-à-dire des usagers. Le renouvellement trop rapide des responsables (souvent tous les trois ans), censé faciliter le décloisonnement, est peut-être salutaire dans des domaines aux compétences banalisées, mais se révèle catastrophique quand l'expertise est en pleine construction. La stabilité des professionnels est alors, au contraire, primordiale. Le vélo, préoccupation souvent mineure, est aussi facilement victime de rivalités politiques. Il arrive heureusement que ces rivalités jouent en faveur des cyclistes : gauche et droite faisant assaut d'initiatives pour séduire ce public. C'est le cas dans le Bas-Rhin entre la ville et la communauté urbaine de Strasbourg, d'une part, et le département et la Région, d'autre part.

Malgré tous ces dysfonctionnements, les institutions sont incontournables dans la mise en œuvre d'une politique de ville cyclable. Un chargé de mission vélo déterminé, soutenu par un élu de poids (si possible le maire lui-même ou un adjoint chargé de la circulation), peut mettre en place une politique de ville cyclable ambitieuse, qui mérite de bénéficier d'un budget spécifique.

Pour compenser leur méconnaissance du terrain et de la pratique quotidienne, les élus et les techniciens ont tout intérêt à s'appuyer sur les associations de cyclistes urbains et à nouer avec elles des partenariats. C'est une tradition en Europe du Nord qui se développe aussi en France. Le meilleur exemple français est sans doute celui de l'ADAV (Association droit au vélo) qui regroupe les cyclistes urbains lillois. Pour se faire entendre auprès des élus, elle s'est d'abord heurtée aux autorités pendant dix ans. À l'issue des élections de 2001, la ville affichant enfin une plus forte volonté à agir, l'association propose, pour sortir de l'affrontement, un partenariat fondé sur le principe suivant : l'institution verse une subvention pluriannuelle conséquente contre l'engagement de l'ADAV à participer à toutes les réunions de concertation portant sur des aménagements ou des services concernant le vélo urbain et à promouvoir les réalisations auprès de ses adhérents et de la population. À ce jour, il existe six conventions de partenariat de trois ans, reconductibles, signées, entre 2003 et 2013, avec la commune de Lille, Lille Métropole Communauté Urbaine, le conseil général du Nord et celui du Pas de Calais, la commune d'Arras et la Région Nord-Pas de Calais. L'association a pu embaucher progressivement six salariés et a ouvert six antennes dans les plus grandes villes de la région. Elle regroupe aujourd'hui 1 800 adhérents. L'ADAV participe à des centaines de réunions chaque année, donne son avis sur la plupart des projets vélo et avance de nombreuses propositions. Un respect mutuel avec les services techniques et les élus s'est peu à peu installé.

Ce modèle de concertation se diffuse lentement en France. La FUB est de plus en plus étroitement associée aux travaux des ministères et commence à développer certains services. Ses moyens restent cependant dérisoires : elle ne compte encore que quatre salariés quand son homologue allemande, l'ADFC, en a soixante-dix. Reste une vraie question : ces associations sont-elles représentatives des cyclistes ? Clairement non. Leurs membres sont surtout des cyclistes quotidiens qui, rompus aux pièges de la circulation, ont tendance à sous-estimer les obstacles auxquels sont confrontés les cyclistes novices. Ils ne recouvrent pas non plus tous les groupes sociaux : les ouvriers et les commerçants notamment y sont peu nombreux. Les partenaires en sont conscients et s'efforcent d'en tenir compte dans leurs diagnostics et solutions.

8

Essai de prospective Le vélo utilitaire à l'horizon 2050

Celui qui croit qu'une croissance infinie est possible dans un monde fini est soit un fou, soit un économiste.

Kenneth BOULDING, qui fut président de l'*American Economic Association* [1].

Son retour étant pour l'instant limité aux centres des grandes villes, le vélo n'apparaît guère crédible, en France, pour les trajets quotidiens, ni aujourd'hui ni demain. Dans le périurbain, où vit la moitié de la population française, le vélo poursuit toujours son déclin. À de rares exceptions près, les villes moyennes sont très largement dominées par la voiture. Dans le monde rural, il est difficile d'imaginer un quelconque succès de la bicyclette utilitaire, malgré la hausse des activités de loisir ou sportives à vélo. Quant aux distances parcourables à bicyclette, elles semblent si modestes que l'intérêt environnemental d'un report vers ce mode paraît négligeable.

Aussi, dans les travaux français sur la prospective de la mobilité urbaine, le vélo n'est-il jamais considéré comme un mode ayant un réel avenir. En 1993, dans une description de la mobilité dans les pays d'Europe du Nord, le traitement des modes actifs n'est pas signalé comme un élément distinctif [2]. En 2000, dans les travaux d'un groupe d'experts sur la mobilité urbaine, le vélo est cité de façon marginale [3]. Il en va de même dans une étude plus récente sur la mobilité dans les villes moyennes [4]. Dans les travaux du Centre d'analyse stratégique, le vélo est envisagé comme un des modes de rabattement sur les transports publics, mais seulement sur de faibles distances [5]. Enfin, l'ADEME estime que la part modale du vélo pourrait passer de 3 % à 7 % en milieu urbain et de 1 % à 5 % en périurbain, en 2030 [6].

Pourtant, dans les plans de déplacement urbain les plus récents, les villes françaises imaginent une part modale du vélo deux à quatre fois plus grande qu'aujourd'hui, en seulement dix à vingt ans. Elles se rendent compte, en effet, qu'il leur sera impossible de réduire de dix à vingt points la part modale de la voiture en tablant uniquement sur la hausse des déplacements en transports publics, dont il faudrait alors doubler la part modale à un coût exorbitant. « Une politique volontariste de report modal doit donc miser, estime le CERTU, sur l'ensemble des modes alternatifs à la voiture solo [parfois qualifiée d'« autosolisme »] (marche et vélo sur courtes distances, vélo à assistance électrique, transports collectifs, covoiturage, etc.) ainsi que sur leur complémentarité afin que chacun d'entre eux soit utilisé sur son domaine de pertinence [7]. »

Quelle pourrait être alors la place de l'écomobilité, et plus particulièrement du vélo, dans la mobilité urbaine, d'ici 2050, dans les agglomérations françaises ? Pour tenter d'en avoir une idée, le simple prolongement des tendances actuelles n'a pas de sens, car tout porte à croire que nous sommes au seuil de changements majeurs, sur les plans environnemental, économique et social. C'est le rôle de la prospective que de repérer d'abord ces changements, puis d'explorer la manière dont ils devraient modifier profondément nos façons de se déplacer, et d'estimer alors la place du vélo dans ce contexte transformé.

Impasses environnementales et ruptures économiques

Les analyses globales des pressions exercées par les activités humaines sur les ressources naturelles non renouvelables en termes d'empreinte écologique montrent que les pays les plus développés sur le plan économique consomment déjà bien plus de ressources que ne peut en supporter la planète [8]. Les transports n'échappent pas à cette réalité, mais les exercices de prospective précités n'en tiennent que très peu compte. Le parc mondial de voitures, qui atteint aujourd'hui presque un milliard de véhicules, pourra-t-il vraiment plus que doubler d'ici 2050, comme le prévoit l'Agence internationale de l'énergie (AIE) ou même presque tripler, comme l'imagine l'OCDE ?

Jusqu'à présent, seule la crise des ressources pétrolières s'est réellement manifestée (avec la controverse sur le fameux *peak oil*). Et tout le monde est désormais convaincu qu'une hausse tendancielle du prix des carburants est inévitable, avec d'importantes variations à court terme. En conséquence, tout est actuellement mis en œuvre pour sauver le système automobile. Mais les défis technologiques à relever sont redoutables. La voiture hybride, et sa double motorisation, impose un recours accru aux matériaux et n'apporte que des gains environnementaux assez faibles. La voiture électrique est encore deux fois plus chère et quatre fois moins autonome que la voiture thermique [9]. En outre, si l'on veut éviter d'aggraver les émissions de gaz à effet de serre, l'électricité doit être d'origine nucléaire avec recharge des batteries en période de basse consommation, c'est-à-dire la nuit, pour éviter de faire appel à des centrales thermiques d'appoint en période de pointe [10]. Ce qui conduira à des tensions sur l'approvisionnement en uranium, sans compter les problèmes techniques et économiques de démantèlement des centrales en fin de vie et de retraitement des déchets, qui auront nécessairement une incidence sur le coût de l'électricité.

Mais le problème essentiel ne sera peut-être pas là. Dans les quarante ans qui viennent, les ressources en de nombreux métaux s'épuiseront et leurs prix s'envoleront. À part le fer, l'aluminium ou le silicium, très abondants, les métaux non ferreux, tels que le cuivre, le nickel ou le zinc, connaîtront prochainement leur pic de production. De nombreux métaux très sollicités par les technologies de pointe, comme le lithium, le cobalt, l'argent, le platine, le cadmium ou les terres rares, commencent déjà à se raréfier, alors qu'ils sont difficilement recyclables [11]. Cette question majeure n'est abordée par aucun des travaux prospectifs français sur la mobilité [12]. Seul le récent rapport sur l'avenir de l'automobile admet, sans plus de précision, que « l'automobile gaspille les matières premières (entre 600 kg et 2 000 kg par véhicule) [13] », pour ne transporter le plus souvent qu'une personne dans un véhicule dix à vingt fois plus lourd. Le rapport entre le poids maximal en charge et le poids à vide d'une voiture atteint au mieux 2,5, quand il dépasse 7 pour un vélo.

Dans ces conditions, nous devrons inévitablement sortir du système automobile et passer à l'écomobilité, pour les déplacements urbains comme interurbains. Seul le rythme de ce changement reste une question à débattre. Plus largement, les économies d'énergie et de ressources deviendront la principale alternative envisageable dans tous les secteurs, offrant aux entreprises industrielles des perspectives très différentes : l'objectif à long terme ne pourra plus être la production et la vente à des consommateurs individuels de biens à obsolescence programmée, mais l'élaboration de biens moins sophistiqués et moins nombreux, plus durables et réparables, vendus à des groupes d'utilisateurs ou proposés à la location (économie de la fonctionnalité). À l'accumulation quantitative de biens devrait succéder des biens et des services de meilleure qualité, mieux adaptés à chacun.

Enfin, le contexte environnemental devrait se durcir. Les menaces bien connues liées au réchauffement climatique s'accumulent, et même la Banque mondiale s'alarme [14]. Mais le plus inquiétant concerne les interactions systémiques entre le réchauffement climatique, l'augmentation des pollutions et la dégradation de la biodiversité, trois problèmes encore trop souvent étudiés séparément alors qu'ils apparaissent de plus en plus liés.

Contrairement à ce que beaucoup imaginent encore, la croissance ne pourra pas indéfiniment se poursuivre, pour au moins trois raisons. D'abord, on l'a vu, les ressources énergétiques et métalliques seront de plus en plus rares et coûteuses [15]. Ensuite, nos besoins matériels ne sont pas infinis. Le taux d'équipement des ménages en biens durables finit toujours par se rapprocher de 100 % et on ne voit pas quels biens aussi nombreux pourraient prendre le relais, même s'il y en aura sûrement certains inconnus à ce jour. Enfin, une économie fondée de plus en plus sur les services ne peut pas réaliser des gains de productivité aussi importants que ceux qui sont envisageables dans l'industrie [16]. Dans ce contexte, l'hypothèse d'une croissance annuelle française de 2 % du PIB, que retiennent plusieurs auteurs des travaux prospectifs précités, est irréaliste. Il faut désormais s'attendre à une période de stagnation durable, avec des épisodes de récession [17].

En conséquence, les pouvoirs publics, et notamment les collectivités locales et territoriales, connaîtront des difficultés budgétaires plus graves encore qu'aujourd'hui. Il leur faudra à la fois renoncer aux projets d'équipement les plus coûteux et trouver de nouvelles recettes. Les créations de grandes voiries paraîtront déplacées et seront abandonnées. Les projets de transports publics lourds seront revus à la baisse au profit de tramways bon marché, de bus à haut niveau de service et d'une rationalisation des lignes de bus, ce mouvement étant déjà amorcé [18]. Les réseaux cyclables, bien moins coûteux, seront au contraire privilégiés et la cohabitation entre les modes favorisée autant que possible. Le transport scolaire sera limité et l'accès aux collèges et lycées à vélo encouragé. Côté recettes, les péages urbains devraient se multiplier et le relèvement des tarifs du stationnement et des transports publics se poursuivre.

Les entreprises seront de plus en plus sollicitées pour aider leurs salariés à rejoindre leur lieu de travail à des coûts mieux maîtrisés. Les plans de déplacements d'établissement (PDE) qui les incitent déjà à le faire deviendront de plus en plus directifs. Les ménages, quant à eux, connaîtront un tassement de leur pouvoir d'achat qui les obligera à réinventer leur mobilité : en renonçant à la multimotorisation ou à la possession d'une voiture, en partageant leur voiture, en explorant les autres modes de déplacement. Ils devraient aussi chercher à limiter le nombre et la portée de leurs déplacements motorisés, en simplifiant leurs programmes d'activités, en préférant parfois le télétravail et l'e-commerce, en choisissant des lieux de destination plus proches ou en habitant dans des zones plus denses ou mieux desservies. Ces tendances travaillent déjà la société et devraient s'accentuer. Aussi dramatique soit-il, le cas de la Grèce est plein d'enseignements. Avec la crise, les pratiques de mobilité sont bouleversées : l'usage de la voiture régresse et celui du vélo explose [19]. Certains le vivent moins comme une contrainte que comme une occasion de changer les habitudes de déplacement.

La gravité des problèmes environnementaux et d'épuisement des ressources, les impasses dans lesquelles nous mènent les solutions à courte vue et la crise économique persistante nous obligeront à remplacer notre approche cloisonnée des problèmes par une approche beaucoup plus systémique, en développant des solutions intégrées permettant de traiter simultanément plusieurs problèmes sans provoquer de dommages collatéraux majeurs. Ainsi, les nuisances liées à l'automobile ne seront plus étudiées séparément par des spécialistes patentés en négligeant les nombreux effets pervers des solutions sectorielles [20]. La voiture électrique, en particulier, n'apparaîtra plus comme une solution universelle, car, si elle réduit fortement la pollution locale et le bruit à petite vitesse, elle ne supprime pas les autres nuisances et accroît le recours à des matériaux rares et chers.

Le rôle des technologies sera profondément repensé. Elles seront mobilisées pour concevoir des solutions à la fois simples, solides, efficaces, très économes en matériaux et en énergie, réparables, recyclables et sans impacts indirects néfastes, en associant les utilisateurs à chaque étape du cycle de vie du produit. Malgré quelques imperfections, le vélo actuel ressemble déjà à un tel produit.

De nouvelles aspirations sociales

En période de crise, la sensibilité aux variations des prix s'aiguise et les questions d'équité resurgissent. Quand le gâteau à partager ne grandit plus ou se réduit, la majorité des citoyens ne tolère plus qu'une minorité accapare d'énormes parts au détriment du plus grand nombre. Des sujets jusqu'ici anodins ou ignorés feront alors l'objet de vifs débats.

Dès que la voiture commencera à être sensiblement moins utilisée – certains parlent déjà de *peak car*[21] –, ceux qui auront fait le choix délibéré ou contraint de s'en défaire n'accepteront plus, par exemple, qu'elle accapare l'espace public ou privé en y stationnant gratuitement. Des salariés qui ne viennent jamais en voiture contesteront la mise à disposition gratuite, par les employeurs, de places de parking au lieu de travail pour ceux qui viennent en voiture, et pourraient demander des compensations (une place coûte plus de 1 000 euros par an dans le centre d'une grande ville). Les piétons et les cyclistes demanderont un partage plus équitable des espaces publics. Ils exigeront que les voitures et les deux-roues motorisés stationnent dans les garages ou les propriétés et non plus dans la rue.

De même, il ne sera plus admissible que la pollution routière par les particules et les oxydes d'azote provoque autant de maladies et de décès[22]. Les autorités seront amenées à demander aux automobilistes de mieux en supporter le coût, selon le type de véhicule et de carburant utilisé (augmentation des taxes sur le gasoil, réintroduction de la vignette...). Il faut rappeler, en effet, que si les taxes prélevées sur les automobilistes couvrent le coût des infrastructures et de leur maintenance, ce n'est pas le cas pour les nuisances qu'ils provoquent, surtout en milieu urbain où les populations affectées sont nombreuses. Les automobilistes ne sont pas la « vache à lait du fisc », comme le prétend le lobby automobile, bien au contraire [23].

La hiérarchie des modes de déplacement sera aussi profondément revue. Le code de la rue sera plus rigoureusement appliqué. La « ville 30 » deviendra progressivement la règle dans toute l'Europe, avec un abaissement des vitesses en ville à 30 km/h sauf sur les grands axes où la circulation domine [24]. Les cyclistes auront autant que possible la priorité aux carrefours. Les bus utiliseront les bandes d'arrêt d'urgence sur des autoroutes apaisées, limitées à 70 ou 80 km/h (solution déjà mise en œuvre à Grenoble).

Plus généralement, les valeurs actuelles de la société de consommation devraient profondément évoluer. Plusieurs changements pourraient se conjuguer pour rendre cette mutation probable. À la place du PIB, de plus en plus contesté, de nouveaux indicateurs de richesse modifiant les objectifs de l'action publique finiront par s'imposer et la référence unique au taux de croissance disparaîtra [25]. Ce changement de thermomètre ne sera pas anodin et transformera notre regard : l'objectif poursuivi ne sera plus l'accumulation incessante de biens mais l'amélioration de la qualité de vie et des liens sociaux. Toutes les techniques visant à pousser à la consommation – publicité, marketing, lobbying – seront aussi de mieux en mieux encadrées, car il paraîtra incohérent qu'elles continuent à pousser au gaspillage des ressources. Les « créatifs » sauront sûrement s'y adapter en surfant sur ces nouvelles valeurs. Et, surtout, la montée des difficultés économiques et environnementales engendrera une grande effervescence dans la société – et pas seulement la désolation – avec une multiplication d'initiatives dont certaines finiront par devenir de nouvelles normes de comportement, que les firmes chercheront à exploiter.

Dans le domaine des transports, en tenant compte de ces ruptures prévisibles dans le contexte socio-économique, il est probable qu'à l'horizon 2050, l'automobile sophistiquée actuelle sera devenue hors de portée des revenus stagnants ou en baisse d'une part importante de la population. Les voitures seront moins équipées, moins puissantes, plus durables et plus facilement réparables, réservées surtout à des utilisations collectives ou partagées, au transport de charges lourdes ou encombrantes, aux services d'urgence ou aux handicapés moteurs. Nul doute que les constructeurs sauront adapter leur gamme à ces nouvelles exigences, comme le montre le succès inattendu des véhicules *low cost* de Dacia qui constituent déjà, en 2013, 41 % des véhicules vendus par le groupe Renault et le tiers de ses profits [26].

Tout ceci conduira à un véritable changement de paradigme dans les manières de produire, de consommer et de se déplacer. Une telle perspective peut apparaître aux générations actuelles, obsédées par la croissance et le renouvellement accéléré des biens matériels, comme une contrainte insupportable et une régression. Elle pourrait au contraire apparaître pour les générations futures comme une occasion d'inventer de nouveaux rapports économiques et sociaux.

Le vélo comme ingrédient majeur du futur cocktail transport

Dans ce contexte environnemental, économique et social profondément bouleversé, les atouts du vélo s'imposeront comme une évidence. Un mode très peu émetteur de nuisances, cinquante fois moins consommateur d'énergie [27] et quatre-vingts fois plus économe en matériaux que la voiture ne pourra plus être négligé. La question n'est donc pas de savoir si le vélo utilitaire a un avenir, puisqu'il devrait retrouver logiquement une place de choix, sinon dominante. Chacun le pressent d'ores et déjà aujourd'hui et c'est pourquoi les politiques actuelles en faveur du vélo bénéficient d'un fort soutien dans la population, alors que les aménagements sont encore souvent peu utilisés [28].

Reste cependant une question délicate : le vélo peut-il représenter une part substantielle des déplacements locaux (c'est-à-dire inférieurs à 80 km), selon les motifs de déplacement et les territoires traversés ? Les distances moyennes quotidiennes actuellement parcourues n'ont cessé de croître et semblent bien éloignées des capacités des cyclistes. Cette évolution s'est cependant beaucoup ralentie et devrait à l'avenir plafonner puis se réduire, avec la hausse du coût des déplacements. L'examen détaillé des distances laisse également quelques espoirs : hormis les déplacements domicile-travail des périurbains des grandes aires urbaines, elles restent pour une part appréciable réalisables à vélo, puisque la distance moyenne des différents cas va de 5 à 15 km [29].

En milieu urbain dense, la bicyclette réduira parfois la part modale de la marche, comme on l'observe déjà dans certaines villes telles que Münster ou Ferrare, mais elle contribuera aussi à pacifier la ville au bénéfice du piéton. Elle désaturera surtout les transports publics ce qui les rendra plus efficaces sur de plus grandes distances, c'est-à-dire en périphérie, là où ils resteront indispensables. Elle contribuera enfin à réduire encore la part modale de la voiture. La question du stationnement en immeuble sera traitée, soit par l'aménagement de locaux à vélos, soit par un local commun à plusieurs immeubles installé dans une ancienne boutique, soit encore par des boxes collectifs implantés sur d'anciennes places de stationnement pour voitures, toutes solutions déjà expérimentées aujourd'hui. Au total, on peut raisonnablement penser que le vélo assurera de 20 % à 40 % des déplacements dans les centres et en proche périphérie, sans doute un peu moins dans les villes possédant un excellent réseau de transports publics. Ce qui signifie que la part modale du vélo y sera le plus souvent supérieure à celle des transports publics.

En zone moins dense, la bicyclette apparaîtra de plus en plus comme un substitut partiel à l'automobile, en complément avec les transports publics qu'elle contribuera à renforcer. C'est là que son potentiel devrait surtout s'exprimer, si l'on en croit les parts modales observables dans les pays les plus cyclistes, très supérieures à celles que l'on observe et que l'on imagine en France : de l'ordre de 20 % à 40 %, au lieu des quelques pour-cent prévus.

En périphérie et dans le monde rural en revanche, le vélo semble, à première vue, n'avoir aucun avenir. L'utilisation de la voiture domine outrageusement dans ces territoires peu denses où elle assure l'essentiel des déplacements, y compris les plus courts. Quelques analyses montrent pourtant que les petits déplacements – réalisables à pied ou à vélo – y restent nombreux.

À Londres, une étude réalisée par l'organisme public Transport for London a récemment estimé que 25 % des déplacements actuels effectués dans le Grand Londres (*Greater London* [a]) « pourraient raisonnablement être faits habituellement à vélo », alors que cette part modale n'est aujourd'hui que de 2 %. Ce potentiel serait du même ordre de grandeur au centre (*Inner London*) qu'en banlieue (*Outer London*). Le report vers le vélo proviendrait à 63 % de la voiture, 26 % du bus, 7 % du train et du métro et 5 % d'autres modes (l'étude n'envisage pas qu'il puisse s'agir de piétons) [30].

En exploitant les résultats de l'EMD de Lille 2006, le CETE Nord Picardie [31] montre par une tout autre méthode que, dans la métropole, 49 % de l'ensemble des déplacements pourraient être réalisés à vélo en économisant 155 000 tonnes de CO_2 par an. Ce total de 49 % ne comprend pas les déplacements de moins de 1 km jugés réalisables à pied, les déplacements de plus de 5 km jugés non réalisables à vélo et les déplacements de 1 à 5 km réalisables plus rapidement en transport public qu'à vélo. Le potentiel d'usage de la bicyclette, évalué ici sans modifier l'urbanisme, apparaît donc considérable dans une communauté urbaine de plus d'un million d'habitants qui constitue pourtant une conurbation assez étendue regroupant quatre-vingt-cinq communes et où la part

a *Greater London* correspond à la zone agglomérée et compte 7,5 millions d'habitants. Il comprend *Inner London*, 3 millions d'habitants (93 habitants/ha) et *Outer London*, 4,5 millions d'habitants (36 habitants/ha).

des déplacements périurbains est majoritaire. À noter que, parmi les déplacements potentiellement réalisables à vélo, 70 % sont actuellement effectués en voiture, 15 % en transport public et 15 % à pied.

L'agence Brès et Mariolle a, de son côté, analysé en détail le cas du « carré picard », un carré de 50 km de côté situé entre Saint-Quentin, Soissons, Compiègne et Laon, que l'on peut qualifier de périurbain diffus mais comptant tout de même 245 000 habitants sur 2 500 km^2, soit près de 100 habitants/km^2. L'étude indique que 30 % des actifs travaillent dans leur hameau, village ou petite ville et 85 % des emplois sont atteints en moins de 10 km. La distance moyenne des lieux d'habitation à une gare est de 5 km et aux services quotidiens de 12 km [32]. Des distances envisageables pour partie à vélo.

Aussi impressionnants soient-ils, on peut douter que de tels potentiels puissent réellement s'exprimer, au vu de l'état actuel des réseaux cyclables en périphérie. Le système vélo actuel n'en est, en effet, qu'au stade du système automobile des années 1930, avant l'avènement du réseau de grandes voiries qui maille aujourd'hui le territoire et des voitures rapides, fiables et confortables capables de le parcourir.

La mise en œuvre d'un système vélo performant

Dans le périurbain, pour rendre possible le franchissement à vélo de distances plus grandes – de l'ordre de 8 à 15 km, voire plus – ou permettre un rabattement efficace sur des lignes de transport public plus directes et cadencées, le système vélo devra connaître une véritable révolution, déjà engagée dans les pays les plus avancés, avec des aménagements plus rapides, des vélos plus efficaces et des services à la hauteur.

Les aménagements futurs seront organisés autour d'un réseau principal de voies cyclables plus « roulantes », mieux entretenues et mieux éclairées. D'ores et déjà les appellations

Pistes cyclables aériennes, stationnement robotisé, vélo-patinette... : le bric-à-brac des inventeurs

Dans le monde des transports, et en particulier du vélo, les inventions prétendument révolutionnaires ne manquent pas. Les déplacements urbains ont toujours fasciné les Géo Trouvetou. Grâce à leurs trouvailles, plus besoin de se fatiguer, d'affronter le trafic automobile, les intempéries ou le vol ! Très rares sont cependant les projets qui réussissent à s'imposer. Un matériel nouveau ou une nouvelle infrastructure doivent à la fois rester très sûrs, fiables, pratiques et surtout d'un coût raisonnable, pour l'usager comme pour la collectivité. Une équation difficile à résoudre.

Par leur entregent ou leur pouvoir de séduction, les inventeurs parviennent parfois à convaincre un investisseur – souvent la collectivité locale dont ils sont issus – à réaliser un prototype ou à vendre quelques exemplaires de vélos en carton recyclé ou pilotables par la pensée [33]... Mais les lois de la physique, les limites physiologiques et les contraintes économiques ramènent vite tout le monde à la dure réalité. Voici trois exemples qui ont récemment défrayé la chronique.

Les projets de pistes cyclables aériennes font toujours fureur : qui ne rêve pas de rouler dans les nuages, au-dessus des automobiles grouillantes, bruyantes et polluantes ? Reste juste à traiter l'insertion et les accès forcément complexes et à régler la note astronomique : environ 50 millions d'euros le kilomètre pour le dernier projet en date, le « SkyCycle », un vaste réseau de « plates-formes cyclistes » que ses concepteurs voudraient installer au-dessus des voies ferrées de Londres [34].

Le stationnement robotisé des vélos fait lui aussi partie de ces inventions « révolutionnaires » qui enthousiasment les médias avides d'innovations futuristes. Un tel système, baptisé ECO Cycle et réalisé par la société Giken, fonctionne depuis 2008 devant quelques grandes gares japonaises. Les usagers ne payent que 1 800 yens (environ 13 euros) par mois, une somme bien faible par rapport aux coûts d'amortissement et de maintenance supportés par la collectivité [35].

> Le Pibal, « vélo-patinette » signé Philippe Stark, réalisé pour la ville de Bordeaux et mis en service début 2014, n'apporte quant à lui aucune fonctionnalité nouvelle : on peut déjà utiliser n'importe quel vélo comme une patinette. En revanche, il est cher à fabriquer, car, pour éviter un manque de rigidité, sa structure est renforcée et, pour éviter l'alourdissement qui en résulte, le cadre est en aluminium [36].

se bousculent : « super pistes cyclables » au Danemark, « autoroutes » ou « voies rapides » pour cyclistes aux Pays-Bas, « RER cyclable » à Bruxelles, « REV » (réseau express vélos) en France… Ces aménagements seront plus faciles à intégrer dans le paysage que les grandes infrastructures routières. Ils accueilleront des vélos nettement plus efficaces, comme nous allons le voir, et des cyclistes plus habitués à rouler (en se mettant régulièrement à pédaler, un cycliste novice augmente rapidement son tonus musculaire). Au total, un système vélo performant permettra aux cyclistes de se déplacer plus vite ou plus loin pour une même énergie musculaire dépensée, avec un meilleur confort et une sécurité accrue.

Comme pour le réseau actuel de voiries rapides, le réseau de super-pistes cyclables jouera un rôle structurant majeur, reliant les principaux générateurs de trafic et attirant les opérations d'urbanisme, mais sans les nuisances liées à la massification des flux automobiles, ni le zonage excessif du territoire. Dans un environnement apaisé, il engendrera au contraire une multitude d'écoquartiers, de petits centres commerciaux, de zones d'activité de taille modeste et de services de proximité. Des opérations d'urbanisme de plus grande ampleur resteront possibles autour des gares et des nœuds de transports publics.

Certaines relocalisations faciliteront cette mutation. Comme elle l'a déjà commencé, la grande distribution redéploiera ses établissements en multipliant les magasins de proximité (maxidiscomptes, supérettes et supermarchés) au détriment des hypermarchés et des grands centres commerciaux. Les divers services publics seront à la fois regroupés et décentralisés, un même bureau assurant tout à la fois des services postaux, de Sécurité sociale ou de recherche d'emploi... La mobilité résidentielle des ménages sera facilitée et les employeurs aideront leurs salariés à se loger plus près de leur lieu de travail.

Autrement dit, associée à des transports publics plus directs, aux trajets simplifiés et plus fréquents, la bicyclette permettra de préserver une mobilité urbaine satisfaisante au centre comme en périphérie, y compris en territoires vallonnés grâce au vélo à assistance électrique. Seuls les territoires les plus pentus seront moins accessibles. Mais on peut imaginer qu'ils bénéficieront d'aides spécifiques pour surmonter ce handicap. La régression de l'autosolisme ne signera pas la fin d'une mobilité facile – avec retour à la lenteur du piéton ou à des parcours tourmentés en bus –, mais seulement la fin d'une mobilité coûteuse pour les finances publiques, la Sécurité sociale, le budget des ménages et l'environnement.

Un mot enfin sur la place future des deux-roues motorisés. Certains leur voient un grand avenir, au vu de la hausse tendancielle de leur part modale à Paris, Marseille, Barcelone ou Rome. Ces villes font pourtant plutôt figure d'exceptions. La tendance de fond, depuis quarante ans, est au contraire une baisse de cette part modale. Plusieurs éléments devraient renforcer cette seconde tendance ou au moins limiter la première. La lutte contre la pollution et le bruit devrait enfin conduire à appliquer l'interdiction du débridage ou gonflage des moteurs, réduisant du même coup leurs performances. De même, la poursuite de la lutte contre l'insécurité routière conduira à des mesures de bon sens, telles que le relèvement de l'âge limite de quatorze à seize ans pour utiliser un deux-roues de moins de 50 cm^3 (comme en Allemagne), l'interdiction d'utiliser de grosses cylindrées hors circuits (comme au Japon) et une information mieux conçue sur les énormes risques encourus. En plus du coût croissant des véhicules à propulsion thermique de telles évolutions pourraient changer l'image valorisante du deux-roues motorisé chez les jeunes et refroidir nombre d'utilisateurs adultes potentiels.

L'adaptation des villes à l'écomobilité

D'une certaine façon, comme le vélo a préparé les esprits et l'industrie à l'arrivée de l'automobile à la fin du XIXe siècle, l'automobile devrait en retour assez bien préparer le terrain à l'écomobilité.

Quand l'utilisation de la voiture régressera, les énormes espaces qu'elle nécessite deviendront disponibles à bien d'autres usages et notamment aux modes de déplacement plus économes en espace [37]. Sur les grandes voiries, certaines files serviront à réaliser des tramways, des bus à haut niveau de service ou des aménagements cyclables. Les rues moins encombrées par le trafic comme par le stationnement verront leurs trottoirs élargis et la vie locale reprendre des couleurs. Les surfaces des vastes parkings qui entourent les centres commerciaux et les immeubles de bureaux serviront de réserve foncière pour des opérations immobilières visant à densifier les villes et à mixer les fonctions urbaines. Les parkings souterrains seront en revanche difficiles à reconvertir et beaucoup deviendront des friches (comme c'est déjà le cas pour certains d'entre eux). Le premier niveau de quelques-uns servira de parcs pour vélos (comme à Strasbourg) ou de centre de distribution en triporteur (comme pour la société La Petite Reine à Paris). Dans les logements, le garage sera reconverti en local pour vélos, en atelier, en pièce à vivre ou en studio à louer.

Certains industriels, distributeurs et garagistes, se consacrant jusqu'ici exclusivement à l'automobile et aux deux-roues motorisés, se tourneront vers le transport public et le vélo en apportant leur savoir-faire technologique et organisationnel. Ainsi, les progrès réalisés sur les batteries automobiles servent déjà au vélo à assistance électrique, avec d'ailleurs un succès beaucoup plus important.

Même sur le plan des valeurs, la voiture devrait, à terme, favoriser l'adoption du vélo, car beaucoup d'automobilistes partagent avec les cyclistes l'attrait pour le transport individuel et la grande autonomie qu'il procure. La bicyclette permettra ainsi d'accéder à une « automobilité sans l'automobile [38] ». Un atout que ne possèdent ni les transports publics ni le covoiturage.

D'une façon générale, l'adaptation des villes aux modes écomobiles devrait être d'un coût supportable pour les collectivités locales, puisqu'il s'agira pour elles de renoncer à de lourds projets routiers pour investir dans des projets de transport public plus légers ou d'adapter des équipements existants. Une urbanisation plus dense et mixant les fonctions urbaines sera un complément utile, mais pas décisif tant l'inertie du bâti est grande. Les employeurs seront, en revanche, amenés à aider leurs employés à organiser leurs déplacements domicile-travail ou même à se loger plus près de leur lieu de travail.

Pour évaluer la contribution de la bicyclette à la réduction des nuisances, la seule façon correcte de procéder est de comparer une répartition modale des déplacements où le vélo est quasiment absent, la marche et les transports publics peu développés et la voiture dominante, à une autre répartition où le vélo deviendrait un mode majeur, la marche et surtout les transports publics seraient plus développés et la voiture bien moins utilisée. C'est l'exercice qu'a tenté une récente étude commandée par l'European Cyclists' Federation pour évaluer ce qu'apporterait à la réduction des gaz à effet de serre un usage du vélo en Europe aussi élevé qu'au Danemark, et cela en tenant compte des émissions de ces gaz lors de l'ensemble du cycle de vie des divers modes de déplacement, y compris du vélo à assistance électrique qui assurerait la moitié des déplacements domicile-travail. L'économie serait de « 63 à 142 millions de tonnes de CO_2 par an, soit 12 % à 26 % de l'objectif de réduction du secteur des transports » fixé par le protocole de Kyoto pour 2050 : un résultat appréciable [39].

Retour vers la modernité

En France et dans les pays peu cyclistes, le monde du cycle de demain sera très différent de celui d'aujourd'hui. Comme on peut déjà l'observer dans les pays les plus en avance, l'offre de bicyclettes et d'accessoires sera beaucoup plus variée, bien loin des vélos bas de gamme ou gadgets actuels qui encombrent le marché français.

Les évolutions les plus spectaculaires concerneront sans doute le transport de personnes et le portage de charges lourdes, avec la banalisation des biporteurs et triporteurs, des cargocycles capables de transporter jusqu'à 180 kg de marchandises (colis divers, produits frais en bac réfrigéré...), des cyclotaxis et autres rickshaws transportant un ou deux adultes ou jusqu'à huit enfants, des tandems, des troisièmes roues, des remorques à une ou deux roues, des plates-formes tractées pour le déménagement d'objets encombrants [a], et toutes sortes de systèmes adaptés au transport d'objets particuliers, de la poussette à la contrebasse. Le transport à vélo des courses ou des enfants deviendra banal. Les handicapés profiteront également de nombreuses innovations : vélo pousseur ou porteur de fauteuil roulant par exemple.

Rencontrant déjà un certain succès, le vélo pliant devrait également se répandre. Pour deux principales raisons. D'une part, c'est un complément très efficace des transports publics, surtout pour les trajets occasionnels. Pour les trajets réguliers, la solution « vélo + transport collectif + second vélo » restera toujours plus efficace et plus confortable, car le vélo pliant étant moins stable, il est moins sûr et moins agréable qu'un vélo classique. D'autre part, c'est une solution de rechange acceptable, en cas de difficultés de stationnement ou de risque de vol élevé.

Pour tous les types de vélos, l'assistance électrique au pédalage pourra souvent être un complément appréciable. Mais elle n'équipera sans doute pas la majorité des vélos, les batteries restant assez chères et la plupart des trajets ne nécessitant pas cet apport. Par ailleurs, la complication technique

---

a À Montréal, depuis août 2008, une société réalise des déménagements à vélo en transportant jusqu'à 250 kg par plate-forme (<www.demenagementmyette.ca>). Déjà 2 000 clients à ce jour.

rebutera les plus technophobes, un attrait important du vélo étant sa simplicité.

Grâce à leurs étonnantes performances, les vélos couchés et les vélomobiles pourraient connaître une importante percée pour des déplacements assez longs – 10 à 20 km, voire plus – de type domicile-travail. Il existe déjà plusieurs milliers d'adeptes de ces engins en Europe du Nord et quelques centaines en France. Sur un vélo couché, le cycliste pédale en position horizontale, ce qui lui permet d'être assis confortablement dans un siège et non juché sur une selle, d'appuyer son dos pour pousser plus efficacement sur les pédales, tout en offrant deux fois moins de prise au vent. Quant au vélomobile, c'est un tricycle caréné, une sorte de planeur sans ailes, très aérodynamique et par conséquent encore plus performant. Le cycliste est également en position couchée, qui plus est abrité des intempéries, ce qui lui permet de rouler trois fois plus vite qu'à vélo traditionnel en employant la même énergie. Avec ses airs de bolide motorisé, il s'impose comme un véhicule à part entière dans le trafic (voir le tableau 3) [40].

Tableau 3 *Estimation des performances des différents types de vélos*

Type	Prix actuel	Distance de déplacement par rapport au vélo de ville	Accessibilité au territoire par rapport au vélo de ville
Vélos de ville	> 0 350 €	1	1
Vélos légers	> 1 000 €	× 1,5	× 2,2
VAE (vélos à assistance électrique)	> 1 000 €	× 2	× 4
Vélos couchés	> 2 000 €	× 2	× 4
Vélomobiles (tricycles carénés)	> 3 000 €	× 3	× 9

NB : un vélo léger, un vélo couché ou un vélomobile peuvent être à assistance électrique.

Ces engins futuristes ne sont pas sans défauts [41]. En milieu urbain, la position assez basse du conducteur ne lui permet pas de voir au-dessus des voitures. Le poids assez important du vélomobile (25 à 50 kg selon les modèles) ne le rend pas très efficace en terrain accidenté ou en cas d'arrêts fréquents (mais il peut comporter une assistance électrique). Son encombrement le rend aussi plus difficile à garer. Ces véhicules, fabriqués de façon artisanale, sont encore d'un prix élevé, mais les prix baisseront avec l'allongement des séries. Encore faut-il que ces équipements se démocratisent. Or ces bicyclettes souffrent pour le moment de leur faible notoriété, et pour cause : l'Union cycliste internationale les a exclues des compétitions sportives, en 1933, pour performances excessives [42] !

En attendant que ces merveilles technologiques soient à la portée de tous, l'efficacité, la fiabilité et le confort du vélo de ville peuvent encore progresser, avec, de série, des pneus plus résistants, des freins plus sûrs, une transmission mieux protégée des intempéries et de la poussière, des vitesses plus simples à passer, un éclairage plus puissant et plus fiable, un porte-bagages plus solide, une selle plus ergonomique, un allègement de l'ensemble, etc. Enfin, le design des vélos, l'équipement des cyclistes et les accessoires continueront d'évoluer au gré des besoins et des modes.

Cette profusion de matériels et de nouveautés créera un univers technologique dynamique en même temps qu'un nouvel art de vivre – loin du retour à la bougie – dont on peut dès aujourd'hui avoir un aperçu aux Pays-Bas ou au Danemark [43]. Dans ces pays, où la télévision diffuse de la publicité pour les plus grandes marques de bicyclette, le prix de vente moyen d'un vélo dépasse 600 euros contre 250 euros en France où Décathlon (plus de 30 % du marché à lui seul), Go Sport et la grande distribution tirent les prix et la qualité vers le bas [44]. Bref, la bicyclette redeviendra un symbole de modernité, d'inventivité et de liberté, comme à la fin du XIXe siècle, avec cependant des matériels plus performants, plus variés et d'un coût moindre.

Effervescence

Le retour du vélo utilitaire ne se fera pas de façon régulière. Des étapes seront franchies, des ralentissements succéderont à des emballements. Tant que le système vélo restera incomplet ou peu performant, la pratique aura du mal à se développer. Mais dès que le réseau cyclable deviendra suffisamment maillé et sûr, qu'il sera plus facile de trouver des vélos vraiment adaptés aux déplacements utilitaires, qu'il existera des réparateurs dans la plupart des quartiers, la pratique s'accélérera, comme c'est déjà le cas dans de nombreuses villes européennes. Une certaine confiance s'installera, des phénomènes de mode et de mimétisme apparaîtront, surtout chez les jeunes, une nouvelle norme de comportement prendra corps. Ce qui était jugé décalé, voire risible ou ringard, deviendra soudain désirable et moderne.

Une nouvelle génération d'élus et de techniciens plus ouverte aux modes actifs devrait aussi accélérer l'adoption de politiques de villes cyclables ambitieuses. Des décisions impensables jusqu'alors deviendront soudain évidentes et banales. Au-delà des inerties toujours soulignées, le monde des déplacements urbains est coutumier de ces accélérations, souvent favorisées par des événements extérieurs inattendus, comme ce fut le cas avec l'engouement pour les cours urbaines aux Pays-Bas, puis pour la modération de la circulation en Allemagne, le succès exceptionnel des zones à trafic limité en Italie ou le retour inespéré du tramway en France.

Le cas des « ateliers vélos participatifs et solidaires » en est un bel exemple. Dans ces ateliers, à un horaire convenu d'avance, chacun vient avec son vélo à réparer et tout le monde s'entraide en profitant de l'expertise des meilleurs bricoleurs, dont certains finissent par devenir des animateurs bénévoles permanents de l'atelier. Cette expérience collaborative est à la fois utile, économique et très conviviale. Les ateliers s'efforcent aussi de récupérer et de recycler des vélos inutilisés ou dégradés, participant à la valorisation des déchets, tout en fournissant du travail à une main-d'œuvre en réinsertion, les vélos revendus d'occasion finançant en partie l'activité. Le succès de ces ateliers est tel qu'un réseau associatif francophone s'est créé en 2008, « L'Heureux Cyclage », qui regroupe déjà une centaine d'ateliers début 2014, en France, en Wallonie et en Suisse romande.

Il est donc parfaitement possible que des pays à la traîne, tels que la France, le Royaume-Uni ou l'Espagne, vivent également des périodes d'emballement pour la bicyclette en ville, avec sans doute un passage par la modération de la circulation, comme les dernières évolutions semblent le suggérer. Quelques villes pionnières joueront un rôle de locomotive. En France, ce sera sûrement Strasbourg, mais aussi Bordeaux et Grenoble, voire Nantes ou Paris. Parmi les villes moyennes, La Rochelle et Colmar commencent à se rendre compte de leur avance et devraient la conforter en suscitant des envies.

Dans quarante ans, il est probable que les pays européens les plus en retard en matière de vélo utilitaire auront beaucoup progressé. Certaines villes seront même parvenues à ce que plus de la moitié des déplacements urbains s'y fassent à bicyclette. Le vélo sera redevenu un mode de déplacement banal et populaire, utilisé sans honte par toutes les couches de la société, pour tous les types de déplacements, à tous les âges et pour tous les motifs, non sans de subtiles différences dans les équipements et la pratique qui permettront toujours aux classes sociales de se distinguer.

Se développeront de multiples « sous-cultures » très étonnantes. Pour certains, le vélo relèvera du culte de l'effort et de l'endurance : que l'on songe déjà aux coursiers à vélo dans toutes les grandes villes du monde [45]. Pour d'autres, il deviendra un support de bricolage ou d'apprentissage de la mécanique. D'autres encore y verront une occasion de développer leur sens de l'adresse et de l'équilibre, en s'essayant au monocycle ou au BMX. Certains l'utiliseront comme générateur d'électricité, en utilisant des volontaires pour pédaler, comme ce groupe de rock californien – *The Ginger Ninjas* – pendant leurs concerts. Des parents s'enthousiasmeront pour les diverses solutions de transport de leurs enfants. Des passionnés de bicyclettes rétro ou au contraire futuristes s'organiseront en clubs ou confréries. Quelques cyclistes personnaliseront leur véhicule au gré des modes ou succomberont devant les nouveautés des plus grandes marques de luxe : Chanel, Hermès ou Gucci proposent déjà de superbes modèles. Les mariages avec arrivée et départ en luxueux tandem ou dans un rickshaw fleuri se multiplieront...

Conclusion

Le vélo, un choix de société

Tous les pays d'Europe sont aujourd'hui engagés dans un mouvement de modération de la circulation [a] et de retour à la bicyclette qui a commencé, depuis trente-cinq ans aux Pays-Bas puis au Danemark, en Allemagne et en Flandre, depuis vingt-cinq ans en Suisse et en Italie du Nord et depuis dix à quinze ans en France, au Royaume-Uni, en Wallonie et en Espagne. Ce mouvement est même mondial, puisqu'on observe des velléités semblables en Amérique du Nord, en Amérique du Sud et en Océanie [1].

Mais les autorités n'ont pas pris partout la juste mesure des aspirations de la population à renouer avec ce mode de déplacement aux multiples vertus. Les Français, par exemple, évoluent rapidement dans leur rapport à l'automobile et n'ont jamais été aussi favorables au vélo [2]. Ils pressentent sans doute que c'est une vraie réponse aux défis économiques et

a Le Parlement européen a accepté, en septembre 2011, à une large majorité, un rapport sur la sécurité routière qui recommande vivement aux autorités responsables de limiter à 30 km/h la vitesse maximale dans les zones résidentielles… (mesure 54).

environnementaux qui attendent les villes du XXIe siècle. Certes pas, en se contentant de réaliser quelques aménagements cyclables ici ou là ou d'inaugurer un système de vélos en libre-service. L'ambition nécessaire est tout autre : il s'agit pour les villes d'élaborer un système de transport écologique associant marche, vélo, transport public et covoiturage, où la bicyclette joue un rôle charnière en augmentant l'efficacité de la marche tout en limitant les coûteux investissements en transports publics.

La réussite d'un tel projet passe cependant – c'est une leçon majeure de notre étude historique – par une politique affirmée de modération de la circulation automobile. Si certains clament encore qu'une telle politique conduit au déclin économique [3], le recul est aujourd'hui suffisant pour constater au contraire que les « villes lentes » – où le trafic a été calmé – n'ont pas plus de difficultés économiques que les autres. Un environnement urbain apaisé est aussi un facteur d'attractivité.

La question ne se pose pas en termes de libre choix du mode de déplacement, comme on pourrait le croire. La plupart des déplacements urbains pouvant se faire autrement qu'en voiture ou en deux-roues motorisé, brider un peu les déplacements motorisés n'est pas une atteinte à la liberté de circulation. L'objectif est simplement d'anticiper et de s'adapter au mieux, et sans tarder, aux évolutions économiques en cours et à l'épuisement des ressources à venir. Ces mutations auront des conséquences autrement plus contraignantes que quelques limites de vitesse, de circulation ou de stationnement.

Ce ne sont pas, bien sûr, les plus rétifs qui viendront les premiers au vélo mais d'abord les plus sensibles à ses arguments, le phénomène se diffusant ensuite progressivement du centre vers la périphérie des villes, des élites urbaines vers les classes moyennes et les milieux populaires. Les plus jeunes ayant moins d'appréhension à se mettre au vélo que ceux pour qui l'accès à la voiture a été une conquête, ce changement se fera aussi à la faveur du renouvellement des générations.

Si la tendance est à une convergence européenne (et sans doute mondiale) des politiques de déplacements urbains, le rôle des autorités locales et nationales est au moins d'être en phase avec cette évolution, en restant attentives et ouvertes à l'actualité. Elles ont ensuite à proposer avec courage et lucidité des politiques cohérentes autour d'une vision claire de ce que peuvent être des villes apaisées et doivent soumettre ces orientations au débat démocratique. Pour éviter de débattre à l'infini sur les moyens d'y parvenir, il faut s'entendre auparavant sur les objectifs.

Adopter le vélo est beaucoup plus qu'un simple choix modal, c'est aussi le choix d'une politique de déplacement plus équilibrée, de finances publiques mieux maîtrisées, d'un mode de vie plus équitable, d'un art de vivre plus convivial. Il s'agit, en somme, d'un choix de société.

Un siècle de mobilité vu par Sempé (1962)

2

3

4

5

Extrait de Sempé, *Rien n'est simple*, © Éditions Denoël, 1962.

Sigles et abréviations

ADEME	Agence de l'environnement et de la maîtrise de l'énergie
CEMT	Conférence européenne des ministres des Transports, devenue le Forum international des transports en 2007
CEREMA	Centre d'études et d'expertise sur les risques, l'environnement, la mobilité et l'aménagement (ex-CERTU)
CERTU	Centre d'études sur les réseaux, les transports, l'urbanisme et les constructions publiques, devenu le CEREMA en 2014
CETE	Centre d'études techniques de l'équipement
CETUR	Centre d'études sur les transports urbains, devenu le CERTU en 1993
CROW	*Centrum voor Regelgeving en Onderzoek in de Grond-, Water- en Wegenbouw en de Verkeerstechniek* (centre néerlandais d'information et de recherche sur les transports et les infrastructures)
CVTC	Club des villes et territoires cyclables
EMD	enquête ménages déplacements (dans les agglomérations de province)
ENTD	enquête nationale transport et déplacements de 2008
FUB	Fédération des usagers de la bicyclette (ex FUBicy)
GART	Groupement des autorités responsables de transport
IAURIF	Institut d'aménagement et d'urbanisme de la Région Île-de-France, devenu IAU Île-de-France en 2008
IBSR	Institut belge pour la sécurité routière
IFSTTAR	Institut français des sciences et technologies des transports, de l'aménagement et des réseaux
INRETS	Institut national de recherche sur les transports et leur sécurité, devenu IFSTTAR en 2011

INSEE	Institut national de la statistique et des études économiques
INSERM	Institut national de la santé et de la recherche médicale
OCDE	Organisation de coopération et de développement économiques
PREDIT	Programme de recherche et d'innovation dans les transports terrestres
SETRA	service d'études techniques des routes et autoroutes
TCF	Touring club de France
ZTL	zone à trafic limité

Notes

Notes de l'introduction

(pages 7 à 22)

1 Francis PAPON, *Le Retour du vélo comme mode de déplacement*, mémoire de synthèse pour l'habilitation à diriger des recherches, université Paris-Est, 2012.

2 EUROPEAN COMMISSION, *EU Energy et Transport in Figures, Statistical Pocketbook*, 2000 et 2002.

3 En France, d'après les résultats des EMD récentes. À Bruxelles, d'après l'enquête Beldam (*BELgian DAily Mobility*) de 2010. À Genève, d'après le site de la ville <www.ge.ch>.

4 Éric CORNELIS *et alii*, *La Mobilité en Belgique en 2010 : résultats de l'enquête Beldam*, SPF Mobilité et Transports, Bruxelles, 2012.

5 OFFICE FÉDÉRAL DE LA STATISTIQUE, *La Mobilité en Suisse. Résultats du micro-recensement mobilité et transports 2010*, OFS, Neuchâtel, 2012.

6 Jean-Marie GUIDEZ, Michel HUBERT et Françoise MERMOUD, « Le vélo dans les villes françaises », *Les Données de l'environnement*, Institut français de l'environnement (IFEN), n° 86, septembre 2003 (disponible sur <www.side.developpement-durable.gouv.fr>).

7 Pour toutes ces parts modales, voir le site du *European Platform on Mobility Management* (EPOMM) : <www.epomm.eu>.

8 Philippe GABORIAU, « Les trois âges du vélo en France », *Vingtième Siècle*, n° 29, janvier-mars 1991, p. 17-33.

9 Catherine BERTHO LAVENIR, *Voyages à vélo. Du vélocipède au Vélib'*, Éditions Paris Bibliothèques, Paris, 2011.

10 Point de vue défendu notamment par Jean-Luc BAUDRY et Michel TIÈCHE, *Les Deux-Roues en milieu urbain. Réhabilitation d'un moyen de transport ?*, thèse de 3e cycle réalisée sous la direction d'Yves Prats, Institut d'aménagement régional, Aix-en-Provence, 1978.

11 Yacov ZAHAVI, « The TT relation ship : a unified approach to transportation planning », *Traffic Engineering and Control*, vol. 15, n° 4-5, 1973, p. 205-212.

12 Frédéric HÉRAN, *La Ville morcelée. Effets de coupure en milieu urbain*, Economica, Paris, 2011.

13 Alain BONNAFOUS, « Le système des transports urbains », *Économie et Statistique*, n° 294-295, 1996, p. 99-108.

14 Gijs MOM, « Conceptualising technical change : alternative interaction in the evolution of the automobile », *in* Helmuth

TRISCHLER et Stefan ZEILINGER (dir.), *Tackling Transport*, Science Museum, Londres, 2003, p. 9-46.

15 Frédéric HÉRAN, « La ville cyclable : concept, conditions et impacts », *Recherches Transports Sécurité*, n° 47, 1995, p. 35-50.

16 Manuel STOFFERS *et alii*, « Bicycle history as transport history : the cultural turn », *in* Gijs MOM, Peter NORTON, Gordon PIRIE et Georgine CLARSEN (dir.), *Mobility in History. Themes in Transport*, T²M Yearbook 2011, Alphil, Neuchatel, 2010, p. 265-274.

17 Anne-Katrin EBERT, « Cycling towards the nation : the use of the bicycle in Germany and the Netherlands, 1880-1940 », *European Review of History*, vol. 11, n° 3, 2004, p. 347-364.

18 Trine Agervig CARSTENSEN et Anne-Katrin EBERT, « Cycling cultures in Northern Europe : From "Golden Age" to "Renaissance" », *in* John PARKIN (dir.), *Cycling and Sustainability*, Emerald, Bingley, p. 23-58.

19 Dave HORTON, « Fear of cycling », *in* Dave HORTON, Paul ROSEN et Peter COX, *Cycling and Society*, Ashgate Publishing, Aldershot, 2007, p. 133-152.

20 Pierre HASSENTEUFEL, « De la comparaison internationale à la comparaison transnationale. Les déplacements de la construction d'objets comparatifs en matière de politique publique », *Revue française de science politique*, vol. 55, n° 1, 2005, p. 118.

21 *Ibid.*

Notes du chapitre 1

(pages 23 à 38)

1 Voir à ce sujet le remarquable travail de Wiebe E. BIJKER, « King of the road. The social construction of the safety bicycle », *in Of Bicycles, Bakelites, and Bulbs. Toward a Theory of Sociotechnical Change (Inside Technology)*, MIT Press, Cambridge, Mass., 1995, p. 19-100.

2 Philippe GABORIAU, *Le Tour de France et le vélo. Histoire sociale d'une épopée contemporaine*, L'Harmattan, Paris, 1995 (notamment la deuxième partie « Le vélo ou l'espérance industrielle »).

3 François RACHLINE, « Le vélo du baron », *L'Économie politique*, n° 38, 2008, p. 105.

4 Francis ROBIN, « Des centraliens à l'origine de l'industrie du cycle », *Centraliens*, n° 591, janvier-février 2009, p. 37-41.

5 Keizo KOBAYASHI, *Histoire du vélocipède de Drais à Michaux. Mythes et réalités*, Bicycle Culture Center, Tokyo, 1993.

6 Olivier DELAROZIÈRE, *Jeux de vélos*, CNAM, Paris, 1992.

7 André VANT, *L'Industrie du cycle dans la région stéphanoise*, Éditions lyonnaises d'art et d'histoire, Lyon, 1993, p. 13 et suiv. De nombreuses recherches retracent cette histoire de l'apparition de la bicyclette puis de son développement technique et industriel. Elles occupent toujours la plupart des historiens qui s'intéressent aujourd'hui au vélo. Voir les travaux présentés au colloque annuel de l'Association internationale pour l'histoire des transports, du trafic et de la mobilité (T²M).

8 Vivette PARENT-SCHAEFER, « La bicyclette. À nous la liberté ! », *TDC*, n° 592, p. 4-13.

9 Voir la page allemande de Wikipedia sur cette course, « Distanzradfahrt Wien–Berlinsur », <http://de.wikipedia.org>.

10 Pierre GIFFARD, *La Fin du cheval*, Armand Collin, Paris, 1899.

11 Pryor DODGE, *La Grande Histoire du vélo*, Flammarion, Paris, 1996, p. 21.

12 André GUILLERME, « Éléments d'histoire de la congestion des voiries », Actes du séminaire *Villes et transports*, tome 1, Plan urbain, Paris, 1995, p. 279-290.

13 Gijs MOM, « Compétition et coexistence : la motorisation des transports terrestres et le lent processus de substitution de la traction équine », *Le Mouvement Social*, n° 229, 2009, p. 13-39.

14 Philippe GABORIAU, « Les trois âges du vélo en France », *loc. cit.*, p. 20.

15 Serge LAGET, *La Saga du Tour de France*, Gallimard, Paris, 1990.

16 Catherine BERTHO LAVENIR, *Voyages à vélo, op. cit.*, p. 70.

17 Anne-Katrin EBERT, « Cycling towards the nation », *loc. cit.*

18 Catherine BERTHO LAVENIR, « L'échappée belle », *Cahiers de médiologie*, n° 5, 1998, p. 119-120.

19 Voir « Le Vésinet au Quotidien. Chronique anecdotique et historique de la commune (1860-1985) », <http://histoire-vesinet.org>.

20 Pryor DODGE, *La Grande Histoire du vélo, op. cit.*, p. 148-149.

21 *Ibid.*, p. 122-133.

22 Christopher THOMPSON, « Un troisième sexe ? Les bourgeoises et la bicyclette dans la France fin de siècle », *Le Mouvement Social*, n° 192, 2000, p. 9-39.

23 Anne-Marie CLAIS, « Portrait de femmes en cyclistes », *Cahiers de médiologie*, n° 5, 1998, p. 74-75.

24 Kathryn CARSE, « "Bicycling for ladies", in Cycle History », *Proceedings of the 4th International Cycle History Conference*, Mill Valley, CA : Bicycle Books, 1994, p. 107-12.

25 Frances E. WILLARD, *How I Learned to Ride the Bicycle : Reflections of an Influential 19th Century Woman*, Fair Oaks Publishing Company, 1896, nouv. éd., mars 1991, p. 90.

26 André GUILLERME et Sabine BARLES, « Histoire, statuts et administration de la voirie urbaine », *Revue générale des routes et des aérodromes. Guide pratique de la voirie urbaine*, fascicule n° 1, 2001.

27 Henry de LA TOMBELLE, *Un demi-siècle de vélo*, La Belle Cordière, Lyon, 1945.

28 Cité par Georges REVERDY, *Atlas historique des routes de France*, Presses de l'ENPC, Paris, 2006, p. 161.

29 Henry de LA TOMBELLE, *op. cit.* ; Jacques SERAY, *La Reine bicyclette*, Le pas d'oiseau, Toulouse, 2009, p. 43-57.

30 Georges REVERDY, *Atlas historique des routes de France, op. cit.*, p. 161.

31 Clive LAMMING, *Paris Tram. L'histoire mouvementée du tramway parisien et des petits trains en Île-de-France*, Parigramme, Paris, 2003.

32 Mathieu FLONNEAU, « Victoire modale, victoire morale ? Le système automobile dans le jeu des transports publics parisiens au début du XXe siècle », *Histoire urbaine*, n° 33, 2012, p. 109.

33 Alain HORVATH, *Une géographie du vélo utilitaire en Belgique. Analyse multiscalaire*, mémoire en sciences géographiques sous la direction de Jean-Michel Decroly, Université libre de Bruxelles, 2006.

34 Jean ORSELLI, *Usages et usagers de la route. Requiem pour un million de morts : 1860-2010*, L'Harmattan, Paris, 2011, p. 62.
35 Pierre GIFFARD, *La Fin du cheval*, Armand Collin Éditions, Paris, 1899.
36 Sidney H. ARONSON, « The sociology of the bicycle », *Social Forces*, vol. 30, n° 3, 1952, p. 309.
37 Jacques SERAY, *La Reine bicyclette*, *op. cit.*, p. 15-27.
38 Gijs MOM, « Inter-artefactual technology transfer : Road building technology in the Netherlands and the competition between bricks, macadam, asphalt and concrete », *History and Technology*, vol. 20, n° 1, avril 2004, p. 77.
39 Francis-Marie ROBIN, *Traité de cyclonymie*, dossier n° 42 de la Vélocithèque, 2011. Voir aussi l'article « Bicyclette » du TLF (Trésor de la langue française) disponible sur Internet et à la rédaction duquel il a participé.
40 Keizo KOBAYASHI, *Histoire du vélocipède de Drais à Michaux, op. cit.*
41 Pierre GIFFARD, *La Reine bicyclette*, *op. cit.*
42 Albert DAUZAT, « En skis ou à skis ? En ou à bicyclette ? », *Le Monde*, 22 janvier 1947 ; Claude DUNETON, « À cheval et en vélo », *Le Figaro*, 10 février 2011.
43 Philippe DELERM, « La bicyclette et le vélo », *in* La Première Gorgée de bière et autres plaisirs minuscules, Gallimard, Paris, 1997.

Notes du chapitre 2
(pages 39 à 58)

1 Jean FOURASTIÉ, *Le Grand Espoir du XXe siècle*, Gallimard, Paris, 1963, p. 299.
2 James RUFFIER, *Vive la bicyclette ! Entretiens sur le cyclisme*, Éditions Physis, Paris, 1929, p. 78.
3 Stéphane CALLENS, « Un siècle d'accidents de la route », communication au colloque du Programme de recherche et d'innovation dans les transports terrestres (PREDIT), Paris, 7-9 février 1995.
4 Philippe GABORIAU, « Le vélo ou l'espérance industrielle », *loc. cit.*, p. 137.
5 Thierry PAQUOT, « La bicyclette urbaine : histoire et représentations », *Urbanisme*, n° 366, 2009, p. 45-50.
6 Pierre GIFFARD, *La Reine bicyclette*, *op. cit.* ; Henry de LA TOMBELLE, *Un demi-siècle de vélo*, *op. cit.* ; Didier TRONCHET, *Petit Traité de vélosophie*, Plon, Paris, 2000 ; Marc AUGÉ, *Éloge de la bicyclette*, Payot, Paris, 2008 ; Hervé BELLUT, *De la voiture au vélo. En route vers le changement*, Éditions Dangles, Paris, 2011... pour ne citer que des auteurs français.
7 Manuel STOFFERS, « Cycling as heritage. Representing the history of cycling in the Netherlands », *The Journal of Transport History*, vol. 33, n° 1, juin 2012, p. 107.
8 *Ibid.*, p. 109.
9 Sidney H. ARONSON, « The sociology of the bicycle », *loc. cit.*
10 Paul YONNET, « La société automobile », *Le Débat*, n° 31, 1984, p. 128-148.
11 Pierre PINON, *Atlas du Paris haussmannien. La ville en héritage du Second Empire à nos jours*, Parigramme, Paris, 2002, p. 13-15.
12 Michaël DARIN, « Les grandes percées urbaines du XIXe siècle : quatre villes de province », *Annales. Économies, Sociétés, Civilisations*, n° 2, 1988, p. 477-505.

13 Sabine BARLES et André GUILLERME, *La Congestion urbaine en France (1800-1970)*, rapport de recherche pour le ministère de l'Équipement, des Transports et du Logement, Plan urbanisme, construction et architecture, Association pour la recherche et le développement en urbanisme (ARDU) et Laboratoire théorie des mutations urbaines (LTMU), p. 213-214.

14 Frédéric HÉRAN, « Des distances à vol d'oiseau aux distances réelles ou de l'origine des détours », *Flux*, n° 76/77, 2009, p. 110-121.

15 Muriel DREIFUSS, *Le Stationnement des véhicules automobiles dans les centres urbains, la genèse d'un service public*, thèse de doctorat en droit sous la direction de Jean-François DAVIGNON, Université Lumière Lyon II, 1995.

16 Voir l'ouvrage très didactique, du biomécanicien François PIEDNOIR, *Pédaler intelligent. La biomécanique du cycliste*, Fédération française de cyclotourisme, Ivry-sur-Seine, 2008.

17 Vance A. TUCKER, « The Energetic Cost of Moving About », *American Scientist*, vol. 63, 1975, p. 413-419.

18 Mathieu FLONNEAU, *L'Automobile à la conquête de Paris. Chroniques illustrées*, Presses de l'ENPC, Paris, 2003, p. 153, 156 et 158.

19 Pierre-Henri ÉMANGARD, « Les tramways en Europe : une vision diachronique », *Transports urbains*, n° 120, 2012, p. 3-8.

20 Dominique LARROQUE, « Apogée, déclin et relance du tramway en France », *Culture technique*, n° 19, 1989, p. 5.

21 Jean-Marc OFFNER, « La disparition des tramways en France », *La Revue des chemins de fer*, n° 388, 1988, p. 6-10.

22 Eddy CHERKI et Dominique MEHL, *Les Nouveaux Embarras de Paris. De la révolte des usagers des transports aux mouvements de défense de l'environnement*, François Maspero, Paris, 1979.

23 C'est ce qu'Éric Le Breton appelle le « modèle industriel », *in Les Transports urbains et l'utilisateur : voyageur, client ou citadin ?*, L'Harmattan, Paris, 2002 (chapitre 2).

24 Martin EMANUEL, « Understanding conditions for bicycle traffic through historical inquiry. The case of Stockholm », *Journal of the Institute of Urban Transport* (India), 2010, p. 1-16.

25 André GUILLERME et Sabine BARLES, « Histoire, statuts et administration de la voirie urbaine », *loc. cit.*, p. 15.

26 *Ibid.*

27 Pierre LANNOY, « Un siècle de préoccupations routières. Regard sociohistorique sur le traitement des problèmes engendrés par la circulation automobile », *Recherche Transports Sécurité*, n° 65, 1999, p. 39-40.

28 Hans BUITER et Peter-Eloy STAAL, « Traffic lights as signs of the regulated street. The introduction and the diffusion of traffic lights in Dutch cities between 1880 and 1940 », *T²M conference Eindhoven*, 6-9 novembre 2003.

29 Ton WELLEMAN, *The Dutch Bicycle Masterplan...*, *op. cit.*, p. 22.

30 André GUILLERME, « Le vélo entre les deux guerres », blog *Isabelle et le vélo* (<http://isabelleetlevelo.20minutes-blogs.fr>), 11 janvier 2013.

31 André GUILLERME, « Le contexte de la création des laboratoires régionaux des ponts et chaussées (1945-1955) », *in* COMITÉ D'HISTOIRE

du ministère de l'Équipement, *L'Aventure des laboratoires régionaux des ponts et chaussées. Une histoire qui débute en 1952*, Presses de l'ENPC, 2002 (chapitre 1).

32 James Ruffier, *Vive la bicyclette !*, *op. cit.*, p. 79.

33 Henry de La Tombelle, *Manuel de cyclotourisme*, Éditions J. Susse, Paris, 1943, p. 85.

34 Sébastien Gardon, *Gouverner la circulation urbaine. Des villes françaises face à l'automobile (années 1910-années 1960)*, thèse de doctorat de science politique sous la direction de Gilles Pollet, 2009, p. 201.

35 Anne-Katrin Ebert, « When cycling gets political : Building cycling paths in Germany and the Netherlands, 1910-40 », *The Journal of Transport History*, vol. 33, n° 1, juin 2012, p. 115-137.

36 *Ibid.*, p. 120.

37 *Ibid.*, p. 130.

38 *Ibid.*, p. 127-128.

39 Volker Briese, *Besondere Wege für Radfahrer. Zur Geschichte des Radwegebaus in Deutschland von den Anfängen bis 1940* [Aménagements particuliers pour les cyclistes. De l'histoire des pistes cyclables en Allemagne, des débuts à 1940], Paderborn, 1993 (disponible sur <kw.uni-paderborn.de>).

40 Henry de Graffigny, « Les motocyclettes », *La Nature*, 3 août 1901, p. 156-157.

41 Patrick Barrabes, « Les bicyclettes à moteur auxiliaire », *Motobécane obsession*, n° 4, janvier 1998.

42 Jean Goyard, *Le Temps des mobs. Album des cyclomoteurs utilitaires français*, E/P/A Éditions, Paris, 1995, p. 15-16.

Notes du chapitre 3
(pages 59 à 83)

1 Cité *in Études foncières*, n° 154, novembre-décembre 2011.

2 Voir les articles de l'historien suédois Martin Emanuel issus de sa thèse : « Understanding conditions for bicycle traffic... », *loc. cit.* ; « Constructing the cyclist : Ideology and representations in urban traffic planning in Stockholm, 1930-70 », *The Journal of Transport History*, vol. 33, n° 1, juin 2012, p. 67-91.

3 Voir le site de l'association ZSEFT-Zündapp : <www.zseft-zundapp.com>. Il s'agit d'un site de passionnés de deux-roues motorisés, dont l'information semble de qualité, certaines informations ayant pu être recoupées avec d'autres sources plus conventionnelles.

4 Christian Maudet, Marie-France Caralp, Véronique Granger et Marc Sauvez, *Les Deux-Roues dans la ville*, La Documentation française, Paris, 1976, p. III ; Dominique Fleury, « Le phénomène deux-roues en quelques chiffres », *Économie et statistique*, n° 98, mars 1978, p. 67-72.

5 Bernard Averous, Alain Coulon et Josiane Maestripieri, *L'Essor des deux-roues : analyse d'une erreur de prévision*, BETEREM, Marseille, 1975 ; Véronique Granger, « Une erreur de prospective », *Commerce moderne*, n° 1, Spécial « Le commerce et les deux-roues », 1976, p. 3-10.

6 Jean-René Carré, « Les obstacles à l'usage du vélo, aspects sociologiques », *in Le Vélo, un enjeu pour la ville*, actes du quatrième congrès national du club des villes cyclables, 1992, p. 8-12.

7 Bernard Averous, Alain Coulon et Josyane Durand, *Recherche sur une*

nouvelle pratique du deux-roues dans différents groupes socioculturels, BETEREM, Marseille, 1978, p. 105.

8 Jean ORSELLI, *Usages et usagers de la route…*, *op. cit.*, p. 422.

9 Jean-Marie LEVERRIER, *Les Cyclomoteurs et les adolescents*, Ligue contre la violence routière, 1996.

10 Dominique LEBRUN, *Les Conditions de mise en place d'un contrôle technique des deux-roues motorisés*, rapport n° 004620-01, Conseil général des Ponts et Chaussées (CGPC), 2007.

11 *Ibid.*, p. 36.

12 John PUCHER, « Comparaisons d'expériences de pays d'Europe de l'Ouest et d'Amérique du Nord », *UITP Revue*, mai 1988, p. 69.

13 Bernard AVEROUS *et alii*, *L'Essor des deux-roues*, *op. cit.*, p. 16, citant des données de la Chambre syndicale du cycle et du motocycle.

14 Jean-René CARRÉ, « Les obstacles à l'usage du vélo… », *loc. cit.*

15 Données fournies par la Sécurité routière et rassemblées par Jean ORSELLI, *Usages et usagers de la route…*, *op. cit.*, p. 573-574.

16 Gérard WOLF, « Les deux-roues légers : sécurité et aménagements », *in* Thierry BRENAC (dir.), *Sécurité des routes et des rues*, SETRA, CETUR, Bagneux, 1992, p. 172.

17 Christian GERONDEAU, *La Mort inutile*, Plon, Paris, 1979, p. 135.

18 Source : CCFA (Comité des constructeurs français d'automobiles).

19 Albert LANDRY, « Le marché international et la situation de l'industrie automobile », *Revue économique*, vol. 12, n° 5, 1961, p. 689-754.

20 *Études économiques de l'OCDE : Danemark 2002*, OCDE, Paris, 2003, p. 68.

21 La *Revue générale des routes et des aérodromes* – la revue des constructeurs et exploitants des réseaux routiers et des voiries urbaines – relate fidèlement nombre de ces voyages. Créée en 1926, elle existe toujours aujourd'hui.

22 Raymond A. MOHL, « Urban expressways and the central cities in postwar America », *in The Interstates and the Cities. Highways, Housing, and the Freeway Revolt*, Research Report, Poverty and Race Research Action Council, 2002.

23 MINISTRY OF TRANSPORT, *The Design and Layout of Roads in Urban Areas*, HMSO, Londres, 1946. Voir aussi Clara CARDIA, « Les autoroutes urbaines des années 60, monuments historiques ? », *Espaces et sociétés*, n° 96, 1999, p. 108.

24 Gabriel DUPUY, *Une technique de planification au service de l'automobile : les modèles de trafic urbain*, ATP, Paris, 1975 ; Konstantinos CHATZIS, « De l'importation de savoirs américains à la création d'une expertise nationale. La modélisation des déplacements urbains en France, 1950-1975 », *in* Mathieu FLONNEAU et Vincent GUIGUENO (dir.), *De l'histoire des transports à l'histoire de la mobilité ?*, PUR, Rennes, 2009, p. 159-169.

25 Colin D. BUCHANAN (dir.), *L'Automobile dans la ville. Étude des problèmes à long terme que pose la circulation dans les zones urbaines*, L'Imprimerie nationale, Paris, 1965 [1963], p. 49.

26 *Revue générale des routes*, n° 415, novembre 1956, p. 68, cité *in* Michel BIGEY et André SCHMIDER, *Les Transports urbains*, *op. cit.*, p. 34.

27 Geoffrey BAKER et Bruno FUNARO, *Parking*, Reinhold Publishing Co., New York, 1958, p. 18.

28 Reuben J. SMEED, *Le Problème de la circulation dans les villes*, SERC, Arcueil, 1965 [1961], p. 29.

29 Colin BUCHANAN (dir.), *L'Automobile dans la ville*, *op. cit.*, p. 65.

30 Voir notamment Michel HUBERT, « L'Expo 58 et le "tout à l'automobile". Quel avenir pour les grandes infrastructures routières urbaines à Bruxelles ? », *Brussels Studies*, n° 22, 2008.

31 Jean-Claude THOENIG, *L'Ère des technocrates : le cas des Ponts et Chaussées*, Éditions d'Organisation, Paris, 1973.

32 Jean POULIT, « La circulation urbaine », *Revue générale des routes et des aérodromes*, n° 462, février 1971, p. 67. Jean Poulit a ensuite effectué une brillante carrière dans l'administration publique.

33 Jean POULIT, « Voirie et transports urbains. Le présent et l'avenir », commentaire d'accompagnement d'un programme audiovisuel paru en 1975 et repris *in Travaux*, n° 502, décembre 1976, p. 68-76.

34 « Discours prononcé par Georges Pompidou au District de la Région parisienne, le 18 novembre 1971 », Association Georges Pompidou (disponible sur <www.georges-pompidou.org>).

35 Voir Mathieu FLONNEAU, « L'automobile au défi de ses excès. Le moment Pompidou, le "tout automobile", mythes et réalités », *in* Pascal GRISET (dir.), *Georges Pompidou et la modernité. Les tensions de l'innovation, 1962-1974*, Peter Lang, Bruxelles, 2006, p. 25-36 ; et Mathieu FLONNEAU, *L'Automobile à la conquête de Paris*, *op. cit.*

36 Cédric FERIEL, « Le piéton, la voiture et la ville. De l'opposition à la cohabitation », <www.metropolitiques.eu>, 10 avril 2013.

37 Jean POULIT, « La circulation urbaine », *loc. cit.*, p. 61.

38 Geneviève DUBOIS-TAINE, « Les deux-roues en France : situation et perspectives », *Revue générale des routes et des aérodromes*, n° 505 à 510, 1975, p. 40

39 Frédéric HÉRAN, « La double spirale de l'insécurité routière à pied et à vélo », intervention à la 5e journée d'étude de la FUBicy *Villes cyclables, villes plus sûres*, Dijon, 11 avril 2003.

40 Ralf RISSER, « Can one make walking and cycling more attractive without causing safety problems ? », *Proceedings of the International Velo-City'99 Conference*, Graz et Maribor, 13-16 avril 1999, p. 470-475.

41 Peter L. JACOBSEN, « Safety in numbers : more walkers and bicyclists, safer walking and bicycling », *Injury Prevention*, vol. 9, n° 3, 2003, p. 205-209.

42 Atze DIJKSTRA et Fred WEGMAN, « Le vélo en toute sécurité aux Pays-Bas », *Routes-Roads*, n° 354, 2012, p. 42-49.

43 Frédéric HÉRAN, « Pour une approche systémique des nuisances liées aux transports en milieu urbain », *Les Cahiers scientifiques du transport*, n° 59. 2011, p. 83-112.

44 Voir *Urbanisme*, n° 9-10, 1951, p. 46. Le taux d'occupation des voitures particulières n'étant pas précisé, il est toutefois probable qu'il devait y avoir une courte majorité d'automobilistes.

45 Christian GERONDEAU, *Les Transports urbains*, *op. cit.*, p. 43.

46 Geneviève DUBOIS-TAINE, « Les deux-roues en France... », *loc. cit.*, p. 41.

47 On les trouvera rassemblées sur le site compagnon http://heran.univ-lille1.fr

48 Francis PAPON, « L'évolution de la mobilité à vélo en France », communication à la *XXIIe conférence internationale d'histoire du cycle* (CIHC), Paris, 25-28 mai 2011 (SŒS – INRETS – INSEE : volet Biographie de l'ENTD 2007-2008. Traitements IFSTTAR, DEST).

49 Source : Ministère des Transports britannique (<www.dft.gov.uk>).

50 Helgard JAHN et Joachim KREY, *Mobilität des Stadt. Daten zum Berliner Verkehr*, Senatsverwaltung für Stadtentwicklung, 2010, p. 38.

51 NETHERLANDS MINISTRY OF TRANSPORT cité par John PUCHER et Ralph BUEHLER, « Making cycling irresistible : Lessons from the Netherlands, Denmark and Germany », *Transport Reviews*, vol. 28, n° 4, juin 2008, p. 53.

52 Adri A. ALBERT DE LA BRUHEZE et Frank C.A. VERAART, *Fietsverkeer in praktijk en beleid in de twintigste eeuw. Overeenkomsten en verschillen in fietsgebruik in Amsterdam, Eindhoven, Enschede, Zuidoost-Limburg, Antwerpen, Manchester, Copenhagen en Bazel* [Déplacements à vélo et politique de ville cyclable au XXe siècle. Similitudes et différences dans l'utilisation du vélo à Amsterdam, Eindhoven, Enschede, Sud-Limbourg, Anvers, Manchester, Copenhague et Bâle], Ministerie van Verkeer en Waterstaat, Rijkswaterstaat-serie, n° 63, 1999.

53 Gijs MOM, « Mobility for pleasure. A look at the underside of Dutch diffusion curves (1920-1940) », *Transportes, Servicios y Telecomunicaciones*, n° 12, 2007, p. 30-68.

54 Kees SCHUYT et Ed TAVERNE, *Dutch Culture in a European Perspective : 1950, Prosperity and Welfare*, Palgrave Macmillan, New York, 2004, p. 151. On notera que l'index de cet ouvrage imposant portant sur l'histoire culturelle des Pays-Bas au XXe siècle ne comporte aucune entrée concernant la bicyclette.

55 Dirk LIGTERMOET, *Bicycle policies of the European principals : continuous ant integral*, Fietsberaad Publication, n° 7, 2009, p. 54.

56 Martin EMANUEL, « Understanding conditions for bicycle traffic... », *loc. cit.*

57 Dès 1929, le docteur Ruffier constatait déjà que « la bicyclette "ça fait pauvre" », *in Vive la bicyclette !*, *op. cit.*, p. 77.

58 Dave HORTON, « Fear of cycling », *loc. cit.*

Notes du chapitre 4
(pages 85 à 111)

1 Source : CCFA (Comité des constructeurs français d'automobiles).

2 Alain BONNAFOUS, « Le système des transports urbains », *loc. cit.*

3 Michel BIGEY et André SCHMIDER, *Les Transports urbains*, *op. cit.*, p. 32.

4 *Ibid.*, p. 163.

5 Mathieu FLONNEAU, « L'action du district de la région parisienne et les "dix glorieuses de l'urbanisme automobile", 1963-1973 », *Vingtième siècle*, n° 79, 2003, p. 93-104.

6 Michel BIGEY, *Les Élus du tramway*, Lieu Commun, Paris, 1993.

7 Philippe-Enrico ATTAL, « Le prémétro, une fausse bonne idée au secours du tramway », *Historail*, n° 20, 2012, p. 44-57.

8 Jean-Pierre LE COCQ, « Les plans de circulation. Organisation générale de la circulation », *Revue générale des routes et des aérodromes*, supplément, n° 484, février 1973 ; Jean POULIT, *Les Plans de circulation*, ministère de l'Équipement, DRCR, 1975.

9 Christian GERONDEAU, *Les Transports urbains*, PUF, coll. « Que sais-je ? », 2e éd., Paris, 1977, p. 58.

10 Jean-Marc OFFNER, « Les plans de circulation français et américains. Une évolution convergente de la planification des transports urbains », *Métropolis*, n° 37-38, 1979, p. 18-19.

11 Nicolas PAS, « Images d'une révolte ludique. Le mouvement néerlandais Provo en France dans les années soixante », *Revue historique*, n° 634, 2005, p. 343-373.

12 Voir ce reportage sur le site de l'Institut national de l'audiovisuel (INA), <www.ina.fr>, en cherchant les mots « sujet 1er avril 1967 » (ou directement à cette url : <http://url.ca/glrjm>).

13 Alfred SAUVY, *Les 4 roues de la fortune. Essai sur l'automobile*, Flammarion, Paris, 1968.

14 Donella MEADOWS, Dennis MEADOWS, Jorgen RANDERS et William BEHRENS, *Halte à la croissance ?*, Club français du livre, Paris, 1972.

15 Ivan ILLICH, *Énergie et équité*, Seuil, Paris, 1973 ; Thierry PAQUOT, *Introduction à Ivan Illich*, La Découverte, Paris, 2012.

16 Benoît LAMBERT, *Cyclopolis, ville nouvelle. Contribution à l'histoire de l'écologie politique*, Georg, Genève 2004.

17 MIEUX SE DÉPLACER À BICYCLETTE, « Le Mouvement cycliste à Paris depuis 1974 : un aperçu », <www.mdb-idf.org>, 7 mars 2010.

18 A. BOURRET et F. VAILLANT, « Le vélo, un nouvel avenir », *Transports urbains*, n° 38, janv.-mars 1977, p. 27-40.

19 Bram DUIZER, « Pays-Bas. Trente ans de militantisme », *Heurovélo*, n° 49, 2005, p. 10-11.

20 Par exemple : Stina SANDELS, *Children in Traffic*, Elek Books, Londres, 1975 ; Colin WARD, *The Child in the City*, Architectural Press, Londres, 1977 ; Marie-Josée CHOMBART DE LAUWE (dir.), « Dans la ville, les enfants », *Autrement*, n° spécial, 1977 ; Mayer HILLMAN, Irwin HENDERSON et Anne WHALLEY, *Personal Mobility and Transport Policy*, Policy Studies Institute, Londres, 1973 ; *Transport Realities and Planning Policy. Studies of Friction and Freedom in Daily Travel*, Political and Economic Planning, Londres, 1976.

21 Philippe ARIES, « L'enfant et la rue, de la ville à l'anti-ville », *Urbi*, n° 2, 1979, p. III-XIV.

22 Donald APPLEYARD, M. Sue GERSON et Mark LINTELL, *Livable Streets*, University of California Press, Berkeley, 1981.

23 Francine LOISEAU, *Le Piéton, la sécurité routière et l'aménagement de l'espace public. Étude comparative des politiques et réalisations aux Pays-Bas, en Allemagne et en France*, CETUR, Bagneux, 1989, p. 9.

24 H. G. VÀHL, « La ville de Gouda et l'intégration de trafic », *Transport Environnement Circulation*, n° 25, 1977, p. 20-28.

25 Francine LOISEAU, « Intégration de trafic et habitat urbain. L'expérience de Delft », *Transport Environnement Circulation*, n° 12, 1975, p. 24-30.

26 Francine LOISEAU, *Le Piéton, la sécurité routière et l'aménagement de l'espace public*, *op. cit.*, p. 11.

27 Heiner MONHEIM et Rita MONHEIM-DANDORFER, *Straßen für alle. Analysen und Konzepte zum Stadtverkehr der Zukunft*, Rasch und Röhring, Hamburg, 1990, p. 140.

28 Adri A. ALBERT DE LA BRUHEZE et Frank C.A. VERAART, *Fietsverkeer in praktijk en beleid in de twintigste eeuw…, op. cit.*

29 Francis PAPON, *Le Retour du vélo comme mode de déplacement, op. cit.*

30 Véronique GRANGER, « Une erreur de prospective », *loc. cit.*, p. 5, statistiques issues de la Chambre nationale du cycle et du motocycle.

31 Manuel STOFFERS *et alii*, « Bicycle history as transport history : the cultural turn », *loc. cit.*, p. 274.

32 LAMBERT et TACHET, « Promotion des deux-roues aux Pays-Bas », *Transport Environnement Circulation*, n° 25, 1977, p. 36-41.

33 Bernard MILLÉRIOUX, « La fonction déplacement en ville nouvelle des polders de l'Ijsselmeer », *Transport Environnement Circulation*, n° 25, 1977, p. 29-34. Cet article fait partie d'un dossier intitulé « Les Pays-Bas : intégration-ségrégation de trafic et influence sur l'aménagement urbain ». p. 17-41. Pour la doctrine actuelle, voir Tom GODEFROOIJ, « Segregation or Integration ? The Dutch approach », *Velo Mondial 2000* (<www.velomondial.net>), Amsterdam, juin 2000.

34 FIETSBERAAD, *Le Vélo aux Pays-Bas*, Ministerie van Verkeer en Waterstaat, La Haye, 2009, p. 29 (disponible sur <www.fietsberaad.nl>).

35 François BRAUDEL, *Civilisation matérielle, économie et capitalisme, XVe-XVIIIe siècles*, Armand Colin, Paris, 1979, tome 3, p. 154.

36 Francine LOISEAU, « Évolution des "rues à vivre" dans quelques villes européennes », compte rendu pour le CERTU de la conférence *Childstreet 2005*, Delft, août 2005.

37 Alain HORVATH, *Une géographie du vélo utilitaire en Belgique…, op. cit.*

38 Michael FELDKÖTTER, « Das Fahrrad als städtisches Verkehrsmittel. Untersuchungen zur Fahrradnutzung in Düsseldorf und Bonn », *Studien zur Mobilitäts- und Verkehrsforschung*, n° 6, MetaGIS, Mannheim, 2003.

39 Francine LOISEAU, *Le Piéton, la sécurité routière…, op. cit.*, p. 9.

40 Cet historique et les citations proviennent de Laura GOLBUFF et Rachel ALDRED, *Cycling Policy in the UK. A Historical and Thematic Over-View*, University of East London, Londres, 2011, p. 9 (disponible sur <http://rachelaldred.org>).

41 Source : Ministère des Transports britannique (<www.dft.gov.uk>).

42 *Aménagements en faveur des cyclistes et cyclomotoristes*, SETRA, Bagneux, 1974 ; *Les Aménagements en faveur des piétons*, SETRA, Bagneux, 1975 ; *Les Voies urbaines. Guide technique*, SETRA, Bagneux, 1975.

43 *Les Aménagements en faveur des piétons, op. cit.*, p. 7.

44 *Les Voies urbaines. Guide technique, op. cit.*, p. 8.

45 *Les Aménagements en faveur des piétons, op. cit.*, p. 8.

46 *Aménagements en faveur des cyclistes et cyclomotoristes, op. cit.*, p. 12-13, bien qu'il cite encore les surlargeurs de chaussée préconisées dans les années 1930-1950, p. 3.

47 Arantxa JULIEN, *Comparaison des principaux manuels européens d'aménagements cyclables*, collection Rapports d'étude, CERTU, Lyon2000, p. 26.

48 Circulaire n° 74-209 du 6 novembre 1974.

49 Circulaire n° 77-670 de décembre 1977.

50 Frédéric Héran, « Gérard Wolf quitte le CERTU. Parcours d'un expert vélo », entretien avec G. Wolf, *Vélocité*, n° 49, 1998, p. 17-20.

51 Frédéric Héran, « Déplacements urbains : pourquoi les maires se trompent sur l'opinion de leurs administrés », *Transports urbains*, n° 102, 2000, p. 13-20.

52 Werner Brög et Erhard Erl, « Les transports mécanisés à courte distance. Importance du trafic non motorisé pour la mobilité dans nos villes », *in Les Déplacements à courte distance*, rapport de la 96e table ronde d'économie des transports, CEMT, OCDE, Paris, 1994, p. 5-69.

53 Christian Gerondeau, *La Mort inutile*, *op. cit.*, p. 125.

54 Maxime Huré, « La création d'un réseau de villes : circulations, pouvoirs et territoires. Le cas du Club des Villes Cyclables (1989-2009) », *Métropoles*, n° 6, 2009.

55 Frédéric Héran, « Gérard Wolf quitte le CERTU », *loc. cit.*

56 *Politiques en faveur des deux-roues légers dans quatre pays européens, RFA, Pays-Bas, Danemark, Suède*, CETUR, Bagneux, 1983 ; *Accidents des deux-roues légers dans la circulation*, CETUR, Bagneux, 1984 (traduction d'un document de synthèse allemand « Unfälle im Radverkehr », in *Radverkehrsanlagen*, Cologne, 1982) ; *Les Deux-Roues légers, aménagements simples et sécurité en milieu urbain*, fiche technique n° 07, CETUR, Bagneux, 1985.

57 Gérard Wolf, « Les deux-roues légers... », *loc. cit.*, p. 174.

58 Jean-Claude Ziv et Charles Napoléon, *Le Transport urbain. Un enjeu pour les villes*, Dunod, Paris, 1981.

59 *Évolution des caractéristiques des déplacements dans les agglomérations françaises*, CETUR, Bagneux, 1979.

60 Marie Prémartin et Anne Faure, « Sécurité subjective, sécurité objective et comportements : l'apport des opérations "Ville plus sûre, quartiers sans accidents" », communication à la *Cinquième Conférence internationale sur les comportements de déplacement*, octobre 1995.

61 Dave Horton, « Fear of cycling », *loc. cit.*

62 Ivan Illich, *Œuvres complètes*, volume 1, Fayard, Paris, 2003, p. 395-396.

63 Yves Debouverie et Jean-Pierre Dupuy, *L'Automobile chronophage*, CEREBE, Paris, 1974 ; voir aussi l'annexe de la version française du livre d'Illich, *Énergie et équité*, reprise dans ses *Œuvres complètes*, *op. cit.*

64 Frédéric Héran, « À propos de la vitesse généralisée des transports. Un concept d'Ivan Illich revisité », *Revue d'économie régionale et urbaine*, n° 3, 2009, p. 449-470 et « Automobile *versus* bicyclette. Illich et la vitesse généralisée », *in Mobilité et démocratie. De l'histoire des transports à l'histoire de la mobilité*, 2014, à paraître.

65 S. C. Moore *et alii*, « Leisure time physical activity of moderate to vigorous intensity and mortality. A large pooled cohort analysis », *PLoS Medicine*, vol. 9, n° 11, 2012, p. 6.

66 « En France, 40 % des citadins prennent aujourd'hui leur voiture pour aller faire du sport. » *in* Jean

HAËNTJENS, *La Ville frugale, un modèle pour préparer l'après-pétrole*, FYP Éditions, Limoges, 2012, p. 87, source non précisée.

67 Voir par exemple le *Code de la route de l'écolier* de J. ETOURNAY, Bruxelles, 1936, cité par André GUILLERME qui parle de « dressage de l'autophobe », *in Autophiles et autophobes. La congestion urbaine dans les grandes villes au début du XXe siècle*, Centre canadien d'architecture, Mellon Lecture, 6 avril 2006.

Notes du chapitre 5
(pages 113 à 135)

1 Catherine PARADEISE, *The Contribution of Social Sciences to Transport Research in Germany*, IRT, Bron, 1980 ; Christian JACOB et Barbara DAHM, « Circulations douces en Europe : Berlin, Munich, Hambourg, Berne », *Cahiers de l'IAURIF*, n° 111, novembre 1995, p. 44-76.

2 Peter MÜLLER, Frank SCHLEICHER-JESTER, Marie-Pascale SCHMIDT et Hartmut H. TOPP, *Konzepte flächenhafter Verkehrsberuhigung in 16 Städte* [Concepts pour une large modération de la circulation], Fachgebiet Verkehrswesen, Universität Kaiserslautern, Grüne Reihe, n° 24, 1992.

3 UMWELTBUNDESAMT, *Kolloquium Forschungsvorhaben Flächenhafte Verkehrsberuhigung* [Bureau fédéral de l'environnement, *Colloque sur les projets de modération de la circulation à grande échelle*], Berlin, 1985.

4 Francine LOISEAU et Vincent DE BRISSON, *Exemple. Voie B1 le long du Rhin à Düsseldorf – Allemagne. Conception intégrée des infrastructures routières en milieu urbain*, CERTU, Lyon, 2003.

5 Lydia BONANOMI, « La modération du trafic au niveau local : des mesures ponctuelles aux stratégies globales », *SIA – Ingénieurs et Architectes Suisses*, n° 18, 1991, p. XI-XIV.

6 Lydia BONANOMI, *Le Temps des rues. Vers un nouvel aménagement de l'espace rue*, École polytechnique fédérale, GCR, IREC, Lausanne, 1990 ; Todd LITMAN, *Traffic Calming. Benefits, Costs and Equity Impacts*, Victoria Transport Policy Institute (<www.vtpi.org>),1999 ; Chris GRUNDY, Rebecca STEINBACH, Phil EDWARDS, Paul WILKINSON et Judith GREEN, *20 mph zones and road safety in London*, report to the London Road Safety Unit, LSHTM, Londres, 2008 ; Frances BUNN *et alii*, « Area-Wide Traffic Calming for preventing traffic related injuries (Review) », *The Cochrane Library*, n° 4, 2009.

7 ADTS, CETUR, IBSR, IREC, La sécurité routière, *La Rue, un espace à mieux partager. Concilier circulation, sécurité et vie locale*, Amarcande, Paris, 1990.

8 Tilman BRACHER et H.C. VAN HALL, *Radverkehrspolitik und Radverkehrsanlagen in Europa* [Politiques vélo et aménagements cyclables en Europe], IVU-GmbH, Berlin, 1988, p. XIII.

9 Patricia GOUT, « Incitation à l'usage du vélo et modération de la circulation en Allemagne », *in Le Vélo, un enjeu pour la ville*, actes du quatrième congrès national du Club des villes cyclables, Strasbourg, 9-10 octobre 1992, p. 18-22.

10 Yan LE GAL et Éric CHEVALIER, « Zones à trafic limité. Limiter intelligemment la circulation

automobile en ville : l'exemple italien », *Ville, Rail et Transports*, 19 octobre 2011, p. 79-83.

11 Gilbert Lieutier, « Déplacements urbains. Les solutions mises en œuvre dans les villes italiennes : les ZTL, zones à trafic limité », *Transports urbains*, n° 94, 1997, p. 5-14.

12 Association 4D et Altermodal, *Analyse des expériences étrangères des modes de déplacement non motorisés*, rapport final d'une recherche pour le PREDIT 2, 2001, p. 59.

13 Pietro Osti, *Ferrara in bici*, Agenzia Mobilità Impianti, Ferrare, 2010.

14 Jean-Pierre Vallar et Alain Kerveillan, *Politiques en faveur du développement du vélo. Bonnes pratiques de villes européennes. État de l'art 2001*, Énergie-Cités pour l'ADEME, Paris, 2001.

15 Pietro Osti, *Ferrara in bici*, *op. cit.*

16 Les parts modales de La Rochelle sont similaires, avec inversion des parts vélo et marche. Voir Frédéric Héran, « À pied ou à vélo ? Ferrare ou La Rochelle ? De l'utilité de considérer les combinaisons modales », *Transports urbains*, n° 122, octobre 2013.

17 *Ville plus sûre, quartiers sans accidents. Savoir-faire et techniques*, CETUR, Bagneux, 1990 ; *Ville plus sûre, quartiers sans accidents. Réalisations, évaluations*, CERTU, Lyon, 1994. Voir aussi : H. G. Vàhl et J. Giskes, *Urbanisme et trafic, de la guerre à la paix*, CETUR, Bagneux, 1988.

18 *Réduire la vitesse en agglomération. Mesures localisées d'exploitation et d'équipement de la voirie*, CETUR, Bagneux, 1989 ; *Modération de la vitesse en agglomération, recommandations techniques sur la limitation généralisée à 50 km/h*, CETUR, Bagneux, 1991 ; *Guide « zone 30 »*, CETUR, Bagneux, 1992.

19 Patrick de La Sablière, « Dossier zone 30. La révolution en panne », *Circuler*, n° 62, 1994 ; Corine Pin et Catia Rennesson, *Les Zones 30 en France : bilan des pratiques en 2000*, CERTU, Lyon, 2003.

20 Francis Beaucire, *Les Transports publics et la ville*, Milan, coll. « Les Essentiels », Toulouse, 1996.

21 Anne Hecker, « Urbanisme, société et mobilité durable en Allemagne », *Revue géographique de l'Est*, vol. 47, n° 1, 2007.

22 Dirk Ligtermoet, *Bicycle policies of the European principals...*, *op. cit.*, p. 73.

23 John Pucher, « Bicycling boom in Germany. A revival engineered by public policy », *Transportation Quarterly*, vol. 51, 1997, p. 31-46.

24 Source : Socialdata (<www.socialdata.de>).

25 Dietmar Hahlweg, « L'expérience d'une ville allemande : Erlangen », actes du colloque *Le Vélo dans la ville*, Rennes, 10 septembre 1993, p. 18-21.

26 Stadt Freiburg, *Verkehrsentwicklungsplan Freiburg*, Teil A : Problemanalyse, p. 21.

27 Bundesministerium für Verkehr, Bau und Wohnungswesen, *Erster Bericht der Bundesregierung über die Situation des Fahrradverkehrs in der Bundesrepublik Deutschland. 1998* [Premier rapport du gouvernement fédéral sur la situation du cyclisme dans la République fédérale d'Allemagne. 1998], BmV, Bonn, 1999, p. 111.

28 Helgard Jahn et Joachim Krey, *Mobilität des Stadt. Daten zum Berliner Verkehr*, Senatsverwaltung für Stadtentwicklung, 2010, p. 38.

29 Walther Bach KNUDSEN et Thomas KRAG, *På cykel i 100 år : Dansk cyklist forbund 1905-2005* [À vélo depuis cent ans : la Fédération des cyclistes danois, 1905-2005], Dansk Cyklist Forbund, 2005.

30 Martin EMANUEL, « Understanding conditions for bicycle traffic through historical inquiry : The case of Stockholm », *loc. cit.*

31 Éric CAMPBELL et Philippe CHABANNE, *Les Deux-Roues dans les déplacements urbains*, mémoire de fin d'études à l'ENTPE sous la direction d'Edith METZGER, Lyon, 1992, p. 68.

32 VILLE DE GENÈVE, *Les Comptages vélos 2011. Rapport technique*, Direction générale de la mobilité, 2012.

33 Jean-Marc OFFNER, « Et le vélo ? Pour une relance sélective des politiques de promotion des deux-roues légers en ville », *Transports*, n° 325, 1987, p. 48-50.

34 Frédéric HÉRAN et Philippe TOSTAIN, « Vélo et transport collectif urbain, opposition ou complémentarité ? », *Transports urbains*, n° 90, 1996, p. 5-16.

35 Louis MARCHAND, « Qu'est-ce que la mobilité », *Métropolis*, n° 24-25, 1977, p. 51-54. Son analyse erronée sera reprise jusqu'au milieu des années 1990. Voir : Christian LEFÈVRE et Jean-Marc OFFNER, *Les Transports urbains en question, usages, décisions, territoires*, Celse, Paris, 1990, p. 12 et 44 ; Pierre MERLIN, *Les Transports en région parisienne*, La Documentation française, Paris, 1997, p. 158 ; ADEME *Transports, énergie, environnement. Le défi*, ADEME, Paris, 1995, p. 12 ; Dominique DRON et Michel COHEN DE LARA, *Pour une politique soutenable des transports*, rapport au ministre de l'Environnement, cellule de prospective et stratégie, La Documentation française, Paris, 1995, p. 129.

36 Claude SOULAS, « Intermodality between Bicycle and Urban Public Transport. Some research questions (in the French context) », proceedings *Interdependency of bicycle traffic and public transport*, Technische Universität Dresden, 2008.

37 Voir « Voor fietsers » [Pour les cyclistes], <www.cu2030.nl>.

38 *La Circulation mixte bus deux-roues à Grenoble et à Annecy : document de synthèse*, CETUR et CETE de Lyon, Bagneux, 1988.

39 Gilles GARDET, « Vélos et voies bus : une entente possible », *Velo-forum'92*, atelier 4 « Vélos et voies réservées aux bus : cohabitation possible ? », Genève, 1992.

40 Patrick FRENAY, « P+R *versus* urbanisation autour des nœuds de transports publics », *Transport Environnement Circulation*, n° 166, 2001, p. 20-29.

41 David ASSÉO, *Le Bon Usage des parcs d'échange*, Association Transport et Environnement, Delémont, Suisse, 1992 ; John RIGBY et Graham PARKHURST, « Debate : Park et Ride is bad for the environment », *Transport Report*, vol. 20, n° 2, 1997, p. 12-13 ; Lydia BONANOMI, *Les Parkings d'échange : une fausse bonne idée*, École polytechnique fédérale, GCR, IREC, Lausanne, 1997 ; Rolf MONHEIM (dir.), *Park et Ride, ein Beitrag zum stadtverträglichen Verkehr ?* [Parcs relais, une contribution au transport urbain durable ?], Arbeitsmaterialien zur Raumordnung und Raumplanung, Heft 188, Universität Bayreuth, 2001 et notamment

dans cet ouvrage : Christian HOLZ-RAU, « Zu Risiken und Nebenwirkungen von Park + Ride – Analysen und Konzepte » [Les risques et les effets secondaires des parcs relais – Analyse et concepts].

42 Éric BRETON, « La véritable histoire des transports scolaires », *Transports scolaires*, n° 145, avril 2004, p. 14.

43 *Ibid.*

44 ANATEEP, « Transports scolaires gratuits : une dynamique est enclenchée », *Transports scolaires*, n° 167, octobre 2009. p. 15-19.

45 ANATEEP, « Pour une écomobilité adaptée et sécurisée », *Transports scolaires*, n° 162, juil. 2008, p. 19.

46 Jean-Marie BEAUVAIS, *Stratégie de localisation de la grande distribution alimentaire et conséquences sur la mobilité*, rapport de recherche pour l'ADEME, Tours, 2000.

47 René-Paul DESSE, *Le Nouveau Commerce urbain. Dynamiques spatiales et stratégies des acteurs*, PUR, Rennes, 2001.

48 Marie BRICHET et Frédéric HÉRAN, *Piétons et cyclistes dynamisent les commerces de centre-ville et de proximité*, étude réalisée pour la FUBicy et financée par l'Ademe, le ministère de l'Équipement et des Transports et le ministère de l'Écologie et du Développement durable, 2003.

49 Communiqué du Conseil national des professions du cycle sur les ventes de cycles d'équipement et d'accessoires en 2012 qui ont représenté 1,28 milliard d'euros. Si on ajoute toutes les activités indirectes, le chiffre d'affaires s'élève à environ 4,5 milliards d'euros soit 35 000 emplois (Nicolas MERCAT, *L'Économie du vélo en France*, étude réalisée par Indiggo-Altermodal pour Atout France, 2009).

50 *Politiques nationales en faveur du vélo*, OCDE, CEMT, Paris, 2004.

51 Maxime HURÉ, *La Création d'un réseau de villes...*, *op. cit.*

52 GROUPE VILLÀVÉLO, *Villàvélo*, Ville de Bordeaux, Communauté urbaine de Bordeaux, Conseil d'architecture d'urbanisme et d'environnement de la Gironde, Bordeaux, 1988.

53 Phil GOODWIN, Sharon HALLETT, Francesca KENNY et Gordon STOKES, *Transport : the new realism. Report to Rees Jeffreys Road Fund*, TSU working paper (ref. 624), School of Geography and Environment, Oxford, 1991.

54 BRITISH MEDICAL ASSOCIATION, *Cycling : Towards Health and Safety*, Oxford University Press, Oxford, 1992.

55 Laura GOLBUFF et Rachel ALDRED, *Cycling Policy in the UK*, *op. cit.*

56 CROW, *Sign Up for the Bike. Design Manual for a Cycle-Friendly Infrastructure*, CROW, 1993.

57 CROW (dir.), *Bicycle Parking in the Netherlands. Recent Experiences of Bicycle Parking Policies in the Framework of the Masterplan Bicycle*, CROW, 1997.

58 Geneviève LAFERRÈRE, *Les Politiques cyclables en Europe*, CERTU, Lyon, 2001, p. 35.

59 BUNDESMINISTERIUM FÜR VERKEHR, BAU UND WOHNUNGSWESEN, *Nationaler Radverkehrsplan 2002-2012. Fahrrad ! Maßnahmen zur Förderung des Radverkehrs in Deutschland* [Plan pour le cyclisme national, 2002-2012. Vélo ! Mesures visant à promouvoir le cyclisme en Allemagne], BmV, Bonn (existe aussi en anglais).

60 Alain HORVATH, *Une géographie du vélo utilitaire en Belgique..., op. cit.*

61 Michel HUBERT, « L'Expo 58 et le "tout à l'automobile" », *loc. cit.*

62 Voir Benoît LAMBERT, *Cyclopolis, ville nouvelle, op. cit.* p. 28-32 et Chloé GRÉPINET, *Vélorution ! Enjeux d'une mobilisation cyclo-écologiste*, mémoire de Master 2, direction Bruno Villalba, Institut d'études politiques de Lille, Lille, 2012.

63 Repris *in* Ivan ILLICH, *Œuvres complètes, op. cit.*

Notes du chapitre 6
(pages 137 à 168)

1 Christian JACOB, *Comparaison de l'utilisation de la bicyclette dans trois capitales européennes : Paris, Berlin, Londres*, IAURIF, Paris, 2004.

2 Isabel HEINS et Klaus WAZLAK, « Berlin : le succès du vélo, un défi pour les transports publics ! », *Public transport international*, vol. 59, n° 4, 2010, p. 44-46.

3 STADT MÜNSTER, *Verkehrsverhalten und Verkehrsmittelwahl der Münsteraner. Ergebnisse einer Haushaltsbefragung im November 2007* [Le comportement et le choix du mode de déplacement à Münster. Résultats d'une enquête auprès des ménages en novembre 2007], Amt für Stadtentwicklung, Stadtplanung, Verkehrsplanung, Münster, 2008.

4 Voir <www.fietssnelwegen.nl>.

5 Voir le site consacré à ce projet : <www.cykelsuperstier.dk>.

6 John PUCHER, « Bicycling boom in Germany », *loc. cit.* ; Adri A. ALBERT DE LA BRUHEZE et Frank C.A. VERAART, *Fietsverkeer in praktijk en beleid in de twintigste eeuw, op. cit.* ; John PUCHER et Ralph BUEHLER, « Making cycling irresistible », *loc. cit.* ; Manuel STOFFERS *et alii*, « Bicycle history as transport history... », *op. cit.* ; Trine Agervig CARSTENSEN et Anne-Katrin EBERT, « Cycling cultures in Northern Europe... », *loc. cit.*

7 Laura GOLBUFF et Rachel ALDRED, *Cycling Policy in the UK, op. cit.*, p. 22.

8 TRANSPORT FOR LONDON, *Cycling Revolution London*, Mayor of London, 2010.

9 TRANSPORT FOR LONDON, *The Mayor's Vision for Cycling in London. An Olympic Legacy for all Londoners*, TfL, Londres, 2013.

10 Chris GRUNDY *et alii*, *20 mph zones and road safety in London, op. cit.*

11 *La Mobilité urbaine en France : enseignement des années 2000-2010*, CERTU, Lyon, 2012.

12 Jean-Pierre ORFEUIL (dir.), *Un milliard de déplacements par semaine*, La Documentation française, Paris, 1989, p. 73.

13 Francis PAPON, « Le vélo représente 2,7 % des déplacements en semaine », *Vélocité*, n° 105, 2010, p. 9-11. Une étude sur les quatorze dernières EMD le confirme : voir Bernard QUÉTELARD, *Usagers et déplacements à vélo en milieu urbain, op. cit.*

14 Emmanuel RAVALET et Yves BUSSIÈRE, « Les systèmes de vélos en libre-service expliquent-ils le retour du vélo en ville ? », *Recherche Transports Sécurité*, n° 108, 2012, p. 16-24.

15 Francis PAPON et Régis DE SOLÈRE, « Les modes actifs : marche et vélo de retour en ville », *loc. cit.*, p. 76.

16 Voir le site Mobilität in Deutschland : *<www.mobilitaet-in-deutschland.de>*.

17 Iris MÜHLENBRUCH, *Evaluation der Radverkehrsförderung in NRW. Eine Vorstudie zur Erhebung des Modal-Splits in*

nordrhein-westfälischen Kommunen [Évaluation de la promotion du vélo en Rhénanie du Nord-Westphalie. Étude préliminaire sur la répartition modale dans les municipalités], Agentur für Kommunikation und Mobilität, Cologne, 2009, p. 26.

18 *Distances de déplacement et effet de serre. Où sont les enjeux en milieu urbain ?*, CERTU, Lyon, 2008. Il s'agit de distances à vol d'oiseau. Pour s'approcher des distances réelles, il faut multiplier par 1,2 en centre-ville et 1,4 en périphérie.

19 Sandrine Beaufils et Jérémy Courel, « Un actif sur deux travaille à proximité de chez lui », *Note rapide*, n° 600, juillet 2012.

20 Brigitte Le Brethon, *Propositions pour encourager le développement de la bicyclette en France*, rapport remis à M. Jean-Pierre Raffarin, Premier ministre, 2004.

21 Cette mesure améliore à peu de frais les accès aux bâtiments, tout en évitant la circulation des cyclistes sur les trottoirs ou sur les grands axes parallèles. Un récent bilan démontre qu'elles sont sans danger (Christophe Mallet, *Analyse du double sens cyclable en termes d'accidentologie*, mémoire de fin d'études à l'ENTPE sous la direction de Thomas Jouannot chargé d'études au CERTU, 2013).

22 Jean-Marie Guidez, « 2007 : le tournant du vélo ? Ce que disent les enquêtes ménages déplacement sur la pratique du vélo », *Transports urbains*, n° 111, 2007, p. 15.

23 Véronique Michaud, « 2001-2007 : extension du domaine du vélo », *Transports urbains*, n° 111, 2007, p. 5.

24 Emmanuel Ravalet et Yves Bussière, « Les systèmes de vélos en libre-service... », *loc. cit.*

25 Pour Montpellier qui n'a pas d'EMD récente, voir Jérôme Cassagnes, *Qui sont les usagers des pistes cyclables à Montpellier ?*, CETE Méditerranée, 2010.

26 Pro Vélo, *Observatoire du vélo en Région de Bruxelles-Capitale. Rapport 2012*, Pro Vélo, Bruxelles, 2013.

27 Isabelle Lesens, Laurent Lopez et Denis Moncorgé, « Paris cyclable – préhistoire et histoire », communication au colloque *1996-2008. Douze ans de politique cyclable à Paris*, organisé par l'association Vélo XV et VII, Paris, 19 janvier 2008.

28 *Ibid.*

29 STIF, DRIEA, IAU-IDF, *Enquête globale transport. Synthèse n° 1*, STIF 2012, p. 16.

30 Les données citées sont issues des travaux suivants : Tien Dung Tran, *Vélo'V : Nouveau mode de mobilité urbaine. Nouvelles analyses interdisciplinaires*, Laboratoire d'économie des transports, Lyon, 2012 ; Esther Anaya, « La politique du vélo et le Bicing à Barcelone », *Ville à vélo*, n° 139, novembre-décembre 2008, p. 14-15 ; Transpole, *Enquête VLS abonnés VLille. Février 2012*, Service études et développement, Lille, 2012.

31 Jean-Marie Guidez, « 2007 : le tournant du vélo ? », *loc. cit.*, p. 15.

32 On ne peut donc pas considérer que le bilan socioéconomique des vélos en libre-service est « globalement équilibré », comme l'affirme Isabelle Cabanne, malgré tout l'intérêt de son étude (*in* « Les coûts et les avantages des vélos en libre service », *Le Point sur*, n° 50, mai 2010).

33 Gwyn Topham, « Barclays to end sponsorship of Boris Johnson's

London bike hire scheme », *The Guardian*, 10 décembre 2013.

34 TRANSPOLE, *Enquête VLD abonnés VLille. Février 2012*, Service études et développement, Lille, 2012.

35 Didier TRONCHET, *Petit Traité de vélosophie*, *op. cit.*, p. 8.

36 Hugues SERRAF, *L'Anti-Manuel du cycliste urbain*, Berg international, Paris, 2010, p. 57-58.

37 *Piétons. Grands thèmes de la sécurité routière en France*, ONISR, février 2008.

38 « Piétons et cyclistes : quelle cohabitation dans l'espace public ? », *Savoirs de base en sécurité routière*, fiche n° 26, CERTU, Lyon, 2010.

39 Pablo JENSEN, Jean-Baptiste ROUQUIER, Nicolas OVTRACHT et Céline ROBARDET, « Characterizing the speed and paths of shared bicycles in Lyon », *Transportation Research Part D : Transport and Environment*, vol. 15, n° 8, décembre 2010, p. 522-524.

40 Emmanuelle AMOROS, Mireille CHIRON, Jean-louis MARTIN, Bertrand THELOT et Bernard LAUMON, « Bicycle helmet wearing and the risk of head, face, and neck injury : a French case-control study based on a road trauma registry », *Injury Prevention*, vol. 18, n° 1, 2012, p. 27-32.

41 Dorothy L. ROBINSON, « No clear evidence from countries that have enforced the wearing of helmets », *British Medical Journal*, vol. 332, n° 7543, 2006, p. 722-725.

42 John ADAMS, *Risk*, Routledge, London and New York, 1995.

43 Benoit DE GUILLEBON et Philippe BIHOUIX, *Quel futur pour les métaux ? Raréfaction des métaux : un nouveau défi pour la société*, EDP Sciences, 2010.

44 Voir le site Copenhagenize consulting : <http://copenhagenize.eu>.

45 Isabelle LESENS, « C'est sérieux, votre histoire de vélo ? », *Cahiers de médiologie*, n° 5, 1998, p. 174.

46 Par exemple : BRITISH MEDICAL ASSOCIATION, *Cycling : Towards Health and Safety*, *op. cit.* ou *Activité physique. Contextes et effets sur la santé*, Éditions INSERM, Paris, 2008.

47 Lars Bo ANDERSEN *et alii*, « All-cause mortality associated with physical activity during leisure time, work, sports, and cycling to work », *The Journal of the American Medical Association*, vol. 160, n° 11, 12 juin 2000.

48 Selon la dernière enquête de l'Institut de recherche médicale et d'épidémiologie du sport (IRMES) sur les activités physiques et sportives des Français, 2013.

49 Jean-François TOUSSAINT, *Retrouver sa liberté de mouvement. PNAPS (Plan national de prévention par l'activité physique ou sportive)*, rapport pour le ministère de la Santé, de la Jeunesse, des Sports et de la Vie associative, 2008.

50 Joop H. VAN WIJNEN, Arnoud P. VERHOEFF, Henk W. A. JANS et Mark VAN BRUGGEN, « The exposure of cyclists, car drivers and pedestrians to traffic-related air pollutants », *Int Arch Occup Environ Health*, n° 67, 1995, p. 187-193 ; *Influence des aménagements de voirie sur l'exposition des cyclistes à la pollution atmosphérique*, Airparif, Paris, 2009.

51 Corinne PRAZNOCZY, *Les Bénéfices et les risques de la pratique du vélo. Évaluation en Île-de-France*, Observatoire régional de santé d'Île-de-France, 2012.

52 *Ibid.* Voir aussi David ROJAS-RUEDA, Audrey DE NAZELLE, Marko TAINIO et

Mark J. NIEUWENHUIJSEN, « The health risks and benefits of cycling in urban environments compared with car use : health impact assessment study », *British Medical Journal*, n° 343, 2011 ; Jean-René CARRÉ, « La bicyclette : un mode de déplacement méconnu dans ses risques comme dans son usage », *Recherche Transports Sécurité*, n° 49, 1995, p. 28 ; Thomas KRAG, « Safety, an Achilles' heel for cycling », proceedings of the *International Velo-city'89 Conference*, Copenhague, 21-23 août 1989, p. 203-206.

53 Olivier RAZEMON, « Ne pas faire de vélo, c'est dangereux pour la santé », Blog *L'interconnexion n'est plus assurée* (<http://transports.blog.lemonde.fr>), 17 septembre 2012.

54 Francis PAPON, « La marche et le vélo : quels bilans économiques pour l'individu et la collectivité ? », *Transports*, n° 412, 413 et 414, 2002.

55 Jean-Marie BEAUVAIS, *Dépenses engagées par les voyageurs : comparaison entre le transport public et la voiture particulière, situation en 2008 et évolution depuis 1970*, étude réalisée pour la FNAUT, Tours, 2012.

56 *Comment encourager l'usage du vélo ? Les mesures d'incitations économiques dans différents pays européens*, CERTU, Lyon, 2012.

57 Maxime GERARDIN, *Indemnité kilométrique vélo. Les enjeux, les impacts*, coordination interministérielle pour le développement de l'usage du vélo, Paris, 2013.

58 INFRAS, *Effizienz von öffentlichen Investitionen in den Langsamverkehr* [L'efficacité de l'investissement public dans le trafic non motorisé], Infras, Forschung und Beratung, Bern, 2003.

59 Ces données sont issues d'une compilation de très nombreuses références.

60 FIETSBERAAD, *Le Vélo aux Pays-Bas*, *op. cit.*, p. 27.

61 TRANSPORT FOR LONDON, *The Mayor's Vision for Cycling in London*, *op. cit.*

62 Jean-Pierre ORFEUIL, « Le vrai coût des transports publics de la vie quotidienne », *Infrastructures et mobilité*, n° 111, septembre 2011, p. 11-18.

63 TEMANORD, *CBA of Cycling*, Nordic Council of Ministers, Copenhague, 2005 ; Nicolas MERCAT, *L'Économie du vélo en France*, *op. cit.* ; Michael MESCHIK et Gregor TRUNK, *Costs of Bicycle Traffic for the Overall Economy*, Institute for Transport Studies, BOKU Vienne, 2011 ; Alexander GROUS, *The British Cycling Economy. « Gross Cycling Product » Report*, London School of Economics, 2011 ; Todd LITMAN, *Evaluating Non-Motorized Transportation Benefits and Costs*, Victoria Transport Policy Institute, Canada, 2012.

64 Nicolas MERCAT, *L'Économie du vélo...*, *op. cit.*, p. 517.

Notes du chapitre 7
(pages 169 à 191)

1 Hélène GIRAUD, *Le Goût du vélo*, Mercure de France, Paris, 2012, p. 11-12

2 Frédéric HÉRAN, « Le système vélo », communication à la 3e journée d'étude de la FUBicy, *Pour un usage généralisé du vélo*, Lyon, 6 avril 2001 ; BUNDESMINISTERIUM FÜR VERKEHR, BAU UND WOHNUNGSWESEN, *Nationaler Radverkehrsplan 2002-2012...*, *op. cit* ; Jean-Luc

de Wilde, « Ma commune fait du vélo », *Les Cahiers du vélo*, n° 6, oct. 2002 ; Dave Horton et John Parkin, « Towards a revolution in cycling », *in* John Parkin (dir.), *Cycling and Sustainability*, Emerald, Bingley, 2012, p. 303-325.

3 Gabriel Dupuy, *La Dépendance automobile. Symptômes, analyses, diagnostic, traitements*, Anthropos, Paris, 1999.

4 Frédéric Héran, « État de l'art sur l'intermodalité vélo et transport collectif », *in* Claude Soulas (dir.), *PORT-VERT (Plusieurs Options de Rabattement ou Transfert Vélo et Réseaux de Transport)*, recherche pour le PREDIT, IFSTTAR, Marne-la-Vallée, 2009.

5 Lydia Bonanomi, *Le Temps des rues*, *op. cit.* ; Jean-René Carré et Corinne Mignot, *Écomobilité. Les déplacements non motorisés : marche, vélo, roller..., éléments clés pour une alternative en matière de mobilité urbaine*, INRETS, Arcueil, 2003.

6 *Recommandations pour des aménagements cyclables*, CERTU, Lyon, 2000, p. 34. Voir aussi : *Une voirie pour tous. Sécurité et cohabitation sur la voie publique au-delà des conflits d'usage*, Conseil national des transports, Paris, 2005.

7 Yan Le Gal, « Promouvoir la marche et le vélo grâce à un plan de modération des vitesses », *Ville, Rail et Transports*, 29 décembre 2010, p. 67-71.

8 Yan Le Gal et Éric Chevalier, « Zones à trafic limité », *loc. cit.*

9 Todd Litman, *Traffic Calming*, *op. cit.* ; voir aussi Lydia Bonanomi, *Le Temps des rues*, *op. cit.*, et Chris Grundy *et alii*, *20 mph zones and road safety in London*, *op. cit.*

10 Emmanuelle Amoros (dir.), *Accidentalité à vélo et exposition au risque (AVER)*, rapport pour le ministère du Développement durable, 2012, p. 54-55.

11 OCDE, CEMT, *La Gestion de la vitesse*. OCDE, Paris, 2007, p. 43.

12 Frédéric Héran (dir.), *Le Vol de bicyclettes. analyse du phénomène et méthodes de prévention*, recherche pour le PREDIT, ministère de l'Équipement et des Transports, décision d'aide à la recherche n° 99 MT 71, 2003.

13 Voir <www.bicycode.org>.

14 Véronique Michaud, « 2001-2007 : extension du domaine du vélo », *loc. cit.*

15 Laurent Greilsamer, « La fracture automobile », *Le Monde*, 14 novembre 2006.

16 Jean-Michel Normand, « L'honneur perdu de la bagnole », *Le Monde*, 18 janvier 2013.

17 Jacques Dekoster et Ulric Schollaert, *Villes cyclables, villes d'avenir*, Office des publications officielles des Communautés européennes, Luxembourg, 1999 ; Nicolas Mercat (dir.), *Réussir sa politique vélo. Outils pratiques pour une communication efficace*, Association des Départements cyclables, Territorial éditions, coll. « Dossier d'experts », n° 526, 2007.

18 Jean Sivardière, « La bicyclette, c'est sérieux », *La Jaune et la Rouge*, n° 523, mars 1997.

19 *Bonnes Pratiques pour des villes à vivre : à pied, à vélo...*, GART, Paris, 2000.

20 Frédéric Héran, « État de l'art sur l'intermodalité vélo et transport collectif », *loc. cit.*

21 CROW, *Cycling in the Netherland*, Ministerie van Verkeer en Waterstaat, La Haye, 2009, p. 49.

22 *Ibid.*

23 Tien Dung Tran, *Vélo'V : Nouveau mode de mobilité urbaine, op. cit.*

24 À une question plus large : « Vous arrive-t-il de combiner votre trajet vélo [en V'Lille] avec un autre mode de transport ? », 18 % des usagers répondent souvent, 39 % parfois et 43 % jamais (Transpole, *Enquête VLS abonnés VLille, op. cit.*).

25 Nicolas Pressicaud, *Le Vélo à la reconquête des villes. Bréviaire de la vélorution tranquille (etc.)*, L'Harmattan, Paris, 2009, chapitre 8.

26 Nicolas Mercat, *L'Économie du vélo en France, op. cit.*, p. 54 et suiv.

27 Frédéric Héran *et alii*, *Lillàvélo, op. cit.*

28 ADEME, *Écomobilité scolaire à Jacou (34), collège Mendès France*, fiche ADEME, 2004.

29 *Plan de déplacement d'entreprise*, STMicroelectronics, Grenoble, 2007.

30 Jean-Marie Beauvais, *Évolution du commerce et utilisation de la voiture*, rapport de recherche pour le ministère de l'Équipement et des Transports, Tours, 2003.

31 Frédéric Héran (dir.), *Commerces de centre-ville et de proximité et modes non motorisés*, rapport d'une étude effectuée pour l'ADEME, le ministère de l'Équipement et des Transports et le ministère de l'Écologie et du Développement durable, 2004.

32 CVTC, « Les vélo-écoles : l'apprentissage de la mobilité », *Ville et vélo*, n° 37, janvier-février 2009, p. 6-14.

33 Christian Jacob, *Comparaison de l'utilisation de la bicyclette dans trois capitales européennes, op. cit.*, p. 67.

Notes du chapitre 8
(pages 193 à 215)

1 Cité *in Energy reorganization act of 1973*, Hearings, Subcomitee of the Commitee of Government operations, House of Representatives, US Congress, 27-29 novembre 1973, p. 248.

2 Alain Bieber, Marie-Hélène Massot et Jean-Pierre Orfeuil, *Questions vives pour une prospective de la mobilité quotidienne*, rapport pour la DATAR, synthèse INRETS n° 19, 1993.

3 Yves Crozet, Jean-Pierre Orfeuil, Marie-Hélène Massot et le « Groupe de Batz », « Mobilité urbaine : cinq scénarios pour un débat », *Notes du Centre de prospective et de veille scientifique*, 2001 ; Jacques Theys, Serge Wachter, Yves Crozet et Jean-Pierre Orfeuil (dir.), *La Mobilité urbaine en débat : cinq scénarios pour le futur ?*, CERTU, Lyon, 2005.

4 Véronique Lamblin et Marie-Hélène Massot, *Prospective de la mobilité dans les villes moyennes*, Étude Futuribles International / IFSTTAR, 2011.

5 Olivier Paul-Dubois-Taine (dir.), *Les Nouvelles Mobilités : adapter l'automobile aux modes de vie*, rapport pour le Centre d'analyse stratégique. 2010 et *Les Nouvelles Mobilités dans les territoires périurbains et ruraux*, rapport pour le Centre d'analyse stratégique, 2012.

6 *Contribution de l'ADEME à l'élaboration de visions énergétiques 2030-2050. Synthèse*, ADEME, Paris, 2012, p. 7. Nous tenons compte de la marche dans le total des déplacements.

7 Régis de Solère, « Un report modal de 10 points de la voiture vers

les TC [transports collectifs]... implique un doublement de la fréquentation des TC ! », *Transflash*, novembre 2012, p. 4.

8 Aurélien BOUTAUD et Natacha GONDRAN, *L'Empreinte écologique*, La Découverte, coll. « Repères », Paris, 2009.

9 Frédéric HÉRAN et Serge PÉLISSIER, « La voiture électrique : espoir d'une mobilité durable ou soubresaut d'une "automobilité" dominante ? », *Transports Environnement Circulation*, n° 220, janvier 2014.

10 Alain MORCHEOINE et Éric VIDALENC, « Les transports électriques en France : un développement nécessaire sous contraintes », *ADEME et vous*, n° 21, 2009 ; voir aussi le site de Jean-Marc JANCOVICI, spécialiste de l'énergie et du climat : <www.manicore.com>.

11 Benoit DE GUILLEBON et Philippe BIHOUIX, *Quel futur pour les métaux ?*, *op. cit.* ; voir aussi le site du GDS Écoinfo (<http://ecoinfo.cnrs.fr>).

12 Voir les documents déjà cités ainsi que *Démarche prospective transports 2050. Eléments de réflexion*. Les rapports du CGPC, mars 2006 ; Hector G. LOPEZ-RUIZ et Yves CROZET, « En chemin pour le facteur 4 : quelles politiques publiques et quels impacts sur les infrastructures et les budgets », *Recherche Transports Sécurité*, vol. 27, 2011, p. 54-73.

13 Olivier PAUL-DUBOIS-TAINE (dir.), *Les Nouvelles Mobilités*, *op. cit.*, p. 21-22.

14 WORLD BANK, *Turn Down the Heat. Why a 4° Warmer World Must be Avoided*, A report for the World Bank by the Potsdam Institute for Climate Impact Research and Climate Analytics, 2012.

15 Jean-Marc JANCOVICI, « Les limites énergétiques de la croissance », *Le Débat*, n° 171, 2012, p. 80-95.

16 Jean GADREY, *Adieu à la croissance*, Alternatives économiques, Paris, 2010, 2e partie, chapitre 1. Par exemple, une infirmière ne peut pas s'occuper d'un nombre toujours plus grand de malades ; un mécanicien restera toujours nécessaire pour réparer un véhicule...

17 Richard HEINBERG, *La Fin de la croissance. S'adapter à notre nouvelle réalité économique*, Demi-Lune, Plogastel-Saint-Germain, 2012.

18 Jean-Noël CHAPULUT et Olivier PAUL-DUBOIS-TAINE, *Transports et dette publique. Des membres du Cercle des Transports alertent sur la dérive des déficits publics résultant des transports*. rapport du Cercle des Transports, 2012.

19 Karolina TAGARIS, « Squeezed by debt crisis, Greeks ditch cars for bikes », *Reuters*, Athènes 8 août 2012.

20 Frédéric HÉRAN, « Pour une approche systémique des nuisances... », *op. cit.*

21 Jérémy COUREL et Mireille BOULEAU, 2013. « "Peak-car" : la baisse de la mobilité automobile est-elle durable ? », *Note rapide*, n° 620, avril 2013.

22 APHEIS, *Évaluation de l'impact sanitaire de la pollution atmosphérique en Europe. Rapport de la troisième phase 2002-2003*, APHEIS (Air Pollution and Health : A European Information System), 2004.

23 Jean-Pierre ORFEUIL, *Les Coûts externes de la circulation routière*, rapport INRETS n° 216, 1997. Voir déjà Alfred SAUVY, *Les 4 roues de la fortune...*, *op. cit.*

24 Voir le site <www.ville30.org> qui en fait la chronique.

25 Voir Joseph E. STIGLITZ, Amartya SEN et Jean-Paul FITOUSSI, *Rapport de la Commission sur la mesure des*

performances économiques et du progrès social, rapport au président de la République, 2009.

26 Bernard JULIEN, Yannick LUNG et Christophe MIDLER, *L'Épopée Logan. Nouvelles trajectoires pour l'innovation*. Paris : Dunod, 2012 ; Philippe JACQUÉ, « Renault renoue avec la croissance », *Le Monde* du 21 janvier 2014.

27 Marcia LOWE, *The Bicycle : Vehicle for a Small Planet*, Worldwatch Institute, Paper 90, 1989, p. 21.

28 CVTC, *Les Français et le vélo, pratiques et attentes. Principaux résultats de l'enquête*. Observatoire des mobilités actives, 2013.

29 François DELISLE et Jean-Paul HUBERT, « L'allongement des déplacements quotidiens contribue à l'émergence d'espaces urbains multipolaires, tandis que la mobilité baisse au centre des grandes agglomérations », *La Revue du CGDD*, décembre 2010, p. 49-64.

30 TRANSPORT FOR LONDON, *Analysis of Cycling Potential*, Policy Analysis Research Report, décembre 2010.

31 Sylvie MATHON et Patrick PALMIER, « Comment estimer le potentiel cyclable d'un territoire ? Une application sur l'agglomération lilloise », rapport pour la recherche *Vélo et politique globale de mobilité durable* réalisée pour le GO 3 du PREDIT 4, 2012.

32 AGENCE BRÈS et MARIOLLE, *Les Figures d'une écomobilité périurbaine entre intermodalité obligée et densité dispersée. Le « carré picard » au filtre de l'accessibilité durable*, recherche pour le PUCA (plan, urbanisme, construction, architecture), p. 52.

33 Voir Yves MISEREY, « Le vélo en carton à l'assaut des mégapoles », <www.lefigaro.fr>, 20 décembre 2012 ; Eric SMALLEY, « Prius Project concept bike lets you shift by thinking », <http://news.cnet.comw>, 6 juillet 2011.

34 Éric ALBERT, « Les Londoniens pourraient pédaler dans les nuages », *Le Monde*, 10 janvier 2014.

35 Nathalie MOURLOT, « Un parking souterrain pour les vélos », <http://lentreprise.lexpress.fr>, 12 avril 2014.

36 « Le Pibal, vélo urbain idéal », <www.bordeaux.fr>.

37 Frédéric HÉRAN, « La consommation d'espace-temps des transports en milieu urbain », *in* Gérard BRUN (dir.), *Ville et mobilité*, Economica, coll. « Méthodes et approches », Paris, 2013, p. 177-191.

38 Jean RÉMY, « L'automobilité sans l'automobile. Anatomie d'un "phénomène social total" », *in* Alain BOURDIN (dir.), *Mobilité et écologie urbaine*, Descartes & Cie, 2007, p. 255.

39 EUROPEAN CYCLISTS' FEDERATION, *Cycle more Often 2 cool down the planet ! Quantifying CO_2 savings of Cycling*, rapport de synthèse, Bruxelles, 2011, p. 16.

40 Pour avoir une idée concrète du foisonnement actuel des innovations technologiques dans ces domaines, on peut visiter le salon annuel de Germersheim, en Allemagne, créé en 1994 et consacré aux vélos spéciaux.

41 Manuel STOFFERS, « Modernising the bicycle : the international Human Powered Vehicle movement and the "bicycle renaissance" since the 1970s », *in* Workshop *Re/Cycling Histories : Users and the Paths to Sustainability in Everyday Life*, Munich, 27-29 mai 2011.

42 Frederik VAN DE WALLE, *The Velomobile as a Vehicle for more Sustainable Transportation. Reshaping the Social

Construction of Cycling Technology, master of science thesis, Royal Institute of Technology, Stockholm, 2004 ; Manuel Stoffers, « Modernising the bicycle... », *op. cit.*

43 Voir, par exemple, le site <www.copenhagenize.com>.

44 Nicolas Mercat, *L'Économie du vélo en France*, *op. cit.*, p. 141.

45 Antoine Bréard, « À Paris, les coursiers roulent autant que des cyclistes professionnels », <www.rue89.nouvelobs.com>, 28 décembre 2011.

Notes de la conclusion
(pages 217 à 221)

1 Dave Horton et John Parkin, « Towards a revolution in cycling », *loc. cit.*

2 CVTC, *Les Français et le vélo, pratiques et attentes*, *op. cit.*

3 Jean Poulit, *Le Territoire des hommes. La création de richesse, d'emplois et de bien-être au sein d'une planète préservée*, Bourin, Paris, 2005.

Table

CPI
BUSSIÈRE

Composition Facompo, Lisieux.
Impression réalisée par CPI Bussière
à Saint-Amand-Montrond (Cher)
en mai 2014.
Dépôt légal : mai 2014.
N° d'impression : 2009771.
Imprimé en France